KB080741

리영희를 함께   읽다

리영희를 함께

읽다

고병권
구갑우
김동춘
김정남
김효순
박태균
백승욱
서중석
최영묵
홍윤기
지음

창비

리영희를 함께 읽는다는 것

우리는 왜 다시 리영희를 호명하는가?

리영희 선생이 서거한 지도 벌써 6년이 지났다. 선생은 생전에 자신의 글이 더이상 읽히지 않는 시대가 되기를 소망한다고 했다. 그런데도 리영희재단(2012년 설립) 이사진은 2016년 '리영희를 함께 다시 읽어보자'고 제안했다. 선생이 한국 현대사에서 가장 큰 영향력을 끼친 학자 가운데 한분으로 여전히 꼽히고 있다거나 그저 선생의 학문적 업적을 되돌아보고 그를 기억하자는 것이 그 이유는 아니다. 21세기를 10년도 훌쩍 넘긴 시점임에도, 선생이 평생을 걸쳐 싸워온 우상들이 사라지기는커녕 오히려 더 기승을 부리고 있기 때문이다.

민주주의의 퇴행과 한반도의 위기

이명박 정권에서 본격화된 우상들의 발호는 박근혜 정권에서 더욱 극심해졌다. 박근혜는 경제민주화를 내거는 등 시대교체를 주창하고 당선됐지만, 그가 가고자 한 시대는 좀더 자유롭고 공정한 민주주의의 미래가 아니라 그의 아버지가 다스린 과거 권위주의 시대였다.

박근혜는 집권기간 내내 우리 사회가 이룩한 민주적 성과를 해체하고, 아버지 박정희의 나라 복원에 매진했다. 그는 민주주의의 이름으로 민주주의를 유린하며 비인간적 파시즘체제를 향해 나아갔다. 국정원 등 권력기관은 선거 개입을 자행했고 공영방송에 극우인사를 포진시켜 방송을 장악했다. 반대 목소리에 재갈을 물리고자 문화계 블랙리스트를 작성·적용했으며 정당을 해산시키고, 전교조를 법외노조로 만들기 위해 전력을 다했다. 이런 일련의 작업의 최종 목적지는 박정희의 과를 덮고 그를 신화화 곧 우상화하는 것이었다. 그가 수많은 논란과 반대를 무릅쓰고 기어이 역사교과서를 국정화하려고 한 까닭이다.

박근혜는 박정희 개발독재 시대의 정치-관료-재벌 동맹체제도 확고하게 복원했다. 박근혜-최순실 게이트에서 확인되듯이, 정치권력과 재벌은 이 동맹체제를 통해 상부상조하며 사익을 챙겼다. 하지만 동맹 밖에 남겨진 민중들의 생존권 요구는 물대포와 차벽으로 철저하게 짓밟혔다.
그 결과, 민중들의 삶은 갈수록 악화되고, 우리 사회는 헬
조선, N포세대, 흙수저, 자살공화국이라는 표현으로 상징
되는 불공정하고 불평등한 사회로 변모했다.

주변국과의 관계는 또 어떤가? 개성공단을 폐쇄하는 등
대외관계의 지렛대로 쓸 수 있는 북한과의 관계 개선을 포
기함으로써, 한국은 속수무책으로 한·미·일 삼각동맹의
하위파트너로 끌려 들어갔다. 중국과의 관계 악화를 무릅
쓰고 미국의 대중국 감시에 활용될 수 있는 고고도 미사일
방어체계(THAAD, 사드) 배치를 받아들이고, 일본에는 한
일군사정보보호협정 체결의 대가로 위안부 합의를 내주는
등 양보를 거듭했다. 북한은 이런 대응에 맞서 핵개발에 더
욱 박차를 가하고, 트럼프의 미국은 이에 선제공격을 비롯
한 일방적 조처를 할 수 있다고 위협하는 지경이 되었다.
정권 안보, 체제 안보를 위해 스스로를 강대국의 노리개로
전락시킨 남북한 위정자들 탓에 한반도는 핵전쟁의 위험
이 그 어느 때보다 고조되는 위기 상황에 놓이게 됐다.

현실 분석의 길잡이로서 리영희와 리영희 텍스트

이러한 대내외적 위기 상황을 극복하고 자유롭고 공정

한 민주사회, 평화로운 한반도를 향해 나아가기 위해서는 우리를 짓누르고 있는 현실에 대한 적확한 인식이 무엇보다 긴요하다.

우리가 리영희를 다시 호명하고자 한 것은 바로 이 지점이다. 오늘의 현실을 분석하고 돌파할 길잡이를 인간 리영희와 그가 쓴 텍스트에서 찾아보기 위해서다. 그가 일평생 추구해온 식민잔재 청산, 반공이데올로기 타파, 반전·반핵과 인류평화, 민주주의와 사상의 자유 등이 여전히, 그리고 또다시 현재적 문제로 대두되고 있다고 보았기 때문이다.

당대의 현실에 적극 개입하기 위해 쓴 리영희의 글이 그 시대의 한계를 내포하고 있을 것은 너무나 자명한 일이다. 하지만 그런 한계에도 불구하고, 그의 글이 시대의 한계를 넘어서는 생명력을 갖고 있는 것 역시 사실이다. 우리는 리영희를 함께 읽으며 그 생명력의 원천은 무엇이고 그것이 오늘 이 시점에서 우리의 문제를 푸는 데 어떤 구실을 할 수 있을지 생각하는 10여차례 강좌를 기획했다.

2016년 봄 열린 창비학당의 '리영희 함께 읽기' 강좌에는 그동안 리영희, 혹은 리영희가 제기한 쟁점 분야를 연구해온 학자들은 물론, 리영희와 평생 교분을 유지해 인간 리영희를 증언할 수 있는 분들이 참여했다. 그의 텍스트와 그의 삶을 함께 볼 때 비로소 리영희를 제대로 알고 이해할 수 있다고 여겼다. 이 책에 묶인 고병권, 김동춘, 구갑

우, 홍윤기, 박태균, 백승욱, 서중석, 김정남, 최영묵, 김효
순^{이상 게재순}의 글은 '리영희 함께 읽기' 강좌에서 강의한 내
용을 토대로 쓰였다.

'의식화'된 철학시민

리영희는 자신의 글을 ① 자유롭게 생각하고 판단하는
재량을 지니는 자율적인 인간의 창조를 위하여 ② 광신적
반공주의에 대해 저항적 입장에서 ③ 군인통치의 야만성·
반문화성·반지성을 고발하기 위하여 ④ 시대정신과 반
제·반식민지·제3세계 등에 대한 폭넓고 공정한 이해를 위
하여 ⑤ 남북 민족 간의 증오심을 조장하는 사회 현실에
반발하며 두 체제 간의 평화적 통일을 위한다는 입장에서
썼다『새는 '좌·우'의 날개로 난다』고 밝힌 바 있다.

리영희가 철학시민임을 규명해간 홍윤기는 리영희의
"온갖 활동의 최종 근거가 '진정한 자유인의 독립된 삶'을
살아야 한다는 철학에서 나온 것"이라고 하며, 리영희가
자신의 능력(글과 실천)을 통해 우리에게 끼친 영향의 핵
심은 민주시민이 되기 위한 그의 긴 역정이었다고 말한다.
민주시민을 비판적 안목을 통해 현실에 대한 적확한 인식
을 갖고 이에 적극 대응하며 실천하는 시민으로 규정한다

면, 그것은 리영희가 말한 '자유롭게 생각하고 판단하는 재량을 지니는 자율적 인간'과 다르지 않을 것이다. 그런 점에서 리영희가 반공주의에 저항하고, 파시즘적 군부통치의 야만성을 고발하며, 제3세계를 비롯한 세상에 대한 공정한 이해를 갖도록 돕고, 남북의 평화통일을 지향하는 글쓰기를 통해 하고자 했던 것은 모두 민주시민을 창조하는 일이었다고 말할 수 있다.

그렇다면 어떻게 독립적이고 자유로운 민주시민이 될 수 있는가? 리영희는 비판적 사고를 가로막는 '우상'을 파괴하지 않으면 안 된다고 주장했다. 자신의 글쓰기를 우상에 대한 이성의 도전으로 규정하면서 그는 스스로 우상파괴자로 나섰다. '리영희의 루쉰 읽기'를 통해 그의 사유를 분석한 고병권이 지적하듯이 리영희에게 우상이란 '자각 없는 상태'와 같다. "그 이름이 무엇이든 우리를 생각할 수 없는 존재, 사유할 수 없는 존재로 만드는 것"이고 "우리가 잠들어 있는 철방의 이름"이라는 것이다.

"우리는 괴로운 현실을 없는 것으로 치부하기 위해 잠을 자고, 비참한 현실과 다른 달콤한 꿈을 꾸기 위해 잠을 자고, 그 꿈조차 잃을까 봐 잠을 이어 잔다"고 진단한 고병권은 "'철로 된 방'에서 나가는 것보다 더 중요한 것은 잠에서 깨어나는 것"이라고 하며 "사유의 존재, 즉 의식의 존재(의식화된 존재)란 자신이 잠들어 있던 곳이 철방, 즉 감옥임을 알아차리는 자" "먼저 깨어나 우리가 감옥에 갇혀 있음을, 우리가 사는 세상이 감옥임을 증언하고 또 비판하는 자"라고 규정한다. 그런 의미에서 리영희는 우상파괴자이자 우리를 사유의 존재로 이끄는 스승이다.

사상의 돌파구를 여는 전략

감옥에서 먼저 깨어난 리영희가 함께 잠들어 있던 이들을 깨워 그곳이 감옥임을 깨닫게 하기 위해서는 그 감옥에 바늘구멍만 한 틈이라도 내야 했다. 철권을 휘두르며 일체의 비판에 재갈을 물린 유신 독재시대에 균열을 내는 것은 지난한 일이었다. 외신부 기자였던 그는 국제문제를 바로 그 틈을 내는 도구로 활용했다. 다른 나라, 다른 지역의 문제를 말하더라도 거기에는 반드시 당대 한국의 문제에 대한 함의가 있었다. 서중석의 지적처럼 "리영희는 '친한파'나 일본의 교과서 왜곡을 준열히, 예리하게 분석하고 비판했지만, 언제나 초점은 우리 자신에게 있었다".

중국도 마찬가지였다. 백승욱은 "리영희에게 중국은 단순히 지적 호기심의 대상이 아니라 그의 연구와 글쓰기, 그리고 정치적 개입을 연결시키는 핵심 고리"였고 그의 중국 연구는 우상을 허물고 이성을 세우는 종합적 작업이었다고 본다.

리영희의 문화대혁명론을 분석한 백승욱은 이런 종합적 작업을 통해 그가 무엇을 말했는지보다 어떻게 말했는지에 주목한다. 리영희가 자신의 시대에 "질문을 던지고 새롭게 사유한 방식을 확인하면서 우리 자신의 시대에 대해 되물을 수 있을 것"이기 때문이다. 백승욱은 리영희의 전략을 ① '억압적 권위주의' 시대의 봉쇄된 공간 속에서 새로운 담론의 가능성과 공간을 개척하기 ② 냉전의 이분법적 구도에서 불가능한 제3의 공간을 확보하기 위해 '그들의 언어를 그들에게 되돌려주기' 전략을 취하기 ③ 한국의 시간을 세계사의 시간과 동조화하기 ④ 조건이 부재한 상황에서 미리 당겨진 예견된 논쟁을 준비하기 ⑤ 자기 언어를 발견하지 못하는 곤경에서도 그 한계를 스스로 돌파하기 등으로 구분한다. 이렇게 시대를 돌파하기 위한 리영희의 전략에 주목할 때 비로소 그를 "지나간 시대의 흥미로운 인물이 아니라 현재에도 재독해가 필요한 인물로 다시 조명해볼 수 있을 것"이므로.

새로운 변경을 찾아서

1960~70년대 중국과 베트남 등 국제문제에서 시작한 리

영희의 연구 지평은 일본 등 주변국과의 관계와 한반도 통일, 그리고 핵을 비롯한 평화의 문제로 점점 변모해갔다. 주류학계의 관심에서 벗어난 새로운 변경을 끊임없이 찾아내고, 그곳에서 괄목할 만한 성과를 냈다.

1985년 『베트남전쟁』을 펴낸 것 역시 같은 맥락이다. 리영희는 이 책을 펴낸 이유를, 전쟁이 끝난 지 10년이 지나도록 아무도 이 전쟁에 대해 정리하지도, 기억하지도 않기 때문이라고 밝혔다. 한국 역사상 가장 큰 규모의 병력을 파견해 큰 희생을 치렀건만 우리가 돕겠다고 한 나라가 패망해 파병 목적을 달성하지 못했다. 그러나 우리는 그저 파병의 경제적 효과만을 내세울 뿐 전쟁에 대해 본격적 반성도 평가도 하지 않고 있다는 것이 그의 문제의식이었다.

리영희에 이어 베트남전쟁 연구에 본격적으로 나선 박태균은 "눈앞의 이익이 아니라 국가 100년의 대계를 생각한다면, 잘못을 사죄할 줄 아는 나라, 과거사에 대해 반성할 줄 아는 나라라는 이미지가 훨씬 더 중요하다. 바로 그것을 위해 베트남전쟁에 대한 한국 사회의 기억을 바로잡아야 한다"라고 하며 "이 점이 어쩌면 리영희가 『베트남전쟁』에서 하려던 말이었을지도 모른다"고 지적한다.

분단·통일문제에 관한 리영희의 생각을 추적한 김동춘은 이 분야에서 리영희가 뜻있는 성취를 이뤄냈다고 평가한다. 그 대표적인 것이 북방한계선(NLL)의 실체 규명, 한반도 유일 합법정부론에 대한 비판, 광주항쟁에 대한 미국의 역할 규명, 남북한 군사능력 비교 등이다. 김동춘은 리영희가 이 작업을 통해 "우리가 얼마나 한미관계나 남북관계, 분단문제에 대해서 스스로 신화에 사로잡혀 잘못된 신앙의 감옥에 갇혀 있는지"를 보여준 점도 중요하지만, 더 주목할 업적은 기존 학자들이 기피하는 중대한 문제를 다룰 뿐 아니라 우리의 시각에서 문제를 풀어간 점이라고 말한다. 여전히 미국발 북한관, 미국발 한국관, 미국발 동아시아관, 미국발 중국관이 우리의 학계와 사회인식 전반을 지배하고 있는 것이 현실이기 때문이다.

국제정치학을 전공하지 않은 리영희의 글을 두고 기존 학계에서는 학문적 엄밀성이 떨어진다거나 체계화한 국제정치이론이 없다는 비판을 제기하며 폄하하는 것도 사실이다. 하지만 핵문제를 중심으로 리영희의 국제정치비평을 읽어낸 구갑우는 한반도 문제에 대한 리영희의 비판이 "비민주적이고 불평등한 국제질서를 변혁하기 위해 필요한 '실천'"이었으며 그 비판적 실천이 삶의 방식이 됨으로써 국제정치이론의 존재론과 분리할 수 없는 구성요소가 되었기에, "리영희에게는 '비판적 실천'으로서 '국제정치이론'이 있(었)다"고 본다. 나아가 리영희의 국제정치비평이 추구했던 현실 비판과 이에 기초한 미래 기획을 "탈식민·탈패권·탈분단을 지향하는 국제정치이론"으로 정리하

며 그것이 "리영희라는 '우상'에 대한 비판의 지점"이라고
밝힌다.

실천을 요구하고 스스로 실천한 지식인

서중석이 보기에 리영희의 글은 그 시점의 현실을 '정
확히' '바르게' 인식하게 하는 데 초점이 맞춰져 있었고,
"단순히 인지하는 데에 머무는 것이 아니라, 실천이나 행
동으로 나아갈 것을 요구하는 경우가 많았다". 다른 이에
게 실천이나 행동을 요구하려면 그 자신 역시 실천하고 행
동해야 했다. 리영희에게 글쓰기는 실천이자 행동이었다.
그는 글 한편을 쓰기 위해 철저히 공부하고 준비에 준비
를 거듭했다. 언론인 리영희를 추적한 김효순은 '데이터베
이스'라는 것이 존재하지 않던 시기에 그가 방대한 저술을
남길 수 있었던 것은 끈질기게 자료를 추적하고 정리해온
덕분이라고 지적한다. 키시 노부스께와 인터뷰를 진행함
으로써 한반도 유사시 자위대의 한반도 파병을 극비리에
연구한 일본 군부의 '미쯔야 군사계획'을 확인할 수 있었
던 것도 그렇게 미리 확인하고 챙겨놓은 자료가 있었던 덕
분이다.

글쓰기가 실천이고 행동이었기에, 리영희는 "글을 쓰거

나 책을 내면서 그때마다 비장했다". 리영희는 새 글을 발표한 뒤에는 밤에도 옷을 입고 잤다. 옷을 제대로 갖추지 못한 상태에서 잡혀가지 않기 위해. 1964년 감옥에서 처음 만난 이래 50년 가까이 그와 교유했던 김정남은 이런 리영희를 한마디로 "칼칼한 사람"이라고 정의한다. 타협할 줄 모르는 칼칼한 사람이었기에 수난을 예상하면서도 자신의 글쓰기를 멈출 수 없었다는 것이다. 그 대가는 혹독했다. 언론사와 대학에서 각각 두번씩 해직되고, 아홉번 연행돼 다섯번이나 투옥됐다. 김정남은 "외롭고 고달픈 수난의 연속"인 리영희의 삶을 지켜보는 일이 고역이고 안타까움이었으나, 그 덕분에 세상을 더 잘 알게 되었고 지식인의 삶이 어떠해야 하는지 깨달았다고 고백한다.

최영묵의 말처럼, 뼈를 깎듯 혼신의 힘을 다해 쓴 리영희의 글은 1970년대 이후 우리 사회의 "젊은이들에게 '하늘이 무너지는 듯한 충격'과 함께 큰 해방감을 주었다". 유시민에게 리영희는 "철학적 개안의 경험을 안겨준 사상의 은사"였고, 조희연에게 리영희의 『전환시대의 논리』는 냉전의식의 중독상태에서 벗어나는 "지적 해방의 단비"였다. "80년대라는 정치적 홍역기를 거치면서 이제 외로운 선구자처럼 외치던 저자의 주장들은 상당부분 상식이 되었다."(조희연) 그러나 그 상식은 아직 대중의 상식, 권력의 상식에는 이르지 못했다.

한동안 리영희를 통해 깨어난 젊은이들과 함께 한국 사회는 새로운 시대로 나아가는 듯했다. 하지만 역사는 전진을 멈추고 퇴행에 퇴행을 거듭했다. 리영희가 추구해온 '자유롭게 생각하고 판단하는 재량을 지니는 자율적인 인간'이 그 어느 때보다 더 필요했지만, 사회주의권의 붕괴와 외환위기를 겪으며 사람들은 점점 더 비판적 사유를 포기한 채 물질 중심의 세계로 빨려 들어갔다. 그들에게 선택받은 정권은 우리가 치워냈다고 생각했던 우상들을 다시 불러 온 나라를 난장판으로 만들어놓았다.

견디다 못한 시민들은 촛불을 들었고, 박근혜는 촛불시민의 힘으로 탄핵됐다. 그러나 박근혜의 탄핵만으로 퇴행했던 민주주의가 제자리로 돌아오진 않는다. 홍윤기가 지적하듯이 "대한민국이 민주국가로서 지속적으로 발전하고자 한다면, … 민주주의가 시민의 힘이 될 수 있는 정도까지 진화해야"하며, 이를 위해서는 "민주주의적 시민능력을 높이는 것이 필수"다.

그런 시민능력이 비판적 사유의 능력을 통해 함양되는 것이라면, 온갖 지혜와 전략을 동원해 권위주의 군사독재 시대의 철방에 틈을 내고 새로운 사유의 공간을 열어젖힌 리영희를 다시 사유할 필요가 있음은 분명하다. 이 책이 리영희의 사유를 사유함으로써 우리 시대의 문제에 질문을 던지는 데 길잡이가 되기를 기대한다.

끝으로, 이 책의 기반이 된 '리영희 함께 읽기' 강좌를 친구강좌로 개설해주신 창비학당과 강좌를 수강하신 시민들, 그리고 강좌 내용을 책으로 펴내주신 창비에 감사드린다. 리영희재단은 선생의 글이 더이상 읽히지 않는 시대가 오기까지 그 뜻을 되새기는 사업을 멈추지 않을 것이라고 약속드린다.

2017년 5월
리영희재단 이사 권태선

/ 차례

일러두기

1. 외래어 고유명사는 국립국어원 표기 원칙을 바탕으로 현지 발음에 가깝게 표기했다. 인용문의 경우 원문 표기를 따르되 띄어쓰기를 일부 수정했다.
2. 리영희의 저서 및 편역(저)서를 참고·인용할 때는 출처를 방주로 표시했다. 글 또는 책 제목과 면수를 적고, 필요시 발행연도를 함께 적었다. 이 책에서 참고한 목록은 다음과 같다(초판 발행 순, 리영희저작집은 괄호 안에 표시).

저서

· 『전환시대의 논리: 아시아·중국·한국』, 창작과비평사 1974; 개정판, 창비 2006 (리영희저작집 1, 한길사 2006).
· 『우상과 이성』, 한길사 1977(리영희저작집 2, 한길사 2006).
· 『분단을 넘어서』, 한길사 1984(리영희저작집 4, 한길사 2006).
· 『80년대 국제정세와 한반도』, 동광출판사 1984(리영희저작집 3, 한길사 2006).
· 『베트남전쟁: 30년 베트남 전쟁의 전개와 종결』, 두레 1985.
· 『역설의 변증』, 두레 1987(리영희저작집 5, 한길사 2006).
· 『역정: 나의 청년시대』, 창작과비평사 1988; 개정판, 창비 2012(리영희저작집 6, 한길사 2006).
· 『自由人, 자유인』, 범우사 1990(리영희저작집 7, 한길사 2006).
· 『인간만사 새옹지마』, 범우사 1991.
· 『새는 '좌·우'의 날개로 난다: 전환시대의 논리 그 후』, 두레 1994(리영희저작집 8, 한길사 2006).
· 『스핑크스의 코』, 까치 1998(리영희저작집 9, 한길사 2006).
· 『반세기의 신화: 휴전선 남·북에는 천사도 악마도 없다』, 삼인 1999(리영희저작집 10, 한길사 2006).
· 『동굴 속의 독백』, 나남 1999.
· 『대화: 한 지식인의 삶과 사상』, 한길사 2005(리영희저작집 11, 한길사 2006).
· 『21세기 아침의 사색』, 한길사 2006(리영희저작집 12).
· 『희망: 리영희 산문선』, 한길사 2011.

편역(저)서

· 『8억인과의 대화: 현지에서 본 중국대륙』, 창작과비평사 1977.
· 『중국백서』, 전예원 1982.
· 『10억인의 나라: 모택동 이후의 중국대륙』, 두레 1983.

사유란 감옥에서 상고이유서를 쓰는 것:
리영희의 루쉰 읽기

/ 고병권

사유의 스승: 의식화란 무엇인가

사유란 무엇인가. 나는 리영희를 통해 하나의 답변이 가능하다고 생각한다. 그는 한국 현대사, 특히 1960~70년대 우리 정신이 체험한 격변을 상징하는 인물 중 하나다. 그는 지식이나 정보의 축적과는 다른 차원의 앎이 있음을 강조했다. '무언가를 알게 되었다'는 말이 대상에 대한 지식과 정보를 모았다는 뜻이 아니라, 대상을 바라보는 주체의 눈이 바뀌었음을 의미하는 그런 앎 말이다. 지식을 쌓는 것과는 다른, 지식이 밝아지는 체험. 사람들의 가치와 신념, 더 나아가 삶까지 통째로 바꾸게 하는 정신상 격변의 체험을 나는 이 글에서 '사유'라는 말로 개념화하려고 한다.

리영희가 지식과 정보의 축적과는 다른 차원의 앎을 강조했다고 해서 그가 그런 것을 경시했다는 뜻은 아니다. 오히려 반대다. 그는 자신의 "글쓰기 작업은 자료수집이 거의 90퍼센트"『역설의 변증』(2006) 363면라고 말한 사람이다. 실제로 그가 쓴 상당수의 논문은 간단한 논지를 뒷받침하는 방대한 자료로 이루어져 있다. 몇편의 논문은 그 자체로 시국사건이 되었는데, 이때 그가 동원한 자료들은 당국의 부당한 기소에 맞서 동원할 수 있는 유일한 방패이기도 했을 것이다. 특히 예컨대 「남북한 전쟁수행 능력 비교 연구」 (1988)나 「대한민국은 한반도의 '유일 합법정부'가 아니다」(1991)같이 민감한 주제를 다룬 논문의 경우에는 자료수집 자체가 일종의 변론준비였다.

그러나 자료의 방대한 수집과 엄격한 검증이 당국을 의식한 행동만은 아니었다. 그는 자신의 공학도적 엄격성에 대단한 자부심을 가지고 있었다. 어떤 때 그가 제시한 자료의 엄격성과 세세함은 웃음을 짓게 할 정도다. 이를테면 그는 임헌영(任軒永)과 나눈 대담에서 자신의 고향을 항일투쟁이 격렬했던 곳이라고 간단히 말하지 않았다. 그는 근거를 대기 위해 총독부 자료를 인용했다. "1931년부터 1936년 사이 독립단이 압록강을 건너온 횟수가 23,928회, 그 연인원은 136만 9,027명이나 돼요. 일본 측의 이 보고서는 일본 군대와 경찰이 독립군에게 빼앗긴 총의 수를 3,179정이라고 기록하고 있어."『대화』(2005) 29면 압록강과 만주 일대가 독립군들의 투쟁 거점이었다는 것은 주지의 사실인데도, 그는 논문도 아닌 대화에서 세세한 수치를, 그것도 일본 측에서 나온 자료임을 강조하면서(자료의 객관성), 굳이 제시하는 사람이다.

하지만 그를 '메트르 아 빵세'(maître á penser)1980년 광주항쟁 과 관련해서 리영희가 투옥되었을 때 프랑스 신문 『르몽드』가 사건을 전하며 부른 이름 즉 '사유의 스승'으로 만들어준 것은 이 같은 지식과 정보 의 방대하고도 엄격한 축적이 아니었다. 물론 그는 대단한 독서광이었고 신문사 재직 시절 누구보다 많은 정보를 취 합했다. 그러나 그는 지식의 생명이 방대함이나 엄격성과 는 다른 요소에 달려 있다고 했다. 그것을 그는 '의식'이라 고 불렀다. "지식이 아무리 많아도 '의식'이 없으면 그 지 식은 죽은 지식이다. 국제법을 몇십년 공부해도, 박사학위 를 몇개씩 받아도, 아무런 '회의'도 없이 그저 정부가 내놓 은 대로만 '지식화'하면 영원히 무식자로 남을 뿐이다."『대 화』 717면 그러니까 의식이 없으면 지식은 무식이 된다. '지 식화=무식화'라니 참으로 역설적인 도식이 아닐 수 없다.

리영희가 말하는 '의식'이란 어떤 것인가. 그것은 심층의 무의식과 대비되는 것도 아니고, 물질과 대비되는 관념을 가리키는 것도 아니다. 우리는 이것이 군사독재 시절 공안 의 문제였다는 점에 주목할 필요가 있다. 당시 당국이나 언론에서는 공안사건에 연루된 학생들을 지칭할 때 거의 습관적으로 '의식화'라는 말을 썼다. 의식화되었다는 말은 '반체제화'되었다는 말과 거의 같은 의미를 가졌다. 즉 의식화는 1970~80년대 대중의 내면에서 일어난 중대한 변혁의 체험이자 반체제 민주화운동의 정신적 표현이었다.

리영희는 '지식화'와 대비해서 의식화를 강조한 사람이면서, 의식화라는 말이 지칭했던 역사적인 상황의 중심에 있던 사람이다. 의식화는 리영희의 주장에서 핵심을 차지하는 말이지만 의식화의 중심에도 리영희가 있었던 셈이다. 공안 당국은 그를 '의식화의 원흉'이라 불렀고, 그가 쓴 책들에 '의식화 교과서'라는 도장을 찍었다. 반면 독자들은 그를 '의식화의 스승'이라고 불렀다. 비록 상반된 평가일지라도 의식화라는 말이 가리키는 바는 같았다. 리영희는 그것을 이렇게 말하고 있다. "그들[독자들]의 가치관이나 신념체계가 책을 읽어가는 동안에 소리 내어 무너졌다는 거요. … 의식화된 거지. 정권이 긴장한 것이 당연하지. … '가치의식'의 총체적 해체라고 할 수 있을 거요. 광적 반공극우 정권이 그 책과 저자를 '의식화'의 원흉으로 단정한 것은 그 때문이에요."『대화』 461면

리영희가 자신의 실제 취조과정을 소설식으로 구성한 「D검사와 이 교수의 하루」에는 어떤 독자가 보낸 편지가 언급된다. "선생님의 『전환시대의 논리』와 『우상과 이성』

을 읽다 말고, 너무도 두려워져서 이불을 뒤집어쓴 채 괴로움에 떨면서 꼬박 밤을 샜습니다. … 신념체계가 저의 내면세계에서 소리를 내며 무너져 내리는 것을 경험했습니다. 그것은 저에게 코페르니쿠스적 대전환이었습니다. 하지만 여태까지 거꾸로 서 있던 온갖 사물과 관계와 색깔들을 제 모습 제 색깔대로 볼 수 있다는 것은 차라리 형벌이라는 사실을 알게 되었습니다."『역설의 변증』 403면

물론 여기서 사물들의 모습과 색깔이 달라진 것은 사물들에서 일어난 일 때문이 아니라 주체에게 일어난 일 때문이다. 대상을 새로 느끼기 전에 주체 자신을 새로 느끼는 것이다. '의식화'로 생겨난 두려움과 괴로움, 부끄러움은 대상에 대한 감정이 아니라 자기 자신에 대한 감정이다. 자신이 그동안 무방비 상태로 방치되어 있었다는 것. 지배 이데올로기를 주입하는 교육제도 아래 자신을 의식 없는 상태로 내맡겨버렸다는 것. 두려움과 괴로움, 부끄러움은 그런 자각에서 생겨나는 감정들이다. 그래서 우리가 '의식화'를 일종의 '인식'이라고 부를 수 있다면, 그것은 '사물'에 대한 인식이기 이전에 '나'에 대한 인식이다. 인식 대상에 대한 깨달음이 아니라 인식 주체인 자신의 처지에 대한 깨달음이라고 할 수 있다.

소크라테스를 비롯해 많은 고대 철학자들이 영감을 얻은 델포이 신전의 문구, '너 자신을 알라'가 의미하는 바

또한 이것이다. 이는 정신분석학자가 말하듯 자신의 무의
식을 읽어내라는 말도 아니고, 사회학자가 말하듯 자신의
사회적 정체성을 파악하라는 뜻도 아니다. 그것은 주체를
'인식의 대상'이 아니라 '인식의 주체'로 인식하라는 말이
다. 자기 삶을 외적 영향 아래, 다시 말해 권력의 위협이나
이데올로기의 허위 아래 방치하지 말라는 것. 자기 자신
이 삶의 주권자임을 깨달으라는 것. 이것이 주체를 주체로
서 인식하는 것이다. 이런 맥락에서 '의식화'는 '주체를 주
체로서 일깨우는 일', 다시 말해 '주체의 자각'이라고 말할
수 있다.

리영희는 첫번째 책인 『전환시대의 논리』의 서문을 코
페르니쿠스에 대한 헌사로 적었다. 그는 이 책을 코페르니
쿠스의 『천체의 회전에 대하여』(1543)와 비교했다. 그는 코
페르니쿠스가 쓴 것이 '사실'이었음에도 박해를 우려해
'가설'이라고 써야 했던 사정을 이야기하며, 자기 책 역시
'가설'의 형식을 취할 수밖에 없었다고 했다. 그러나 그가
코페르니쿠스를 떠올린 것은 '사실'을 '가설'로 써야 했던
상황을 공감했기 때문만은 아닐 것이다. 내 생각에 더 중
요한 것은 코페르니쿠스라는 이름이 상징하는 '가치의 대
전환' '가치의 전도'이다. 엄밀히 하자면 리영희의 책을 통
해 일어난 '의식화'는 코페르니쿠스적 전환이라기보다는
'역코페르니쿠스적 전환'이라고 할 수 있다. 코페르니쿠

스는 대상(태양)이 주체(지구)를 중심으로 도는 것이 아니라, 주체가 대상을 중심으로 돈다는 것을 보여주었다. 그러나 리영희는 사유의 중심은 대상이 아니라 주체에게 있음을 보여준다. 그가 말한 '의식화'란 대상에 대한 인식이 아니라 주체의 각성이기 때문이다.

우상의 황혼: 우상이란 무엇인가

리영희가 '주체의 자기 인식'을 얼마나 중시하는지는 여러 글에서 확인할 수 있다. 예컨대 그는 교복자유화, 유행, 소비문화 등에 대해 가족과 나눈 이야기를 「키스 앤드 굿바이」(1983)라는 제목의 소설 형식으로 발표한 바 있다. 여기서 그는 '제복'이 사상을 규격화하고 획일적 세계관을 강요한다는 점에서 당시 교복제도를 강하게 반대했다. 하지만 그는 유행에 따라 자유롭게 옷을 사 입는 것에도 비판적이었다. 그는 "유행은 제복의 변형일 뿐 본질적으로 제복과 같다"고 했다. 『분단을 넘어서』(2006) 263면 그는 더 나아가 외국 문화와 상품에 대한 대중적 열광도 그것과 크게 다르지 않다고 생각했다. 이것들에는 공통된 문제가 있다. 그것은 바로 '자기의 상실'이다. 리영희는 이를 '총자기상실(總自己喪失)'이라고 부른다 자신의 행동이 명령이나 유행에 내맡겨져 있는 것이다.

그는 민중을 향해서도 마찬가지 것을 촉구했다. 「농사
꾼 임군에게 띄우는 편지」1984년 「어느 젊은 농사꾼에게」라는 제목으로
『분단을 넘어서』에 수록는 그가 말한 '의식화'가 주체의 자각임을
다시 확인케 해준다. 이 글은 검사가 그를 반공법 위반으
로 기소할 때 중요한 참고자료였다. 당시 검사는 그가 중
국식 농민혁명을 선동했다고 주장했다. 몇 구절을 자의적
으로 짜깁기해서 조작한 것이었다. 그러나 검사의 조작과
별개로 내 생각에 그는 중국혁명과 통하는 무언가를 농민
들에게 촉구했다. 바로 농민의 '주체로서의 자각'이다. "나
는 농민이 좀더 정치적 감각과 사회에 관한 문제의식을 가
져주기를 바라는 마음 간절하네. 그것은 '생각한다'는 뜻
인데, 이 사회에서는 생각하지 않고 사는 것이 제일 편하
게끔 되어 있다는 것을 모르고 하는 소리는 아닐세. 임 군,
생각한다는 것은, 더욱이 생각한 결과를 행한다는 것은 이
사회에서는 자신에게 형벌을 가하는 일이 된 듯싶네. 그러
나 '정치는 우리가 할 테니 너희들은 따르기만 하면 된다'
는 식이야 성립될 수 없지 않겠는가."『분단을 넘어서』 283~84면

리영희가 '노신(魯迅)'리영희는 루쉰을 한국식 한자발음대로 노신이라고
읽는다과 이광수(李光洙)에 대해 상반된 평가를 내리는 이유
도 마찬가지다. 그가 보기에 노신과 이광수는 1922년에 자
신의 민족을 비판한 이른바 '민족개조론'을 쓰지만 그 정

신은 완전히 달랐다. 노신은 중국 인민대중의 결점을 미화하거나 은폐하지 않았고 오히려 "눈앞에 잔인하리만큼 적나라하게 던져 보여주었다". 이광수 역시 조선 민족을 혹독하게 비판했다. 하지만 노신의 비판이 중국 민족을 주체로서 일깨우기 위한 것이었다면 이광수의 비판은 조선 민족을 주체로서 포기한 결과였다. "노신과 이광수가 다른 것은 이광수는 자기 민족을 팔기 위한 목적의식을 가지고 그런 글을 썼고, 노신은 서구 제국주의나 일본의 침탈 위기에서 중국 민족이 자신의 내면적 결점을 직시하도록 함으로써 그것을 극복하려는 목적에서 그런 글을 쓴 거요."
『대화』 238면

이는 리영희가 스스로 '민족주의자'로 불리는 것을 경계하는 이유이기도 하다. 그는 민족의 결점을 은폐하고 미화하는 '과잉민족지상주의자'를 거부한다. 그는 자신을 "기본적으로는 민족의 입장에 서지만" "인류의 보편적 가치와 염원과 목표를 존중"하는 "휴머니스트, 인도주의자, 평화주의자"로 자리매김한다. 그러고는 매우 중요한 한마디를 덧붙인다. "우상파괴자!" 『21세기 아침의 사색』(2006) 298면

나는 이 '우상파괴'가 '사유', 즉 '의식화'와 바꾸어 쓸 수 있는 또다른 말이라고 생각한다. '우상'이란 과연 무엇인가? 리영희에게 우상이란 '자각 없는 상태'와 같다. 두번째 저서 『우상과 이성』(1977)의 제목이 말해주듯 그는 우

상을 '이성'과 대비시켰다. 그러나 이성의 반대말이라고 해서 우상을 단순한 '불합리'나 '착오' '광기' 같은 것으로 이해해서는 안 된다. 리영희에게 그것은 '의식 없음', 무엇보다 '잠'으로 나타난다. 이는 『우상과 이성』의 서문에서 잘 드러난다. 첫 책 『전환시대의 논리』의 서문이 코페르니쿠스에 대한 헌사라면 『우상과 이성』의 서문은 노신에 대한 헌사라고 봐도 좋을 것이다. 그는 이 글에서 노신이 했던 '철방에 잠들어 있는 사람들' 이야기를 꺼낸다. "빛도 공기도 들어오지 않는 단단한 방에 갇혀" 잠든 채로 죽어가는 사람들. 그는 "우상에 도전하는 이성의 행위"란 이 잠든 사람들에게 신선한 공기를 넣는 일이라고 했다. 말하자면 그들을 깨우는 것이다. 『우상과 이성』(2006) 18~19면 『전환시대의 논리』에서 '의식화'가 코페르니쿠스적 전환, 즉 '가치의 전도'를 의미했다면, 『우상과 이성』에서는 '잠에서 깨어남'을 의미하는 셈이다.

사실 『전환시대의 논리』에도 '철방의 사람들'과 비슷한 존재가 등장한다. 그것은 '조건반사의 토끼'다. 이 토끼는 특정한 이념과 가치에 따라 세뇌되고 훈련되어 어떤 말이나 행동에 정형화된 반응만을 보이는 존재다. 이 토끼 같은 사람들도 어떤 관념을 갖고는 있다. 그러나 그것은 사유의 결과가 아니라 사유 없음의 결과이다. "예로 '중공'이라는 용어는 즉각적으로 '기아' '괴뢰' '피골상접' '야만' '무과학' '반란' '정권타도' '침략' '호전' 등의 냉전 용어와 그것이 담고 있는 관념을 우리에게 일으켜왔다." 마치 의식이 없는 기계처럼 알고리즘을 따라 말, 관념, 행동이 계열화된다. 그래서 아무리 객관적 사실에 충실한 이야기를 해도 그저 '빨갱이'라는 말 한마디면 상황이 끝나버린다. 리영희는 '조건반사의 토끼'를 '잠든 사람'에 비유한다. "그 잠은 생리적 잠이기도 할 것이고 어쩌면 사상적, 지적, 이성적 '잠'인지도 모른다. 이런 '잠'을 자게 하는 자가 누군가는 따지기 어렵다." 다만 우리는 "잠을 깨고 나면" 우리가 "잠을 자고 있었다는 사실"을 알 뿐이다.『전환시대의 논리』(2006) 208면

'조건반사의 토끼'는 노신의 「왔다」라는 글에 소개된 중국 인민의 모습과 겹쳐진다. 노신은 당시 당국과 언론이 '과격주의가 왔다'며 공안정국을 조성하고 대중의 공포감을 조장하는 것을 비판했다. 실체도 없는 당국의 선동이 또 '왔다'는 점에서, 그리고 인민들은 온 것의 실체도 모르면서 그 '왔다'라는 말 때문에 또 허둥대고 있다는 점에서, 노신은 "'왔다'가 왔다"고 했다. 리영희는 노신의 이 글을 모티프 삼아 같은 제목의 글 「왔다」(1982)를 썼다. 노신당시 중국 당국은 '과격주의가 왔다'라는 말을 퍼뜨렸는데, 리영희 당시 한국 정부는 "'의식화'가 왔다"라고 떠들었다. 젊은 학생들과 지식인들을 오염시키는 무언가가 도

래한 것처럼 떠들어대는 당국과 언론 그리고 그것에 허둥대는 대중. 리영희는 노신이 말하려 했던 것은 "현대적 표현을 빌리면 '의식화'"일 것이라고 말한다. 그리고 그는 이 상황을 다시 한번 잠에 비유한다. "중국 민중은 겁에 질린 얼굴로 다시 그 자리에 드러누우려고 움츠렸다. … 그리고 영원히 잠드는 것이다."『희망』(2011) 530면 이 잠은 고통스러운 현실을 외면하기 위해 빠져드는 '회피로서의 잠'이자 '환각으로서의 잠'이다.

리영희는 '잠'의 모티프(잠들어 있음/깨어 있음)를 다양한 주제에 끌어들였다. 사회주의의 문제에 대해서도 동일한 시각을 접할 수 있다. 한국의 '조건반사의 토끼'는 소련의 '빠블로프의 개'와 같다. 그는 사회주의가 실패한 이유를 "현실의 진행을 고정된 사유의 틀로 해석하는 관습에 젖어""환경예측능력을 상실"한 데서 찾았다.『새는 '좌·우'의 날개로 난다』(2006) 216~17면 사회주의 국가들 역시 언제부턴가 일종의 '잠'에 빠져 있었던 것이다. 사회주의 국가들은 빠블로프의 이론과 실험이 상징하듯 '과학'을 무척이나 강조했다. 그 과학은 '인간성' 자체도 기계처럼 개조 가능하다는 생각을 바탕으로 한다. 리영희는 이를 인간의 이기적 욕망도 어느정도 인정해야 했다는 식으로 말하지만, 앞서 논의한 '의식화'라는 맥락에서 볼 때 더 중요한 문제가 있다. 사회주의 국가들은 과학을 인간 개조, 인간 해방의 수단으로 생각했지만, 그 과학은 인간을 기계처럼 다루었고, 사회를 인간의 자각적 행동을 배제한 하나의 '구조'로 다루었다. 다시 말해 그들은 인간으로부터 '깨어 있음'을 박탈한 것이다. 리영희의 이성 개념이 과학적 합리성이나 계산 가능성과는 매우 다른 것임을 여기서 읽어낼 수 있다. 한마디로 자각 없는 과학은 또다른 형태의 잠이고 우상이다.

반공주의, 사회주의, 민족주의, 종교, 심지어 과학에 이르기까지 이 모든 것에 우상이 자리할 수 있다. 그 이름이 무엇이든 모든 도그마들은 우리를 생각할 수 없는 존재, 사유할 수 없는 존재로 만든다. 우상이란 우리가 잠들어 있는 철방의 이름이다. 우리는 괴로운 현실을 없는 것으로 치부하기 위해 잠을 자고, 비참한 현실과 다른 달콤한 꿈을 꾸기 위해 잠을 자고, 그 꿈조차 잃을까 봐 잠을 이어 잔다. 우리는 그렇게 의식 없는 채로, 자기 자신을 방치하는, 그런 위험한 잠을 잔다. 우리는 그 안에서 암시에 걸린 몽유병 환자처럼, 조건반사의 토끼처럼, 빠블로프의 개처럼 반응한다.

여기서 모든 것은 흑백이다. "흑과 백, 죽일 놈과 사랑할 놈, 천사와 악마, 자본주의와 공산주의" 등등이 사물과 세계를 보는 유일한 눈이 된다.『전환시대의 논리』204면 리영희는 이를 '왔다주의'라고 불렀다.『희망』539면 '왔다'라는 말은 몽유병 환자에게 보내는 암시이며, 토끼와 개에게 보내는 신호다. 그럼 자각 없는 이들은 기계적으로 반응할 것이다. 리영희는 진정으로 와야 하는 것은 '왔다'가 아니라 '의식'이라고 했다. 의식이 들어와야 우리의 세계가 흑백에서 벗어날 수 있다.

사물을 흑백이 아니라 컬러로 본다는 것이 어떤 것인지는 리영희의 『베트남전쟁』 서문에 잘 나타나 있다. 한국인들은 많은 젊은이들을 사지에 몰아넣으면서도 그 성격이 어떤 것인지도 몰랐다. 그저 흑백의 논리에 갇혀 있었기 때문이다. 그러나 "베트남 동란을 '공산주의 대 반공산주의의 대결'로 획일화했던 단색적 도식화는 진실에서 너무나 먼 것이었다". "다시 한번 짚고 넘어가야 할 일이거니와, 베트남전쟁은 그러므로 단순한 '공산주의 대 반공산주의의 대결'이 아니다. 민족주의, 제국주의, 독립투쟁, 식민주의, 혁명, 반혁명, 통일, 분열, 독립, 의존, 인권, 종교, 자유, 억압, 백색인, 황색인, 아시아, 서양, 현대, 낙후, 공업, 농업, 초현대식 폭격기, 원시적 소총, 전자계산기, 주관, 선입관, 고정관념, 사랑, 증오, … 그밖에도 상상할 수 있는 20세기의 모든 갈등의 요소가 뒤범벅이 되어서 전개된 전쟁이었다. 그것이 '20세기 인류의 양심에 그어진 상처'라고 일컬어지는 까닭이다." 『베트남전쟁』(1985) 7면

자유인과 수인: 노예란 무엇인가

사람들이 리영희를 의식화의 교사, 사유의 스승이라고 부른 것은 그의 말과 글이 주체를 일깨웠기 때문이다. 이 '일깨움'이라는 말은 교사 내지 스승을 정의할 때 가장 적합한 말이다. 교육을 의미하는 라틴어 '에두케레'(educere)는 "손을 내밀다, 거기로부터 끌어내다, 밖으로 데리고 나가다(밖으로 이끌다)"를 의미한다. 교육은 피교육자가 처해 있는 상황, 피교육자의 '상태'에 개입하는 것이다. 푸꼬(M. Foucault)에 따르면, 이는 "주체 자체의 존재방식에 가해지는 행위이지 무지를 대체할 수 있는 지식의 단순한 전승이 아니다". 피교육자가 시급히 벗어나야 하는 상태를 로마인들은 '스톨티티아'(stultitia)라고 불렀다. 스톨티티아란 주체가 그냥 방치된 상태, 그래서 외적인 힘에 삶이 완전히 휘둘리는 상황이다. 자각이 없는 좀비적이고, 몽유병적이며, 조건반사적인 상황이라고 할 수 있다. 푸꼬의 표현대로라면 '자기돌봄이 없는' 것이고, '자신의 생을 흐르도록 방치하는' 것이다.

이 점에서 노신의 '철로 된 방에 잠들어 있는 사람들' 이야기는 더 음미해볼 필요가 있다. 이 방은 의식화와 교사가 무엇인지를 문제로서 구성한 상황이기 때문이다. 리영희는 노신의 '철로 된 방'의 이야기를 읽었던 때를 자기 인생의 결정적인 순간으로 기억한다. 사람들이 리영희를 의식화의 교사, 사유의 스승으로 부르듯, 리영희는 노신을 '영원한 스승'이라고 부른다.『새는 '좌·우'의 날개로 난다』490면 리영희가 교육자로서 하는 역할은 그가 피교육자로서 받았던 그 체험과 같다. "모든 면에서 장개석 치하 중국을 방불케 했던 박정희 대통령 치하에서 고민하던 나는 이 구절을 읽는 순간 무덤에서 노신이 나에게 타이르는 소리처럼 들렸다. 나는 눈을 뜨고 정신을 번쩍 차렸다. 나는 내가 할 일이 무엇인가를 깨달았다. 그리고 결심했다. 그 순간, 나의 삶의 내용과 방향과 목적은 결정되었다."『自由人, 자유인』(2006) 321면

이 '철로 된 방' 이야기는 노신의 소설집『외침』의 서문에 들어 있다. 중국 인민의 정신개혁이 절실하다고 느꼈던 노신은 적극적인 문예운동을 펼쳤다. 그러나 외침에 대한 아무런 반향도 얻지 못했다. 비애와 적막감에 빠진 그는 그것들을 떨쳐내고자 고대의 비문을 베끼는 일에만 집중했다. 그때 한 친구가 찾아와 글을 다시 쓰라고 권유한다. 이때 노신이 철로 된 방에 갇힌 사람들 이야기를 꺼낸다. "가령 말일세, 창문도 없고 절대 부술 수도 없는 철로 된 방이 하나 있다고 하세. 그 안에는 많은 사람들이 깊이 잠들어 있네. 머잖아 모두 숨이 막혀 죽겠지. 그러나 잠든 상태에서 죽어가니까 죽음의 비애는 느끼지 않을 걸세. 지금 자네가 큰 소리를 질러 비교적 깨어 있는 몇 사람을 일

으켜, 그 불행한 몇 사람들이 구제할 길 없는 임종의 고통을 겪게 한다면 도리어 그들에게 미안한 일 아닐까?" 그러자 친구가 이렇게 답한다. "그러나 몇 사람이라도 일어난다면, 그 철로 된 방을 부술 희망이 전혀 없다고 할 수는 없지 않은가?"

노신은 다시 글을 쓰기로 한다. 친구가 말한 '희망'을 믿었기 때문은 아니다. 그는 희망을 믿는 사람이 아니었다. 오히려 희망이라는 것이 얼마나 헛된 것인지를 아는 사람이었다. 그는 이렇게 말했다. "나는 내 나름의 확신을 갖고 있기는 하지만, 그렇다고 희망이라는 것을 없앨 수는 없다. 희망이란 미래에 속하는 것이기에, 반드시 없다고 하는 내 주장으로, 있을 수 있다는 그의 주장을 꺾을 수는 없기 때문이다." 이는 희망이 '있을 수도 있다'는 뜻이 아니다. 그는 다만 희망이라는 것이 미래에 속해 있어서 친구가 결코 설복되지 않을 것이라 생각했을 뿐이다. 게다가 그는 자기 나름의 확신이 있다고 하지 않았는가.

따지고 보면 노신의 친구는 그의 물음을 회피했다. 노신이 물은 것은 '철로 된 방에서 나갈 희망이 없을 경우에도 사람들을 깨울 것인가'였는데, 친구는 '철로 된 방에서 나갈 희망이 없다고 볼 수는 없지 않느냐'고 답했다. 노신이 '(나갈 수 없는데도) 깨울 것인가'에 방점을 두었는데, 친구는 '나갈 희망'에 초점을 맞춰 노신이 던진 물음의 전제를 부정함으로써 물음을 회피한 것이다. 그러니 노신이 글을 다시 쓰게 된 이유가 친구의 답변, 즉 철방에서 나갈 수도 있다는 '희망' 때문이었다고 할 수는 없다.

그렇다면 노신은 왜 글을 다시 쓰기로 했을까? 그 이유를 생각해볼 수 있는 작품이 하나 있다. 바로 「총명한 사람과 바보, 종」이라는 단편이다. 이 작품에는 '사방에 창도 하나 없는 방'에 사는 노예가 나온다. 노예는 걸핏하면 신세타령을 하는 사람이다. 하루는 총명한 사람, 즉 현인(지식인)을 만나 불행한 처지를 털어놓는다. 그는 개나 돼지도 거들떠보지 않는 그런 밥을, 하루 한끼나 겨우 먹을까 말까 한다고 한탄한다. 현인은 그에게 언젠가는 좋은 날이 올 거라며 위로한다. 그러자 노예는 기분이 풀려서 돌아간다. 하지만 얼마 지나지 않아 또 불행한 처지를 털어놓을 사람을 찾는다. 그는 마침 지나가던 바보에게 신세타령을 했다. 자신의 집은 외양간만도 못하고, 사방에 창 하나 없는 방에서는 썩은 냄새가 진동한다고. 그러자 바보는 주인한테 창을 내달라고 요구하라고 말한다. 노예가 그럴 수 없다고 하자, 바보는 노예의 집으로 가서 창문을 내주겠다며 담을 부수기 시작했다. 깜짝 놀란 노예는 소리를 질러 사람을 모아 바보를 쫓아냈고, 소란 중에 나타난 주인에게 자신이 사람들을 모아 강도를 쫓아냈다고 아뢴다. 주인이 잘했다고 칭찬하자 그는 기분이 너무 좋아져서 마침 거기에 온 현인에게 언젠가 놓은 날이 올 것이라던 현인의 말이 맞았노라고 유쾌하게 말한다.

우리는 이 노예가 '창문이 없는 방'에서 평생 나가지 못할 것임을 예감한다. 부실한 식사 때문도 아니고, 초라한 집 때문도 아니다. 또 무서운 주인 때문도 아니다. 가장 중요한 문제는 그가 노예로 살고 있는 것의 부끄러움을 모른다는 데 있다. 현인(지식인)도 그를 구원하지 못할 것이다. 오히려 현인은 노예에게 막연한 동정과 위로로 얼마간의 진통제를 투입해서 노예로서 계속 살 수 있도록 만든다. 그는 노예체제의 협력자다. 즉 고통스러운 현실을 피해 잠으로 도피하는 무기력한 대중이 쉽게 잠들도록, 지혜라는 이름의 자장가를 불러주는 지식인들이다.

세상모르는 '바보'는 어떤가. 그러면 노예의 방을 부숴줄 수도 있을 것이다(분명 이 점에서 노신은 현인보다는 바보를 높이 평가한다). 바보는 분명 '혁명가'의 어떤 형상이다. 그러나 노신은 이런 식의 혁명이 성공할 것이라 기대하지 않았고 바람직하게 생각하지도 않았던 모양이다. 그렇다면 참된 구원과 해방의 가능성은 어디에 있는가? 그 유일한 가능성은 바로 노예에게 있다. 스스로 벗어나려 하지 않는 한 노예는 거기서 결코 나올 수 없다.

리영희는 '철방 이야기'에서 그것을 읽어냈다. 그가 보기에는 노신 자신이 그런 철방 안에 있는 사람이다. "내가 평론 문장을 쓰기에서 언제나 명심하는 교훈은, 노신이 광명 속에 앉아서 암흑을 시비하는 것이 아니라 스스로 암흑 속에서 암흑을 대상화하는 태도다."『새는 '좌·우'의 날개로 난다』 493면 이 점에서 의식화의 교사는 플라톤의 철학자와 다르다. 그는 동굴 밖을 다녀온 사람도 아니고 '빛'을 보았던 사람도 아니다. 그는 어두운 철방에 함께 있었으며 먼저 일어나 '암흑'을 보았을 따름이다. 앞서 교육을 '바깥으로 이끄는 일'이라고 했는데, 지금 맥락에서 말하자면, 스승이란 철방 바깥에서 철방 안에 있는 자를 꺼내는 사람이 아니다. 노신은 철방 안에 있는 사람이다. "학자, 전문가, 교수, 박사 따위의 자화자찬의 높은 자리에서 '가르쳐준다'는 교만한 자세가 아니라 '함께 고민하고, 함께 생각해보자'는 친절함이 원바탕이어야 한다. … 이것이 노신이었다."『역설의 변증』 369면

이런 노신이 다시 글을 쓰기로 했다면 그것은 철방에서 나갈 희망을 보았기 때문이 아닐 것이다. 그는 자신의 글에 그런 힘이 있다고 생각하지 않았고(그런 힘은 글이 아니라 차라리 총과 대포에 있다), 설사 그럴 수 있다고 해도, 잠들어 있는 사람을 자각 없는 상태로 철방 바깥으로 내보내는 게 좋다고 생각하지 않았다. 바보가 벽을 허물어준다고 해도 노예는 또다른 방에서 노예로 살 것이다. 그렇다면 왜 그는 글을 쓰기로 했을까. 방을 부숴주기 위해

서가 아니라 잠든 자들을 깨우기 위해서였을 것이다. 깨어 난다는 것은 고통스러운 일이지만, 그래도 그 고통과 답답함은 노예가 아닌 자유인만이 느낄 수 있다. 그의 글이 철방을 허물 수는 없지만 그 안에 갇힌 사람들을 노예가 아닌 자유인으로 만들 수 있다.

리영희도 그 점을 강조했다. 그는 철로 된 방 이야기를 꺼낸 『우상과 이성』의 서문에서 '신선한 공기'를 불어넣고자 글을 썼다고 했다. 사실 이는 오해를 불러일으킬 정도로 부드러운 표현이다. '신선한 공기'라는 말 때문에 우리는 그것을 철방에 갇힌 사람들의 답답함을 풀어주는 기분좋은 일로 생각할 수 있다. 그러나 리영희는 이 공기가 사람들의 기분을 좋게 하기는커녕 고통스럽게 만들 것이고, "차라리 죄악스러운 일"일 수 있다고 했다. 『우상과 이성』 19면 '신선한 공기'가 잠자던 사람들을 깨울 것이기 때문이다. 달콤한 꿈을 꾸던 사람들은 잠에서 깨어나 자신이 철방에 갇힌 수인임을 깨닫게 될 것이다.

따라서 우리는 리영희 책의 제목이기도 한 '자유인'이 철방에서 나온 사람을 지칭하는 것이 아님을 알 수 있다. 노예가 노예로서 자신을 자각할 때, 수인이 수인으로서의 자신을 자각할 때 그는 철방 안에서도 자유인이 될 수 있다. 노예가 느끼는 부끄러움, 수인이 느끼는 답답함은 그가 더이상 노예도, 수인도 아님을 말해준다. 즉 자유인이기에 노예 처지가 부끄러운 것이며, 감옥에 갇힌 것이 답답한 것이다. 의식화가 초래한 두려움과 고통이 소중한 이유가 여기에 있다. 그것은 사람들이 '깨어났음'을 말해주는 징표다.

"노비문서는 스스로 찢어야 한다." 이것이 노예해방의 유일한 길이다. 리영희가 이른바 '역사적 청산'을 강하게 주장한 이유도 여기에 있다. 부역자에 대한 원한 때문이 아니다. 청산은 노예가 스스로 노예적인 것과 단절하는 작업이다(이것이 해방된 사회에서 다시 해방되어야 하는 이유, 부정에 다시 부정을 해야 하는 이유다). "무릇 노예상태에서 벗어난 민족은 신생국가를 건설하는 마당에서 식민지 통치의 하수인이었거나 방조자였던 인적, 제도적, 사상적 요소들을 말끔히 척결해야 했던 것이다. 그래야만 비로소 국가사회는 과거의 부정적 역사와 단절할 수 있다." 『自由人, 자유인』 69면 리영희가 중국과 베트남을 비롯한 제3세계 인민들의 식민지 해방 전쟁에 주목했던 이유도 여기에 있지 않을까 싶다. 제3세계 인민들은 자신을 식민화했던 서구인들에 맞서 싸우면서, 또한 그들 자신의 노예성에 맞서 싸운 것이라고 할 수 있다. 그들은 스스로 노예문서를 찢었다.

반대 경우도 있다. 해방이 되었지만 여전히 노예인 사람들. 리영희는 「광복 32주년의 반성」(1977)에서 이 문제를 제기했다. 그는 이 글을 쓴 이유를 이렇게 회고했다. "식민제국에 의해 노예화됐던 민족이 독립된 존재로 자기를 회복하려면 우선 노비문서가 찢겨져야 해. 노비문서는 미국이 찢어줬지만 그 민족의 부정적 요소들을 스스로 다시 부정해야만, 즉 '부정의 부정'을 통해서만 '자기긍정'을 할 수 있는데, 일제가 자기를 부정한 모든 것을 마치 무슨 자산인 것처럼 군대와 경찰과 행정과 정치와 학계와 법률 모든 것을 그대로 운영하고 있으니 일본인들이 어떻게 우리를 존중할 수 있겠는가."『대화』 597면 자각한 노예는 채찍 아래서도 더이상 노예가 아니지만, 자각이 없는 노예는 좋은 처우를 받아도, 신분해방이 되어도 여전히 노예다. '이 주인'의 노예였다가 다음에는 자신을 해방시켜준 '저 주인'의 노예가 될 뿐이다.

우리는 리영희가 이런 노예적 인간형을 얼마나 경멸하는지를 여러곳에서 확인할 수 있다. 예컨대 그는 1978년 반공법 위반으로 재판을 받던 중 자신이 「다나까 망언에 생각한다」(1974)를 쓴 것은 어느 문학인 때문이라고 진술했다. 그 문학인은 한일문학자대회에 다녀와서 한국 대표들이 유창한 일본어로 일본인들을 감탄케 했다는 이야기를 자랑스럽게 했다고 한다. 리영희는 이들의 "그런 정신상태에 분개"했다고 말했다.『역설의 변증』 439면 그는 어쩌면 이때 「총명한 사람과 바보, 종」의 노예를 떠올렸는지도 모르

겠다. 그는 그런 인간형을 가장 혐오했다. 또 하나의 일화
가 있다. 1955년 한국군 장교들에게 미군이 제2차 세계대
전 때 입던 정복이 지급되었던 모양이다. 당시 장교였던
그는 그것을 입지 않고 있다가 고물상에 넘겨버렸다. 그는
한국군 장교들의 행태에 격분했다. "외국 군대의 폐품을
입고" 그것을 뽐내며 자랑스럽게 거리를 활보하고 다니는
장교들의 노예적 정신상태를 도저히 참을 수 없었다.『대화』
172면

상고이유서: 비판이란 무엇인가

'철로 된 방'에서 나가는 것보다 더 중요한 것은 잠에서
깨어나는 것이다. 철로 된 방에서 나갈 수 있는 희망 같은
것은 부차적이다(이것은 가짜 문제다). 갇혀 있어도 자유
인일 수 있고 나가도 노예일 수가 있기 때문이다. 사유의
존재, 즉 의식의 존재(의식화된 존재)란 자신이 잠들어 있
던 곳이 철방, 즉 감옥임을 알아차리는 자다. 먼저 깨어나
우리가 감옥에 갇혀 있음을, 우리가 사는 세상이 감옥임을
증언하고 또 비판하는 자다. 빛이 환상이고 암흑이 현실임
을 깨닫는 자다. 나는 그가 철학자이며, 사유자이며, 의식
화의 스승이라고 생각한다.

이 점에서 나는 리영희가 서대문형무소의 혹독한 조건에서 아무런 참고자료도 없이 꼭꼭 눌러 쓴 「상고이유서」(1978)야말로 '사유란 무엇인가'에 대한 좋은 답변이라고 생각한다(내용만이 아니라 형식에서도). 사유가 감옥에 있음에 대한 자각이라면, 노예가 노비문서를 찢듯, 수인이 수감의 법적 명령을 거부하고 논박하는 「상고이유서」야말로 최고의 철학 텍스트이자 의식화의 증거 아니겠는가. 그렇다면 사유란 감옥에서 상고이유서를 쓰는 것이라고 해도 좋을 것이다. 리영희 자신도 이 글을 가장 아꼈다. "내가 50년 가까이 글을 써왔는데, 나에게 가장 소중한 글이 뭐냐 돌이켜볼 때, 바로 이 상고이유서라고 생각해."『대화』490면

리영희가 손이 굳어 글을 쓸 수 없을 정도로 추웠던 영하의 공간에서 아무런 참고자료 없이 2만 4,200자의 상고이유서를 작성했던 것은 출옥의 희망 때문이 아니었다. 다시 말해 그가 그 글을 쓴 이유는 철방에서 나갈 가능성을 생각해서가 아니었다. 2심 판결문이 1심 판결문과 글자 하나 다르지 않았듯이 대법원에서도 다른 판결이 내려질 가능성은 없었다. "사실 난 이 상고이유서를 통해 어떤 긍정적 효과를 기대하지는 않았습니다. 1979년 1월 16일에 난 대법원 최종판결은 2심 판결과 다름없었지."『대화』492면 리영희는 십년 뒤 재판에서도 같은 태도를 보여주었다. 그

는 1989년 한겨레신문 '방북취재기획' 사건으로 재판을 받을 때도 최후진술을 정성스럽게 준비했다. 그는 아내에게 그 이유를 다음과 같이 밝혔다. "재판 같지도 않은 재판에서 뭐 진지하게 최후진술을 한들 무슨 소용이 있느냐는 의견도 옳아요. 그런 생각이기는 하지만 재판이 재판답지 않을수록 밖의 사회에 기록이라도 남기고, 활자를 통해서 많은 사람들에게 이 나라의 '재판'이라는 것이 얼마나 반민주적인가 하는 사실을 알릴 필요가 있다는 생각이 들었소."(1989. 9. 11.)『21세기 아침의 사색』46면 즉 그는 '재판' 자체를 '재판'한다는 마음으로 최후진술을 준비한 것이다. 그렇다면 그는 상고이유서를 왜 이토록 길게 썼던 것일까. 나는 이 물음이 지금까지의 논의를 모두 포괄한다고 생각한다.

「상고이유서」의 첫번째 항목인 '집필 동기, 목적 등에 대하여'에서 그는 합리적 관찰과 비판, 판단, 평가 등을 가로막는 한국 사회의 '선입-고정관념'을 문제 삼는다. 즉 그가 겨냥한 것은 '선입견'이다. 이 선입견이라는 말은 법과 관련해서 매우 흥미로운 단어다. 독일어 'Vor-urteil', 불어 'pré-jugés', 영어 'pre-judice' 등의 낱말 구성에서 보듯, 선입견은 선판단, 즉 선재판이라는 뜻을 갖고 있다. 판단 이전의 판단, 법 이전의 판결이라고 해도 좋을 것이다. 리영희는 반공법에 의거해 기소되었는데 그가 상고를 한 주요한 이유는 '법의 올바른 적용'을 위해서가 아니라, 법이 근거하고 있는 선입견, 법 이전에 이루어지고 있는 선판단 내지 선재판을 문제 삼기 위해서다. 법은 중립적이고 백지의 상태에서 만들어진 것이 아니라 법 이전의 판단 위에서 구축된다. 특히 반공주의가 선판단으로 터 잡은 곳에서는 '공산주의'라는 신호가 입력되면 조건반사 행동이 나타난다. 반공법이란 그런 기계적 법칙의 체계다. 리영희는 이 법이 정확하지 않게 적용되었다고 하는 것이 아니라, 이 법이 근거하고 있는 선판단이 근거 없으며(근거의 근거 없음), 무엇보다 그 주체이자 대상인 '대한민국 정부와 국민'에게 매우 해로운 것임을 지적하려는 것이다.

이러한 리영희의 물음과 대비되는 것이 검사와 판사가 던진 물음이다. 그들을 법의 인격화라고 본다면 이는 법의 물음이라고 해도 좋을 것이다. 이런 물음을 우리는 '신문'이라고 부른다(「상고이유서」의 세번째 항목이 '조사기관의 신문-조사에 대하여'이다). 리영희는 자신이 조사받을 때 "사전에 준비된 방향과 내용"이 정해져 있었다고 했다. 그는 유무형의 강압 때문에 자술서를 거기에 맞춰 쓸 수밖에 없었다고 했다. '신문'이란 정해진 답인 법에 맞는지(정답과 오답)를 따지는 것, 즉 범죄자를 가리는 권력의 물음이다. 따라서 신문은 물음의 형식을 취하지만 사실은 물음이 아니라 명령이다. 이미 정해진 답이 있기 때문에 물음은 동어반복적이다. 법이 옳은 이유는 법에 그렇게 쓰여 있기 때문이며, 교과서가 옳은 이유는 그것이 교과서이기 때문이다. 조사관은 중공의 상황에 대한 리영희의 기술, "중공에서 사람들이 '밥을 먹고 살고 있다'는 웬만한 식생활의 현장묘사"가 반공법상의 '고무찬양'에 해당하는 이유에 대해 이렇게 말했다. "대한민국의 교육방침과 내용은 공산사회에서는 제대로 밥을 먹고 살 수 있다고 되어 있지 않다. 교과서 내용과 상위하는 것(서로 다른 것)은 고무찬양이 된다."

리영희는 국시, 반공법, 교과서에서 '우상'을 본다. 이것들은 반대와 비판, 심지어 회의조차 허용되지 않는 신성불가침의 절대적 규범들이다. 리영희의 물음이 이 규범들 자체에 대한 것이라면, 검찰과 법원에서의 신문은 이 규범들을 따랐는지 여부에 대한 것에 한정된다. 2심 재판장은 그에게 왜 정부기관에 사전검열을 받을 생각을 하지 않았는지 물었다. 검열이란 권력기관이 수행하는 일종의 비판작업이다. 법(권리)을 올바로 지켰는지를 검토하는 것이다. 리영희의 「상고이유서」는 이 비판에 대한 비판이라고 할 수 있다. 국시, 반공법, 교과서, 기소문, 판결문에 대해 그는 철학의 법정에서 그 죄를 추궁한다. 사전검열은 철학의 권리, 즉 사유의 권리 박탈이고, 의식 박탈이다. 그 누구보다 검사가 그렇고 판사가 그렇다. 검사는 법과 교과서, 정부의 견해만을 기계적으로 읊조리며, 판사는 "8천여자의 기소장의 글자 하나, 마침표 하나에 손도 대지 못"한다는 점에서, 모두 의식이 없는 사람들, 잠을 자고 있는 사람들, 조건반사의 토끼들이다.

이 「상고이유서」의 묘미는 기소의 역전에 있다. 이 글은 법정에 기소된 피고가 법정 자체를 기소하는 기소문으로 볼 수 있다. 우상에 대한 철학의 기소문이다. '우상숭배'(사유의 부재, 의식의 부재)를 철학적 죄라고 한다면, 리영희는 검사와 판사를 비롯해서 법정, 더 나아가 법(반공법) 자체를 철학의 심판대에 세우고 있다. 철학적으로 볼 때 사실 우상의 숭배자들은 이미 수감되어 있다. 우상이란 그들이 잠든 채로 갇혀 있는 철방의 이름이다. 선고도 내려졌다. 「상고이유서」의 말미에 가면 매우 흥미로운 단어 하나를 만날 수 있다. '인식정지증'이 그것이다. 리영희는 담당 검사가 한국전쟁 당시, 즉 그의 나이 14세 때의 인식에 머물러 있음을 보았다(14세 때 본 중공군에 대한 인식에서 그는 한걸음도 나아가지 못했다). 리영희는 이것을 우상에 빠진 이들 일반으로 확대한다. 그는 일본 파시스트들을 예로 들었다. 일본점령군이었던 맥아더(D. MacArthur)의 말을 인용하며, 일본 파시즘이 전체 국민을 '아홉살 수준'의 능력 안에 가두었다고 지적했다. 즉 그들이 국민 성숙의 기회와 권리를 박탈("지적 개발의 기회를 억압하고 그 권리를 박탈")했다는 것이다. 이 '인식정지증'은 칸트가

철학적 책임 추궁의 대상으로 삼았던 '미성숙'과 같은 말
이다. 감히 따져 물을 수 있는(사페레 아우데Sapere aude!)
철학적 권리와 비판의 권리를 잃었을 때, 법칙에 대한 맹
목적 준수자에 머물 때, 칸트는 우리가 미성년자에 머물며
그 책임을 져야 한다고 했다.

사유란 무엇인가? 리영희는 법 앞에 서야 했다. 그러
나 그는 또한 법을 앞에 세워놓았다. 법정에 섰던 그는 또
한 법정을 법정에 세웠다. 그는 법 앞에서, 법 이전의 것,
즉 선입견(선판단, 선재판)을 다루었으며, 법의 비판에 맞
서, 법 자체를 비판했다. 그가 서 있는 자리가 바로 사유의
자리일 것이다. 우리에게 복종을 요구하고 잠을 요구하는
'법의 한계'에 그는 서 있었다. 거기가 우리의 자유, 우리
의 성숙이 정의될 수 있는 곳이기 때문이다. 그는 『自由人,
자유인』의 머리말에 이렇게 적었다. "필자는 다만 가혹한
법률적 한계의 극한까지 인간적으로 할 수 있는 최선을 다
해서 부딪혔다는 사실만을 말할 수 있을 뿐이다." 이것이
바로 사유의 존재이다.

함께 읽을거리

루쉰, 이보경 옮김 「온다」, 『열풍』 루쉰문고 2, 그린비 2011.

____, 공상철 옮김 「서문」, 『외침』 루쉰문고 3, 그린비 2011.

____, 한병곤 옮김 「희망」, 『들풀』 루쉰문고 5, 그린비 2011.

미셸 푸코, 심세광 옮김 『주체의 해석학』, 동문선 2007.

임마누엘 칸트, 이한구 옮김 「계몽이란 무엇인가에 대한 답변」, 『칸트의 역사철학』, 서광사 2009.

분단·통일문제에 대한 리영희의 생각

/ 김동춘

들어가며

리영희의 분단·통일문제에 대한 생각을 통해 오늘날 우리가 되새겨봐야 할 것은 무엇일까? 여기서는 리영희의 글에 사회평론식으로 접근하려 한다. 나는 리영희가 전쟁을 어떻게 봤는지에 대해 『리영희 프리즘』(사계절 2010)에서 다루었는데 그가 분단과 통일 문제를 어떻게 봤는지에 대해 글로 쓴 적은 없다.

개인적으로는 리영희의 책을 대학 저학년 때부터 읽고 영향을 많이 받았지만, 직접 대면하거나 만나서 이야기한 것은 1990년대 들어서였다. 특히 『역사비평』(1995년 여름호 통권 31호)이라는 잡지 대담을 통해 그와 가장 가까이서 이야기할 수 있었다. 당시 원로 지식인들의 삶과 학문에 대해 소장 학자들이 묻고 답을 듣는 기획이었는데, 내가 리영희 교수를 담당했다. 나는 그때까지 출간된 리영희의 책을 거의 다 읽었다. 이를 계기로 '리영희가 어떤 생각을 하는 사람인지' 자세히 알게 됐고, 대담 이후 이런저런 기회에 다시 그를 만날 수 있었다. 2005년부터 2009년까지 정부의 '진실·화해를위한과거사정리위원회'에서 근무할 때에는 일년에 한번 정도 연락해서 식사 대접을 하기도 했다.

리영희가 쓴 글은 주로 남북관계, 국제정치에 관련되지만 그를 국제정치학자라고 말하기는 어렵다. 나는 한국의 국제정치학 하는 사람들이 리영희에 대해 어떤 평을 했는지 궁금해서 찾아보기도 했다. 그리고 평가가 거의 없다는 사실을 발견했다. 그가 국제정치학을 전문으로 하는 학자가 아닌 까닭일까, 아니면 한국 국제정치학이 워낙 미국 일변도인 탓일까. 그는 기자 출신의 신문방송학과 교수였지만 관심분야는 미디어가 아니라 분단, 통일, 전쟁, 제3세계 정치였다. 그 때문에 같은 학과 교수들과 커뮤니케이션이 잘 안 되었을 것 같다. 학생들과의 관계도 비슷하지 않았을까 생각한다. 아무래도 학생들은 대체로 언론사 취직에 관심이 있었을 테고 그런 학생들에게 국제정치 이야기를 하는 것은 좀 불편하지 않았을까. 교수로서 그는 상당히 외로웠을지도 모르겠다.

리영희의 입장, 자세, 자기정체성 같은 부분은 본인의 이야기에 따르면 기자로서의 기질이 반, 학자로서의 기질이 반이라고 한다. 그에게 '그냥 기자로만 계속 있었더라면 어땠을지, 혹은 학자 일반에 대해 어떻게 생각하는지'를 물었을 때, '나는 기자로서의 체질을 갖고 있기는 하지만 학자가 되는 것도 행복하게 생각한다. 학자가 안 됐으면 깊이 연구하지 못했을 것이다. 하지만 원래 학자로만 있었다면 기자가 갖는 특유의 날카로움과 현실감각을 못 가졌을 것이다'라고 답변한 것으로 기억한다. 그가 나와 만났을 때 썼던 표현을 그대로 옮기면, "펄떡펄떡 뛰는 현실을 잡는 게 스릴이 있고 좋다" "나는 이론적으로 깊이 들어가는 체질은 아니다. 나는 기본적으로 저널리스트의 기질이 있는데 그렇기 때문에 뜨거운 현실을 붙잡는 게 너무 재밌고 흥미있다"라는 것이다. 그는 펄떡펄떡 뛰는 현실에 대해 기존 정치권이나 언론, 교수나 지식인이 엉터리로 이야기하는 것을 공격하는 데 희열을 느끼는, 그런 기질을 가진 사람이라고 평가할 수 있을 것이다.

일반 언론에서 리영희에 관한 비판적 논평이 나온 것은 1980년대 후반부터인 듯하다. 내가 역사문제연구소 연구원으로 있었던 1989년 무렵, 『월간조선』의 어떤 기자가 찾아왔다. 그는 리영희에 대해 이야기를 하자고 했다. 그래서 무슨 이야기냐고 하니, 리영희가 쓴 『우상과 이성』이나

『8억인과의 대화』에 나오는 중국에 관한 내용이 완전히 틀린 게 아니냐는 것이었다. 그 기자는 리영희가 중국을 완전히 잘못 본, 전문성이 없는 중국 연구자인데 왜 이런 비전문가를 사회적으로 존경하느냐고 따져 물었다. 예를 들면, "리영희가 사회주의에 대해서 너무 이상적으로 보는 게 아니냐?" "북한에 대해서 너무 긍정적으로 보는 게 아니냐?" 이런 질문을 계속했다. 나는 그에게 버럭 화를 냈다. "그런 이야기 물을 거면 나한테 오지 마라. 이분이 중국 사회주의를 좋아해서 그렇게 한 것도 아니고, 한국 정치를 비판적으로 보고 분단문제를 보려고 하다 보니까 중국의 좋은 점을 본 것이다. 이 사람이 갖고 있는 문제의식을 중시하면서 접근해야지 그런 식으로 사실 오류 등을 꼬투리 잡아가지고 이걸 몰랐네, 저걸 몰랐네 하면 제대로 된 접근인가?"라고 되물었다. 그리고 "조선일보 당신들 선배인데, 그런 식으로 꼬투리를 잡아 흠집내기식으로 글을 쓰면 되느냐"고 말했다.

리영희가 분단문제나 통일문제를 어떻게 생각했는지 이야기하려는 것은 단순히 그의 생각을 복기하기 위해서는 아니다. 우리가 오늘 분단·통일문제를 어떻게 볼 것이며, 리영희의 분단·통일 관련 연구나 평론에서 배울 점은 없는가 하는 쪽으로 생각하기 위해 이 주제를 끄집어낸 것이다.

리영희가 분단문제나 통일문제, 혹은 전쟁문제에 눈을 뜨게 된 것은, 그가 북에서 월남한 사람이고 한국전쟁을 군인으로서 체험한 사실과 관련이 있다. 그는 한국전쟁 당시 미군 통역장교로 일하며 전쟁의 성격, 한미관계에 눈을 떴다. 미국이 어떤 이해관계 때문에 한국전쟁에 개입했는지, 그리고 이승만 정권이 얼마나 말도 안 되는 정권인지를 아주 생생하게 목격하고 체험한 다음 의식화가 이루어진 것이다. 전쟁을 겪었다고 해서 모든 사람이 그렇게 되는 것은 아니다. 이 세대, 특히 월남자들 같은 경우는 오히려 더 보수적으로 되기 쉽다. 다만 리영희는 양심과 정의라는 기본 바탕 위에서 공부하는 사람으로서 기본적인 관찰력과 호기심, 사실을 정확하게 보고자 하는 열정이 있었기 때문에 그런 의식화가 가능했을 것이다.

리영희는 국제정치학이나 한국 역사를 체계적으로 공부하지 않았고 해양대학을 졸업한 것이 정규적인 학업의 전부였다. 사실 해양은 그의 관심 영역도 아니었다. 그는 마도로스가 되려고 해양대학에 간 것이 아니라 장학금 때문에 간 것이다. 돈이 없고, 피난지 부산에서 어디 받아주는 데도 없고, 월남한 청년인지라 친척도 없어, 공짜로 다닐 수 있는 학교를 찾아 그 대학에 갔을 뿐이다. 그런데 그는 해양대학에 다니며 배운 것이 자신에게 굉장히 큰 도움이 됐다고 한다. 그곳에서 수리·물리 등 자연과학을 공부했는데, 이를 통해 현실을 수학적으로 분석하고 재단하는 기능, 즉 자연과학적인 사고방식을 얻었다는 것이다.

사상의 형성

리영희가 개인적으로나 사상적으로 큰 충격을 받은 계기는 한국전쟁 참전이었다. 그는 한국전쟁 때 한국의 비참한 현실을 목격했다. 당시 미국이 한미 우호니 뭐니 하면서 한국에 들어왔지만 아무리 봐도 미국은 자기의 이해관계 때문에 온 것이었고, 이승만 정권은 그 비참한 현실 속에서 국민들에게 반공이니 자유니 거짓말을 떠드는 엉터리 정권이었다. 리영희의 자서전인 『역정』에는 그런 현실을 목격한 청년 장교 리영희의 고뇌가 보인다. 그는 국민방위군 사건이 '6·25 전쟁 죄악사에서 으뜸가는 인간 말살 행위였다'고 회고한다. 미군 통역장교를 7년 동안 하면서 미국이 어떤 나라인지 뼈저리게 느꼈던 것 같다.

흔히 미국을 잘 알고 미국에 가 있으면 친미주의자가 된다고 생각한다. 리영희의 책을 보면 미국 사람들의 심리 등 미국 군인들에게 배울 점에 대해 많이 이야기한다. 한국 군인 중에는 책 한권 읽는 장교가 없는데, 미군들은 전선에서도 항상 책을 손에서 놓지 않았다고 적기도 했다.

하지만 미국에서 살아본 사람일수록 미국의 부정적 모습을 더 실감할 수 있다. 견딜 수 없는 인종차별, 사회의 어두운 이면은 오히려 미국인들과 접촉해봤거나 미국에 살아본 사람들이 더 잘 안다. 같은 맥락으로 그도 미군 통역장교를 했기에 미국의 이면을 잘 알게 된 것이다.

리영희는 코페르니쿠스, 갈릴레이 이야기도 여러번 했고, 『우상과 이성』 같은 책 제목에서도 알 수 있듯이 유럽 근대 계몽주의 사상에 감화를 많이 받은 사람이다. 이성과 합리성, 허구와 이데올로기, 신화와 거짓과 속임수를 벗겨내 사람들을 각성시켜 이 세상의 진면목을 보게 하는, 근대 합리주의 정신이 가득 차 있는 사람이라고 볼 수 있다. 그래서 그가 사회주의자인지 묻는 사람도 있는데, 본인이 직접 사회주의자라고 말한 적은 없다.

사회주의 붕괴 직후인 1991년에 '왜 현실사회주의가 무너졌는가'를 주제로 큰 토론회가 열렸다. 여기에 청년들이 구름같이 몰려들었다. 당시 청년들은 리영희에 대한 기대와 존경심을 가지고 있었고, 그가 사회주의 붕괴를 어떻게 생각할지에도 큰 관심이 있었다. 그때 리영희는 현실사회주의가 인간의 측면을 제대로 보지 못했기 때문에 무너졌다고 이야기한 것으로 기억한다. 나와 대담할 때에도 '혹 중국에 대해 이상적으로 낭만화한 것 아닌가'라는 질문에 본인도 어느정도 수긍을 했다. 그는 자신이 중국에 관심을 가진 것은 중국을 찬양하기 위해서가 아니었으나, 한국 사회의 문제점을 너무 깊이 생각한 나머지 어쩌면 중국에 대해 그런 태도를 취했는지도 모르겠다고 답했다. 나는 그것이 리영희의 계몽주의적인 정신, 합리적 정신, 혹은 신화를 벗겨내고 진실을 찾으려 하는 정신이 벌거벗은 임금님을 본 어린이와 같은 심정이며, 그 심정이 지금 우리 사회에도 꼭 필요한 덕목이라고 생각한다.

　나는 천안함 사태가 터졌을 때 리영희를 떠올렸다. 천안함 문제를 두고 이명박 정부나 박근혜 정부가 국민들에게 요구한 것은 정부의 설명을 신앙처럼 믿으라는 것이었는데, 그런 점을 리영희가 일생 동안 비판했기 때문이다. 몇 년 전에 야당 추천으로 헌법재판관 후보에 오른 법무법인 지평 소속 조용환 변호사의 청문회가 있었다. 그때 여당 의원들이 조용환 변호사에게 천안함이 누구 소행이라고 생각하는지 물었다. 조용환 변호사는 이북의 소행인 것 같기는 한데 확실히는 모르겠다고 말했다. 그러자 여당 쪽에서 "이북 소행이면 이북 소행이지, 확실하게 모르겠다는 게 말이 되느냐"라고 하며 북한의 소행이라는 것에 대해 신앙을 가지라는 식으로 말했다. 결국 그는 헌법재판관이 되지 못했다. 만약 리영희가 살아 있었다면 이게 도대체 말이 되는 소리냐고 하면서 '조목조목 검증을 하거나 비판에 대해 반증을 해서 내 의문에 답을 달라. 답을 주면 내가

납득을 하겠다. 그럼 정말 조사 결과를 믿겠다'라고 했을
지 모른다.

천안함 사건의 원인에 대해 정부조사를 신앙처럼 믿으
라는 논리야말로 리영희가 평생 씨름했던 바로 그 분단의
우상이 아닐까? '북한은 나쁘고, 테러 세력이며, 우리의 적
이자 원수'라고 보니 북한이 이야기하는 것이 맞는 점도
있다고 하면 종북세력으로 몰린다. 여기서 바로 리영희의
문제의식이 생겨난다.

리영희가 분단문제에 본격적으로 눈을 뜬 1960~70년대
는 우리 사회가 냉전의 중심에 있던 시절이다. 북한을 북
괴라 불렀고, 북한에 대해 곧이곧대로 이야기할 수 없었
다. 그래서 그가 우회하여 접근한 것이 베트남 문제였다.
당시에 곧바로 한반도 문제를 제기하는 것은 부담스러운
일이었다. 그는 베트남 문제를 통해 거꾸로 우리의 문제를
말하려 했다. 그가 베트남전쟁을 연구하고 조사해서 논문
을 발표한 것도 그런 이유 때문이다. 그는 베트남전쟁 연
구를 통해 베트남전쟁에 대해 한국 사람들이 가지고 있는
우상, 즉 잘못된 생각을 뒤집으려 했다. 1960년대부터 70년
대 초반까지 그는 외신을 계속 접하면서 전쟁의 실상을 보
려 했다. 그의 베트남전쟁에 대한 관심은 이를 한국의 분
단 현실과 견주어 보려는 데서 비롯했다. 당시 박정희 정
권은 월남이 자유우방이며, 우리가 '자유통일'을 위해 베

트남에 간다고 선전했다. 한국전쟁 때 미국이 우리를 지켜줬는데, 지금 분단된 베트남이 망하게 생겼으니 미군과 월남을 도와주어야 한다는 것이었다. 그것이 당시 정부의 논리이자 한국 사람 대부분의 생각이었다. 그러니 그 베트남전쟁이 어떤 성격을 지녔는지 의문을 품을 수조차 없었다.

1968년, 전 세계적으로 68혁명의 파도가 불어닥쳤고, 미국에서는 베트남전쟁 반대시위가 거세게 일어났다. 2016년 미국 대선에 민주당 후보로 나선 힐러리(Hillary Clinton)와 그 남편인 빌 클린턴(Bill Clinton)이 당시 대학생이었다. 그들도 반전운동에 가담했으며 빌은 베트남전 징집영장을 찢었다. 이렇듯 전 세계가 떠들썩했는데 한국에서만큼은 베트남전쟁 반대운동에 대한 보도가 없었다. 호기심 많고 열정 있는 기자 입장에서는 그 점을 참을 수 없었을 것이다. 이것도 그가 베트남전쟁에 관심을 갖는 데 하나의 이유가 되었을 것이다. 동시에 그는 분단국가로서 우리나라의 분단과 베트남의 분단이 과연 다른가, 북한은 공산주의이고 남한은 자유주의 국가인 것처럼 월맹은 정말 흉악한 공산주의 국가이고 월남은 자유민주주의 국가인가라는 질문을 던졌다. 그런데 그 부분은 당시 한국에서 건드려서는 안 되는 성역이었다. 국내 언론은 그런 부분을 보도하지 않았기 때문에 우리나라 사람들은 베트남전쟁이 왜 발생했는지, 왜 우리나라 군인들이 참전했는지, 전쟁의 성격이 무엇인지에 대해 완전히 무지한 상태였다.

리영희는 베트남전쟁의 성격을 연구하면서 우리나라를 자유세계가 아닌 제3세계의 한 나라로 보기 시작한 것 같다. 그리고 이 제3세계라는 문제의식과 분단국가라는 문제의식을 결합시켰다. 그 다음으로는 자연스럽게 중국에 관심을 갖게 되었다. '중국은 공산주의인가? 그것은 소련의 공산주의와 어떻게 다른가? 중국은 마오 쩌둥(毛澤東)이 민족해방투쟁을 해서 수립한 나라가 아닌가?' 당연히 그런 질문을 가질 수밖에 없었다. 리영희는 월남자다. 고향에 갈 수 없는 사람으로서 통일문제나 분단문제에 얼마나 절실한 관심이 있었겠는가? 곧바로 표현할 수 없는 그 관심을 베트남과 중국으로 이렇게 우회한 것이다.

그가 조선일보에서 나온 다음 한양대학교로 옮기면서 제일 먼저 했던 작업이 '중국문제연구소'를 만든 것이다. 한국 최초의 중국 연구소였다. 그전까지는 중국을 소련의 '철의 장막'과 대비해 '죽의 장막'이라고 불렀는데, 한국에서는 완전히 정보가 차단되어 있었고 관심도 없었다. 훗날 말하기를 "그때는 모두 기피하더니만 80년대가 돼서 중국이 뜨니까 언제 어디서 나타났는지 중국 전문가들이 넘쳐나더라" "도대체 저자가 언제 중국 연구를 했는데 전부 중국 연구자로 나서는가"라고 한 것으로 보아 그는 한국 지식인사회의 비겁함과 기회주의에 환멸을 느꼈던 듯하다.

어쨌든 1970년대에 그는 중국 문제에 관심을 가지면서 중국 학생들이 보는 교과서로 중국어를 독학해 자료를 읽었다. 그는 1929년생이라 한국어보다 일본어가 더 익숙했다고 한다. 영어는 미군 통역장교를 하면서 배웠고 불어도 독학으로 습득했다. 그는 중국어도 독학해 중국을 연구하는 한편 베트남전쟁을 연구하면서 분단문제, 한미관계, 한일관계 등에 대해 국제정치적인 시야가 트인 것이다.

한국이라는 나라는 참 복잡한 나라다. 강대국의 이해관계가 충돌하는 현장이기 때문이다. 그래서 한국을 잘 알기 위해서는 주변 국가와 한국의 관계를 잘 알아야 한다. 일본의 저명한 한국 연구자이자 러시아 전공자인 와다 하루끼(和田春樹)가 쓴 『북조선』(돌베개 2002)이라는 책을 보면, '북조선, 즉 북한을 연구하려면 기본적으로 5개 국어를 해야 한다'는 이야기가 나온다. 왜냐하면 북한에 관한 자료가 5개 국어로 쓰였기 때문이다. 우리나라의 역사를 알려면 주변국의 기록을 다 봐야 한다. 그래서 우리가 미국과 중국을 모르고서는 북한을 알 수가 없고, 미국이나 일본을 알지 못하고서는 오늘의 한국을 알 수가 없다. 이런 식의 종합적인 지성을 갖춘 사람을 우리 사회에서 찾기가 어렵다.

리영희는 중동, 이스라엘 등에 관해서도 글을 썼다. 지금도 우리나라 사람들은 이스라엘과 팔레스타인 문제에 대해서, 양쪽의 갈등이 왜 발생했는지 잘 모른다. 그런데

1980년대 초 리영희는 이미 이스라엘을 어떻게 봐야 하는지, 이란과 이라크를 어떻게 봐야 하는지 이야기했다. 사람들이 관심을 안 가질 때 미국의 실상을 보다 보니까 중동이 보이기 시작한 것이다. 이스라엘 문제는 미국의 국제정치, 중동지역 정치와 뗄 수 없게 연결되어 있다. 팔레스타인 문제는 결국 1948년에 미국과 영국이 이스라엘 건국을 용인한 데서 출발한다. 그 역사를 보지 않고서는 오늘의 팔레스타인, 시리아, 이란, 터키 문제가 어떤 것인지 하나도 알 수 없다. 그가 미국과 일본에 관심을 갖고 있다 보니 여기까지 지평이 넓어진 것 같다.

한편 리영희는 1980년대 들어와서 한일관계로 관심을 넓히며 분단문제의 지반을 살핀다. 한국의 분단은 베트남이나 독일과 다르고, 굉장히 복잡한 성격을 갖고 있다. 국제정치학자 김학준의 표현을 빌리면 독일의 분단은 외생형 분단, 베트남은 내전형 분단이다. 즉 독일은 강대국이 전범국가인 독일을 강제로 잘라버린 것이고, 베트남은 프랑스나 일본의 제국주의로부터 독립하는 과정에서 민족해방운동 세력과 제국주의 세력이 투쟁하면서 제네바협정으로 어설프게 분단이 되었다가 그것이 내전 형태로 계속 진행되고 미국이 개입하여 결국은 통일로 간다.

리영희도 "한국의 분단은 독일하고 성격이 다르다. 기본적으로 동서독은 서로 전쟁을 한 적이 없다"라고 강조했다. 동독과 서독은 서로 별개의 국가 혹은 민족으로까지 자기규정을 했고, 미국과 소련이 통일을 적극적으로 막았기 때문에 브란트(Willy Brandt)의 동방정책이 등장했을 때도 '언제나 통일을 생각하되 통일을 말하지 않는다'는 표현까지 나왔다. 독일이 통일이라는 말을 꺼내는 순간 미국과 소련은 물론 주변의 유럽국가들이 가만히 있지 않을 것이기 때문이다. 독일이 통일되면 또다시 주변국을 침략할 위험이 있다고 하여 주변 국가들은 물론 소련과 미국도 통일을 반대했다. 그래서 동서독은 조심스럽게 물밑에서 접촉했다. 사람들이 동독에서 서독으로 넘어와도 절대로 우리처럼 상대방을 비방하는 기자회견을 하지 않았다. 그렇게 하면 자기 체제의 우월성을 과시하는 데 도움은 되겠지만, 저쪽에 있는 가족들이 큰 피해를 입게 된다. 그리고 상대에 대한 적대감만 더 커진다. 서로 스파이를 보냈겠지만, 저쪽 체제를 버리고 넘어온 사람들에 대해서 대외적으로 선전하는 등의 행동은 하지 않았다.

리영희는 이런 동서독 문제와 한국 문제가 다르고, 한국의 분단문제가 베트남과도 다르다는 전제 위에서 통일문제에 접근한다. '분단에 누가 더 책임이 있느냐, 북한의 책임이냐 남한의 책임이냐'라는 질문 자체를 다시 따져보는 것이다. 지금도 한국 주류 세력은 분단이 북한 책임이고 북한이 바뀌어야 한다고 보지만, 초보적인 국제정치 지식만 가져도 남북한의 책임을 따지기 전에 강대국의 책임을 거론하지 않을 수 없다. 물론 남한의 시민권자인 우리는 북한의 책임이 더 크다고 생각한다. 그러나 한국 사회가 변해야만 분단을 극복하는 데 한걸음 더 다가갈 수 있다는 것도 분명하다. 리영희의 문제의식도 그런 것이었다. 그는 극우반공주의와 맹목적인 친미주의가 걸림돌이라고 봤다. 그래서 결국은 이 반공주의라고 하는 '우상', 그 다음에 한미관계가 혈맹이라고 하는 '우상', 이 두 우상을 깨야 한다고 생각했다. 이 두 우상을 깨기 위해서 베트남전쟁도 끌어들이고, 중국도 끌어들이고, 일본도 끌어들였다.

요즘도 계속 문제가 되고 있는 일본 우익의 교과서 문제가 이미 1980년대에 불거지는데 그때 그가 쓴 글을 보면 '우리가 반공노선을 고수하는 한 일본에게 예속된 국가밖에 될 수 없다. 우리가 반공노선을 고집하면 고집할수록 우리는 한·미·일 시스템 속에서 운신의 폭이 줄어든다'고 주장했다. 그리고 일본 내 이른바 친한 인사라고 하는 사람들의 실체는 한국을 가장 많이 깔보는 제국주의의 전쟁범죄자들이라고 했다. 사사까와 요오헤이(笹川陽平)가 대표적이다. 서울의 일부 대학에서 전쟁범죄자인 사사까와재단의 돈을 많이 받은 것도 사실이다. 일본의 친한파라고 하는 사람들이 자기들의 식민지 지배를 옹호하거나 합리화하기 위해 연구비를 준 것이다. 한일 간의 우호관계를 맺는 것도 좋지만, 그는 일본에게 식민지 지배와 전쟁 책임을 따지지 않을 때 그 결과가 어떻게 될 것인가 하는 쟁점에 관심을 기울였다.

금기를 넘어서

리영희는 한국 사회에 대해서는 많은 글을 쓰지 않았고, 거꾸로 국제정치에 관한 논평을 통해서 한국과 분단에 대해 이야기했다. 대체로 그는 민족주의적인 시각에 서 있었다고 볼 수 있다. 그런데 그 스스로 민족주의자라고 밝힌 적은 없다. 그저 휴머니스트로서, 인간적인 관점에서 반공주의가 우리 사회를 얼마나 야만의 상태로 몰아넣고 있는가를 강조한다. 그러나 그가 쓴 모든 글의 기조는 '민족 자주, 우리 스스로 우리 문제를 해결해야 한다. 미국에 끌려다녀서는 안 된다. 한미관계가 혈맹이라는 것은 허구다. 한미방위협정, 정전협정에서는 우리가 주체로서 역할을 못했다. 북한과 미국이 한반도 문제의 당사자이고 한국은 거기서 소외되었다'는 것이다. 분단의 우상을 걷어내기 위해 그가 했던 작업의 성과 중에 몇가지 의미있는 것이 있다. 지금도 한국 사회에서 공식적으로는 인정하기 싫어하는 것들이다.

한국은 유엔이 인정한 한반도에서 유일한 합법정부라는 설에 대한 비판이다. 대부분의 한국인들은 그렇게 알고 있다. 헌법에서도 주권은 한반도와 그 부속 도서에 미친다고 이야기하고 있고, 유엔 관장하에 5·10 선거를 통해서 수립된 대한민국 정부가 이 한반도의 유일한 합법정부라고 알고 있다. 그러나 리영희는 '영어로 된 원문에는 한반도라는 표현이 없고 그냥 코리아라고 되어 있음'을 지적한다. 그리고 유엔 한국위원단이 왔을 때, 그 사람들이 썼던 코리아라는 말과 정부 수립 이후의 코리아라는 말이 다르지 않다고 이야기한다. 이 사람들이 말하는 코리아는 남북한 전체를 포함하는 코리아가 아니라 결국은 남한만을 의미하는 코리아다. 리영희는 '유엔에서 이야기하는 것도 남한이 한반도의 유일한 합법정부라는 것은 아니'라고 강조했다. 한국 정부가 이러한 반론에 대해 '그건 틀렸다, 유엔이 이야기하는 것은 한반도 내의 합법정부다'라고 근거를 들어 부연 설명하기는커녕 '당신 혹시 친북이야?'라고 오히려 신심을 의심하는 방식으로 공격하는 점에서 이 문제는 천안함 문제와 대단히 유사하다.

두번째로 그가 들춰낸 쟁점 가운데 중요한 것은 NLL 문제다. NLL은 Northern Limit Line, 즉 북방한계선이다. Southern Limit Line이 아니라 Northern Limit Line이다. 그는 이것이 '북한을 막기 위한 것이 아니라 남한 군대가 못 올라가게 하는 것'이었다고 지적한다. 이승만 정권이 휴전협정을 극력 반대했고, 북진통일을 주창하면서 휴전협정 못 받아주겠다 하니 미국이 이것을 설정했다는 것이다. 당시 미국이 휴전협정을 밀어붙이려고 하니까 이승만이 '우리 민족을 삼년 동안 초토화시켜놓고 휴전하자는 게 말이 되느냐'고 항의한 것은 사실이다. "통일해야 한다. 올라 가겠다"라는 이승만의 발언은 미국에 대한 엄포였다. 미국은 이승만이 단독으로 올라갈 수 없다는 것을 알고 있었다. 작전권을 미국이 가지고 있었기 때문이다. 그러나 남북한의 갈등은 매우 심했기 때문에, 즉 사회주의적 방식이든 자본주의적 방식이든 통일을 해야 한다는 열정 때문에 국지전이 발생할 수도 있었다.

DMZ는 육지에만 있는 것으로 동해·서해에는 남북한의 경계가 없다. 북한과 남한의 경계는 국경선이 아니다. 동해는 해안선이 단조로워 직선으로 남북을 구분할 수 있었지만 해안선이 복잡한 서해는 그게 안 됐다. 휴전협정이 진행되는 동안 유엔군, 즉 미군은 백령도와 연평도에 진입해 있었다. 그런데 이들 섬의 위도는 한강 하구와 강화도가 만나는 지점보다 더 북쪽이었다. 국제법이나 국제정치에서 실효적 지배라고 하는 상황이 연출된 셈이다. 서해 5도는 미국이 실효적 지배를 하고 있었기 때문에 북한이 이를 받아들인 것이다. 결국 바다에서 남북의 경계선을 긋긴 어렵지만 황해도와 경기도의 도계, 즉 한강과 임진강이 만나 서해로 들어가는 지점으로부터 유엔군이 점령하고 있는 그 서해 5도 위쪽으로 남북한의 경계를 설정한 것이다. 그것을 NLL이라고 불렀다. 이승만 정부 때 남한 군대가 못 올라가게 한 선이고 휴전협정문에 나온 것이 아니기 때문에 북한 입장에서는 툭하면 내려오게 되었다. 연평해전도 그렇게 발생했다. 실제 1960~70년대에는 거기서 북한 배와 남한 배가 함께 어로활동을 했다고 한다. 리영희도 이런 NLL 문제의 성격을 이야기했다.

그밖에 리영희가 분단문제에 관해 쓴 중요한 글이 몇개 있다. **광주 민주화운동 당시 미군의 개입 문제를 다룬 글도** 그중 하나다. 미국 측은 1980년 5·18 당시 한국군의 배치, 특히 공수특전단의 투입에 대해서는 몰랐다는 입장이다. 리영희는 릴리(James R. Lilley) 주한미국대사에게 반박문을 보냈다. "당신들이 정말 몰랐느냐. 당신들 책임이 없느냐. 공수특전단인가 그 진압군 투입은 한국군 병력의 이동인데, 당시 전시작전권만이 아니라 평상시의 작전권도 가지고 있던 미군이 이것을 몰랐다는 것이 말이 되느냐"라고 물었다. 이에 대해 "아니다, 그것은 당신이 잘 모르는 거다"라고 미국대사가 답을 보냈다. 리영희는 다시 반박하면서 "영어로 당신하고 토론할 수 있지만 나는 한국말로 하겠다. 나에게 영어는 외국어이니 게임이 공평하지 않다"라고 제안했는데 미국대사가 거기에 대해 답을 하지 않았다. 물론 이 문제에 대한 미국 측 군사자료는 아직까지 공개되지 않았다. 상식적으로 보더라도 한국군의 이동에 미군의 재가를 받지 않을 수 없었고, 당시 미 함대가 이미 남해안 쪽으로 접근을 한 것은 미국이 광주 문제에 사실상 직접적으로 개입한 증거로 볼 수 있다.

미국은 제3세계 국가의 정치에 개입할 때 직접 움직이지 않고, 아주 예외적으로만 CIA 등을 개입시켰다. 예를 들면 칠레 아옌데(S. Allende) 정권을 쫓아낼 때 CIA가 직접 개입한 것이 대표적이다. 이때는 사회주의 정권이 들어서면 투자한 자본에 큰 손실을 초래할 것이므로 곧 CIA가 개입했다. 쿠바혁명이 일어난 직후에도 케네디(J.F. Kennedy) 대통령이 침략을 꾀했다. 미국은 제3세계의 독재자나 우익세력을 배후에서 지원했다. 1980년 광주에도 진압군이 출동할 때 미국이 묵인하지 않았을까라는 추측이 가능하다. 어떤 강력한 힘을 가진 지휘자가 하급자의 범죄를 묵인한다면 범죄를 저질러도 좋다고 인정하는 것이다. 예컨대 한국전쟁 발발 직후 보도연맹원 학살에 이승만이 직접 명령을 했는지가 중요한 쟁점인데, 국군 방첩대나 치안국장 같은 사람이 보도연맹원 수십만명을 죽일 수 있는 명령을 내릴 때 최고 권력자인 이승만에게 보고하지 않았다는 것은 상식적으로 있을 수 없는 일이다. 대통령

측근 직속기관, 그리고 대통령과 독대할 수 있는 기관장이 국민들의 생명과 관련된 문제에서 최고 권력자의 묵인 없이 행동하는 것은 상식적으로 납득할 수 없다. 그러나 이후 제기될 책임을 면하기 위해 서면보고 같은 것은 전혀 하지 않고, 구두로만 지시했을 것이다. "알아서 하라"고 하거나 아예 "당신 선에서 처리하라"고 말하는 것이다. 그것을 '비명령적 명령'이라고 하는데, 광주 5·18 당시 미국의 역할도 그렇게 볼 수 있을 것이다.

비명령적 명령은 사실상 명령이다. 공권력이 범죄나 잘못을 저지를 때 그 책임을 면하기 위해 묵인을 하면서 사실상 명령에 가까운 효과를 가지는 것이다. 한국전쟁 이전에 미군이 우리나라에 진주해 있었고, 미 군사고문단이 500명밖에 없었지만 우리나라 군대의 인사권, 예를 들면 육군참모총장 추천권까지도 쥐고 있었다. 제주 4·3 사건 당시 주권은 미군정이 쥐고 있었다. 그런데 당시 한국 국방경비대나 경찰들이 진압을 했다. 미군정은 지휘관 임명, 무기·군수물자 지원 및 정보 제공 등 실질적인 지휘를 했지만, 법적으로는 제주 4·3 사건의 진압이나 학살 책임이 미군에 있다고 주장하기 어렵다. 미 군사고문단 문서에서는 "귀관들의 역할은 조언(advice)이다. 당신들은 지휘관(commander)이 아니다"라는 점을 강조했다. 미국은 50년 뒤에 생길지도 모르는 법적 책임을 피하게끔 모든 대비를 했다고 볼 수 있다.

미국이 1898년 스페인과 전쟁을 했을 때 처음으로 먼로주의에서 탈피해 제국주의 국가가 되었다. 미군이 한국에 들어왔을 때, 미국은 이미 50년 정도 식민지 경영의 노하우를 축적하고 있었다. 제국주의 국가들이 제3세계나 식민지에 들어갔을 때는 자기들이 책임질 일을 하지 않고, 현지 사람들끼리 싸우도록 만든다. 영국, 네덜란드 등도 수백년의 식민지 경영 노하우를 갖고 있다.

네번째, 분단의 우상을 타파하려는 글로 거론할 수 있는 것은 **남북한 군사능력 비교** 논문이다. 그는 북한의 군사적 위협을 자꾸 말하기에 앞서 제대로 살펴보자고 제안했다. 그러고는 북한의 군사비 지출 규모가 남한의 군사비 지출에 견주어 어느 정도인지를 물었다. 그런데 북한은 자기 데이터를 공개하지 않기 때문에, 여러가지 방식으로 추적했다. 리영희는 자신이 가지고 온 자료는 비밀자료가 아니라 언론에 나온 것을 꼼꼼하게 다 읽은 결과이며, 특별히 비밀문서를 찾아보거나 모르는 자료를 들춰본 일은 없다, 전부 다 구할 수 있는 자료이고, 그것을 들여다보면서 맞춘 것뿐이라고 이야기했다. 「남북한 전쟁능력 비교연구」(1988)도 바로 그런 논문이었다. 그는 북한의 위협은 말이 안 된다고 강조했다. 통상적으로 현재 남한의 군사비 지출이 북한의 33배 혹은 40배 정도 된다고 이야기하는데, 그가 이 논문을 쓴 1980년대 후반에는 이 정도는 아니었을지 모르나 적어도 20배는 넘었을 것이다. 그런 상태에서 북한의 군사적 위협을 이야기하는 것은 사리에 맞지 않다. 물론 이러한 주장에 대해 국방부는 '초기 전투나 기습공격에는 남한이 약하다' 등의 논리로 반박했다.

리영희는 이런 네가지 우상들을 벗겨내는 작업을 통해 우리가 얼마나 한미관계나 남북관계, 분단문제에 대해서 스스로 신화에 사로잡혀 잘못된 신앙의 감옥에 갇혀 있는지를 강조했다. 리영희의 글을 두고 국제정치학자들의 논문 같은 정밀한 국제관계 분석은 없고, 따라서 학문적인 엄밀성이 떨어진다고 말할 수 있을지 모르지만, 정작 학자들이 기피하는 매우 중요한 문제를 다룬 점은 높이 평가해야 할 것이다.

북한 문제

리영희는 북한의 세습체제가 심각한 문제이며 북한은 전체주의 국가라고 비판했다. 그러나 그는 남한이 더 많이 바뀌어야 한다고 강조한다. 조선일보식의 시각으로 보자면 리영희는 '빨간' 사람, 사회주의, 친북이다. 극우세력은 흔히 '왜 당신은 북한은 문제 삼지 않고, 남한만 문제 삼느

냐'고 비판한다. 리영희는 한국 사회를 비판하는 사회과학
자들에게조차 '왜 당신은 남한만 비판하느냐, 북한을 좋
아하느냐'는 식의 색깔 공세를 계속 받아왔다. 그러나 그
는 한국의 시민권자로서 한국을 비판했을 뿐, 한국이 변화
하는 것이 통일 과정에 굉장히 중요하다고 보기 때문에 그
렇게 이야기한 것이다. 그것은 북한을 칭송하는 것과 전혀
다르다.

리영희는 북한의 핵개발에 대해서도 1980년대부터 계
속 글을 썼다. 그는 북핵 문제에 대해 "70년대하고 90년대
를 거꾸로 보면 된다. 70년대는 북한이 우세했다. 그러니
까 공식적인 통계에 의하면 75년까지 북한의 경제가 남한
보다 앞섰고, 75년부터 뒤집어지는 것으로 나온다. 75년에
뒤집어지기 전까지는 북한이 50년대부터 경제개발을 했기
때문에 국민들 소득도 높았고, 사회복지 시스템도 오히려
더 괜찮았다"라고 했다. 당시 카터(Jimmy Carter) 미 대
통령이 인권외교다 뭐다 해서 미군 일부를 철수하자 박정
희가 위기의식을 느끼고 핵개발을 시도했다. 미국의 관계
가 틀어져 박정희 정권이 고립되면서 핵개발을 시도한 것
이다. 1990년대 들어서 북한이 핵개발을 하려고 한 이유와
비슷하다. 1990년대 이후 남한이 경제를 비롯해 모든 부분
에서 우위에 섰고 북한은 사면초가 상태가 되었다. 그래서
북한은 생존을 위해 핵개발을 시도했다. 북한의 핵개발을

용납할 수는 없기 때문에 남북한 전체가 비핵화를 하자는 것이 리영희의 기본 입장이었다. 오늘날 중국과 입장이 비슷하다. 즉 남북한 모두 핵을 없애자는 것이다.

과연 북한이 핵을 포기할 수 있을까? 그러지는 않을 것이다. 핵은 가장 싼값으로 체제를 유지할 수 있는 방법이기 때문이다. 그러면 어떻게 대응해야 할까? 북한의 체제를 보장해줘야 핵을 접을 가능성이 있다. 체제 보장을 위해서는 북한과 미국이 대화하는 수밖에 없다. 리영희는 지금까지 미국과 북한 둘 다 정전협정을 위반한 것은 맞지만 미국에 더 큰 책임이 있다고 보았다. 1953년 정전협정 후 3개월 내에 외국 군대를 철수하기로 했는데, 남한은 한미상호방위조약을 맺어 미군이 지금까지 그대로 남은 반면, 북한에서는 1958년에 중국 군대가 철수했다. 단지 중국군이 철수한 것뿐만 아니라 북한은 군사적으로 중국이나 소련에 의존하지 않는다는 점이 중요하다.

리영희는 몇번의 인터뷰에서 통일문제와 관련해 본인의 주장을 폈다. 그는 통일이라는 용어를 쓰기 싫다고 말했다. 통일이 되면 물론 좋지만 남북한이 이렇게 으르렁거리고 적대하는 상태에서 통일하는 것은 쉽지 않다고 보았다. '북한식 체제로 통일이 되어서도 안 되지만 북한이 붕괴하는 통일도 정말 위험하다. 체제통합이 바람직하다. 그럼 체제통합을 어떻게 할 것인가. 북한은 사회주의, 말하자면 전체주의를 바꿔 1인체제를 누그러뜨리고, 남한은 국가보안법 따위를 없애 오히려 사회민주주의 쪽으로 좀 더 가는 것이 좋다'라는 입장이다.

그는 북한 사회의 문제점에 대해서는 그렇게 많이 이야기하지 않았지만 삼대 세습 문제 등은 비판적으로 언급한다. 그에 따르면 통일은 우리가 당장 얻을 수 있는 게 아니기 때문에 일종의 중장기적인 과제로 보고, 통일보다는 통일로 가는 과정이 중요하다는 것이다. 즉 통일에 대한 이야기를 하기 싫다는 말은 통일하지 말자는 이야기가 아니다. 이런 상태에서 통일을 이야기한다는 게 문제를 더 크게 만든다고 보았을 뿐이다. 그는 한국이 훨씬 많이 변해야 한다고 강조했다. 반공주의 체제나 국가보안법을 없애고, 한미관계를 좀더 자주적으로 진행해야 한다는 것이다. 그가 북한 체제를 좋아하는 것은 전혀 아니었고 한국 시민권자로서 자신이 건드릴 수 있는 범위 내에서 이야기한 것으로 볼 수 있다.

리영희가 월남자라는 점에 다시금 주목할 필요가 있다. 그는 평안북도 삭주(朔州)에서 내려왔지만 향우회 모임에 한번도 간 적이 없다고 했다. 극우보수적 생각을 가진 월남자들과 만나기 싫어서였을 것이다. 물론 그가 월남자이기 때문에 통일문제나 분단문제에 대해 용감하게 이야기한 측면도 있을 것이다. 북한 체제를 피해서 내려온 사람이라 빨갱이 딱지를 붙이기 어렵기 때문이다. 과거 인터뷰 때 내가 "70년대 같은 분위기에서 어떻게 그렇게 비판적인 이야기를 할 수 있었느냐"고 물은 적이 있다. 그러자 그는 "월남자이기 때문에 겁이 없다. 친구들 중에서 남한 출신은 다 겁을 냈다. 한국전쟁을 겪었기 때문에 레드컴플렉스가 너무 강해서 감히 이야기를 못 꺼내는데 나는 그 이야기를 할 수 있었다"라고 답했다. 함석헌이나 장준하가 반독재 투쟁을 할 수 있었던 이유도 같다. 한국에서 그 정도 이야기를 해도 되는 시민권을 갖고 있었다고 볼 수 있다. 특히 그가 조선일보 기자 출신이라서(『조선일보』는 이북 출신들이 만든 신문이기도 하다) 조선일보가 그에게 어느 정도 운신의 폭을 주었을지도 모른다. 그는 분단의 피해자이자 희생자이지만, 극우반공주의적인 생각을 가진 동년배와는 또다른 독특한 입지에 있었다.

그의 일생을 관통하는 정신은 진실규명이라고 볼 수 있다. 이는 곧 거짓을 보고서 그냥 지나치지 못하는 기자정신이다. 벌거벗은 임금님이 돌아다니고, 사람들이 전부 다 임금님 옷은 예쁘다고 말할 때 그는 '아무리 봐도 저건 벌거벗었다'라고 말하는 심정으로 문제를 제기한 것이다. 그리고 문제에 접근할 때는 철저히 사회과학적인 방법론을 사용했다. 수학적 치밀성을 갖고서 해부하듯이 문제를 찬찬히 들여다보았다. 앞서 말한 릴리 미 대사에게 보낸 반박문을 보면 문장 하나, 단어 하나까지 물고 늘어지면서 반박하는 것을 볼 수 있다. 그는 기자로서의 철저한 정신, 학자로서의 엄밀함을 갖추고 있었다. 그것이 리영희의 글쓰기 특징이다. 제도권 학계에서 국제정치학을 하는 사람들 가운데 그 정도의 발언을 한 사람이 거의 없었다는 게 안타까운 일이다.

아쉽게도 그가 다룬 주제를 연구한 다른 학자를 찾기는 쉽지 않다. 베트남전쟁에 대해서도 그 이후 연구논문이 많이 나오지 않은 것 같다. 한일관계에 대해서는 과거 문서를 꼼꼼하게 살피면서 연구하는 사람들이 별로 없고, 한미관계에 대해서는 아직도 연구자를 찾기 어렵다. 국제정치학자 90퍼센트 이상이 미국 박사들인데, 그들의 문제점은 주로 미국의 시각으로 한반도 문제를 본다는 것이다. 미국발 북한관, 미국발 한국관, 미국발 동아시아관, 미국발 중국관이 현재 우리의 학계를 지배하고 있고, 우리 사회 인식의 전반을 지배하고 있다. 한미관계에 대해 학문적으로 천착할 수 있는 여지가 많은데도 불구하고 아직은 성과가 잘 나오지 않는 것 같다.

북한에 대해서는 이미 1980년대 이후 많은 전문가들이 나왔다. 이들의 성과가 김대중, 노무현 정부의 햇볕정책에 어느정도 반영되었다. 결국 리영희가 일궈낸 작업의 많은 부분은 후배 학자들에게 계승된 것이다. 그러나 언론인들에게도 계승이 됐는지는 잘 모르겠다. 언론인들 가운데 그만큼 국제정치적인 감각을 가지고 국제문제에 천착하는 사람들이 있는 것 같지 않다. 중동 문제나 많은 국제문제를 미국 뉴스에 의존하고 있는 현실에서 리영희 같은 언론인이나 학자가 나오기를 고대한다.

리영희의 국제정치비평 읽기:

핵의 국제정치를 중심으로*

/ 구갑우

문제 설정

리영희는 공식적인 국제정치학자가 아니었다. 경성공립 공업학교 전기과와 국립해양대학 항해학과 졸업이라는 학 력은 분과학문으로서 국제정치학과 거리가 있다. 안동공 립중학교 영어교사, 한국전쟁기 영어통역장교, 외신부 기 자 그리고 한양대학교 신문방송학과 교수라는 경력도 분 과학문이 아닌 현실의 국제정치에 근접해 있다. 특히 한국 전쟁이라는 비극의 현장을 몸으로 경험한 후 1957년부터

---

* 이 글은 구갑우 「리영희의 '비판'과 '실천'으로서의 국제정치이론: 탈 식민·탈패권·탈분단의 길」, 『한국정치연구』 제26집 제1호, 2017의 제 목을 바꾸고 일부 수정하여 재수록한 것임.

합동통신 외신부 기자로 일하면서 리영희는 국제정치 현장 한가운데를 살았다. 외신부 기자로서 그의 관심 주제는 탈식민 또는 반제국주의 투쟁을 하던 베트남·중국·가나·쿠바 등의 국가였다. 기자생활을 하며 부업으로 국군연합참모부의 '일일 국제정세 보고'를 작성한 리영희의 곤궁한 삶은,『대화』(2005) 196면 국제정치가 그를 포획하게 한 또다른 계기였다.

따라서 리영희의 국제정치 공부의 성과는 논문이 아니라 '기사'와 '비평' 또는 '평론' 형태로 출현했다. 기사가 객관성으로 포장된 글이라면, 비평 또는 평론은 당파성에 기초한 글일 수 있다. 그러나 리영희는 이 이분법에 동의하지 않았다. 그는 언론사보다 상대적으로 자유로운 대학으로 옮기기 전, 1971년 2월『외신기자회보(外信記者會報)』창간호에서 '기사' 쓰기에 대해 이렇게 말했다.

우리나라의 외신기사·해설은 어쩐지 '무국적'적인 듯싶다. 모든 외신기사에 어떤 '입장'이나 '내셔널리티'를 부여하자는 말은 결코 아니다. 그렇지만 그것 위에 서서 그것을 극복하지 않고서는 진정한 국제적 시야는 안 잡힐 줄 안다.『전환시대의 논리』(2006) 460면

당파성에 기초해서 당파성을 극복할 때 객관성이 확보된

다는 뜻으로 읽힌다. 즉 기사와 비평이 다르지 않은 글이라는 생각이다. 리영희의 국제정치비평에서는 이 당파성이 특정한 '시각'의 형태로 나타난다.

> 허위의식을 타파하는 현실인식, 편협하고 왜곡된 반공주의를 거부하는 넓은 세계적 관점, 냉철한 과학적 정신을 계몽하고 민주적 시민운동에 앞장서는 이론적 역할을 나름으로 수행했다는 평가를 받았다.『전환시대의 논리』
> 개정판 서문

정리하면 리영희의 시각은, 허위의식인 이데올로기와 구분되는 '과학' '반공주의 비판' '실천'으로서의 '이론'으로 요약할 수 있다. 당시 제도권 국제정치학계도 과학적 연구에 대해서는 문제의식을 공유하고 있었으므로, '비판'과 '실천'이야말로 리영희 국제정치비평을 특징짓는 두 요소였다.

리영희는 '이론은 잘 모른다'『전환시대의 논리』 457면거나 '이론이라는 것은 하나도 없다'『8억인과의 대화』(1977) 3면고 하며 이론이라는 그 무엇에 대해 냉소적 태도를 취하기도 했다. 그러나 기실 비판과 실천이 곧 이론일 수 있다. 이론을 어떻게 정의하느냐 자체가 쟁점이다. 실증주의 시각에서 이론은 주어진 현실세계를 설명하기 위한 '도구'일 뿐이지만, 이론은 그 현실세계가 왜, 어떻게 출현했는지를 묻고 그 세계를 변혁하려는 '비판'일 수 있다. 다른 한편 현실세계를 이론으로써 분석하기보다는 현실세계를 이론화한다는 의미에서, 즉 이론화하는 것이 삶의 방식이자 삶의 형태일 때 이론은 매일의 '실천'일 수 있다.

나는 리영희의 국제정치비평에 도구·비판·실천으로서의 이론이 담겨 있음을 보이려고 한다. 리영희의 국제정치비평은 1960년대와 70년대 제도권 국제정치학계가 국제정치학이라는 분과학문이 패권국가 미국의 부상과 연결되어 있는 미국산의 수입임을 인정하면서도 국제정치이론의 '한국적 정체성'을 모색하던 것과 대조된다. 1960년대 한국의 국제정치학은 완제품으로서의 이론, 예를 들어카(E.H. Carr)의 현실주의와 이상주의 그리고 모겐소(H. Morgenthau)의 권력이론을 수입하던 인용의 시대였다. 1970년대가 국제정치이론의 '수입대체화 산업화' 시기로 설정되기도 하지만, 서구에서 생산된 이론 '들'을 수입해 소개하거나 재구성하는 수준이었다. 리영희의 간략한 이론적 발언으로서 '국가이익론 비판'을, 구체적 현실에 대한 분석으로서 '핵의 국제정치 비판'을 살펴보며 한반도적 맥락을 고려하는 이론이란 어떤 것일지 함께 고민해보고 싶다.

국가이익론 비판

힘으로 정의되는 '국가이익'은 미국의 주류 현실주의적 시각에서 국가행동의 원인을 설명하는 핵심 개념이(었)다. 미시경제학에서 소비자의 효용, 기업의 이윤과 같은 위치를 차지하는 개념이 국가이익이다. 국가이익 개념은, 이기성을 가진 인격체로 간주되는 국가가 만국의 만국에 대한 투쟁이 발생하는 무정부상태에서 생존을 위해 힘이 필요하다는 전제를 필요로 한다. 국제정치는 "힘을 위한 투쟁"이라는 것이 모겐소의 정의다. 리영희는 미국의 국제정치학자 모겐소를 1950년대 미국에서 벌어진 극단적 반공주의인 매카시즘의 '빨갱이 잡이'에 굴복하지 않은 소수의 용기있는 '지성인'이요 '애국자'로 평가했다.『전환시대의 논리』 35면

그런데 리영희는 도구로서 국가이익 개념을 수용하면서도 한편으로는 비판하는 양가적 모습을 보인다. 우선 다음과 같은 진술은 국가이익 개념의 수용으로 읽힐 수 있다.

모든 국가들은 특히 강대국들은 우리가 중요시하는 신의나 약속보다는 자국의 국가적 이익을 국제사회에서의 행동원리로 삼는다는 기본적인 사실을 인식할 필요가 있겠다.『전환시대의 논리』 284면

"정치적 영향력은 군사력과 곁들여서 '세력'(power)이라
고 불린다"『전환시대의 논리』 299면라는 언명은 모겐소의 번역에
가깝다. 1970년대 중·미·일·소의 강국정치, 즉 강대국의
'힘의 정치'(power politics)에 따라 한반도의 객관적인 위
치가 정해지지 않을지『전환시대의 논리』 251면 전망한 것도 수용
의 한 표현이다.

그러나 동시에 그 도구가 어떤 역할을 하는지를 묻는다.
『전환시대의 논리』에서 리영희의 준거는 영국 노동당의
이론가이기도 했던 정치학자 해럴드 래스키(H. Laski)의
『현대국가에서의 자유』(*Liberty in the Modern State*, 1930)
에서 인용한 한 구절이다.

국가이익이나 국가안보라는 표현을 빌리는 내용과
실태를 분석해보면 그 문제와 관련된 어느 특수 개인,
또는 어느 특수 이익집단 및 세력이 드러난다. …
국가안보라는 이름으로 집권세력이 내세우는 국가이
성은 처음부터 이성적 토의를 그 분야에서 배제해버
리려는 원리이다. 바로 이처럼 간단한 이유에서 그것
은 자유와 어울릴 수 없다. 국가이성은 진리도 정의도
전제하지 않으며 오직 항복을 요구한다. (해럴드 래스키
『현대국가에서의 자유』)『전환시대의 논리』 28~30면

그리고 리영희의 반공주의에 대한 비판이다.

　　국가권력을 장악한 개인들과 집단은 그 오랜 세월 동
안 '국가이익'이라는 명분으로, '반공주의'의 위장 아래
거짓을 진실로 교육하고 선전하고 '법'으로 강요해 왔
다.『반세기의 신화』(1999) 5면

국가이익은 특수한 이해관계를 보편적 이익으로 포장하
는 표현이라는 주장이다. 비판적 국제정치이론을 정초한
콕스(R. Cox)가 1981년『밀레니엄』(*Millenium*)이라는 학
술지에 발표한 글에서 주장했던 "이론은 항상 누군가를 위
한 것이고 특정한 목적을 위한 것"이라는 진술을 떠올리게
한다. 이론은, 특수한 이익을 국가이익이나 국가안보 같은
보편적 담론으로 전화시키는 매개체라는 의미다. 달리 표
현하면, 개념의 집합체로서 이론은 시공간과 분리되어 보
편적 형태로 존재할 수 없다.

　　물론, 주류 국제정치학계도 국가이익 개념을 비판한다.
예를 들어 한미 FTA 찬반논쟁에서 볼 수 있듯이, 찬반 모
두 국가이익을 명분으로 내세울 때, 국가이익 개념은 마치
만병통치약같이 사용될 수 있다. 따라서 그 개념으로서 효
용성이 저하될 수밖에 없다. 국가이익 이외에도 제도나 정
체성 같은 변수가 국가행동을 설명하기 위해 동원되고 있

고, 국제정치에서 발생하는 국가들 사이의 전략적 상호작용에서 국가이익이 고정될 수 없다는 것이 또다른 이론적 이유다. 그러나 리영희의 국가이익 개념 비판은 보다 근본적이다. 국가이익을 특정 세력의 이익과 연계하면서 국제정치(학)의 국가중심성에 대한 근본적 물음을 한다. 국제정치의 윤리적 차원에 대한 문제설정이 그것이다.

미국적 국제정치학의 주류인 현실주의의 근본 가정은, 첫째로 국제정치가 본질적으로 갈등적 성격이어서 무정부상태는 규칙이고 질서·정의·도덕은 예외라는 것, 둘째로 사회적 실재의 본질은 집단이고 근대세계에서 그 집단은 국민국가이며, 셋째로 정치적 삶에서 우선성은 힘과 안보에 있다는 것이다. 리영희는 이른바 프롤레타리아 국제주의를 내세운 사회주의 국가들의 관계, 대표적으로 중국과 소련의 관계도, 맑스-레닌주의도 아닌, 민족주의와 국가 이기주의였음을 지적한다. 더 나아가 강대국과 약소국의 관계에서는 이 측면이 더 현저함을 인정한다.

이데올로기를 같이한다는 국가나 당 사이에 그러할진대, 단순히 현실적 이해관계로 결합되는 나라들 사이, 그것도 어울리지 않게 강대한 나라와 작은 나라 사이의 관계에서 이데올로기나 슬로건이 얼마나 허망한 의미를 가지는 것인가를 생각하게 하는 것이 중·소 관계의

교훈이라 할 수 있겠다.『80년대 국제정세와 한반도』(2006) 241면

현실주의의 가정처럼 국제정치가 힘의 정치임을 인정하는 것이다. 1991년 출간한 수필집에서는 '외부의 힘이 작용하지 않아도 질서가 지속되는 구조'가 곧 체제라고 하며『인간만사 새옹지마』(1991) 23면 구조주의적 현실주의인 신현실주의를 연상하게 하는 진술을 보인다.

그러나 리영희는 1971년 계간지『문학과지성』에 발표한 「강요된 권위와 언론자유」에서 '정책의 윤리성'이 없었던 미국-베트남전쟁의 현실주의를 비판하고 있다.

> 통킹만에서 월맹 어뢰정이 불법으로 미국 순양함을 공격했다는 조작으로 의회로부터 대통령의 비상대권을 탈취하는 데 성공한 정부와 군부는 그 의회 결의와 그 도착으로 흥분된 미국인 감정을 '현실'로 하여 다음은 대규모 폭격을 '현실화'한다.『전환시대의 논리』 33면

미 군부가 '국가 내의 국가'를 형성했다는 주장『전환시대의 논리』31면은, 국가이익 비판을 넘어선 '국가 비판'이다. 지성인들이 "역사의 '현실'을 수락할 뿐 역사에 '작용'하려 하지 않"은 결과라는 현실주의 비판이다.

1990년대 즈음에 들어서면, 현실주의를 수용하면서도

비판하는 리영희의 입장은, 약소국의 국제정치학으로 가게 된다.

　'악을 악으로 갚지 말자'는 덕행은 지난 시기에 뼈에 사무친 박해를 받아온 피해자들의 마음에서 우러나올 때에만 의미가 있는 것이다. 가해자가 함부로 할 말은 아니다.『自由人, 자유인』(2006) 24면

　강자인 미국은 '히트'하고 '스테이'(버팀)한다. 약자는 '히트'하고 '런'해야 한다. 도덕적으로 윤리적으로 무엇이 다른가? 다른 것은 강자와 약자라는 것뿐이다.『自由人, 자유인』127면

더불어, 그가 도달한 또 하나의 지점은, 국가에서 개인으로라는 '반(反)국가적 국제정치학'이다. "철저한 민족주의자"『自由人, 자유인』364면를 벗어난 결과이기도 했다. 미국에서 현실주의 신학자 라인홀드 니부어(R. Niebuhr)의 『도덕적 인간과 비도덕적 사회』(*Moral Man and Immoral Society*, 1932)에서처럼, 1980년대 말 사회주의 국가의 체제 붕괴를 목도하며, "인간이 개인으로서는 이성적 존재임이 분명한데 인간이 집단화했을 때에는 이성을 상실한다는 것"『반세기의 신화』235면을 수용한다.

국가와 계급이 사고의 기준이었던 사회주의도 국가보다 시민과 사회의 가치를 추구하고 있다. 즉 추상적인 '국가'에 두었던 가치를 구체적 존재인 '인간'에게 옮기고 있다. 그 새로운 사고는 당연히 '국가주의적 세계관'에서 '전 인류적 세계관'으로의 전환을 수반한다. … 권위주의적 국가관과 국가 지상주의 사상의 장송곡이 울리고 있다.『自由人, 자유인』 86면

더불어 이 무렵 리영희의 관심은 국가에서 지역으로 옮겨간다.

지역적 정체성은 이미 주어진 어떤 것이 아니다. 그것은 보편적이고 초국가적인 민주주의를 달성하기 위해 우호적·비우호적인 공통의 지역적 조건들의 공유를 통해 창조되어야 하는 것이다.『반세기의 신화』 235면

현실주의를 지양하는 '규범적 국제정치학'의 핵심인 국경을 넘어서는 정의와 세계주의의 추구, 그리고 의무론적 윤리학의 편린들이 보인다.

그러나 리영희가 규범적 국제정치학으로 선회한 것은 아니다. 냉전의 해체가 발생하던 세계사적 격변기인 1990년대에도 리영희는 "미국과 한반도(남이건 북이건, 또는 남·

북을 합쳐서) 문제의 본질은 미국이라는 나라의 국가 이기주의를 도외시하고는 그 이해의 첫발자국도 옮길 수 없다"는 언명을 하고 있다. 동시에 "휴전선 남·북에는 천사도 악마도 없다"고 말할 때,『반세기의 신화』5~11면 리영희는 선악의 이분법적 규범성이 배제된 국가이익으로 회귀를 인정하고 있다. 리영희에게는, 실증성에 기초한 비판과 실천, 즉 도구로서의 국가이익과 비판과 실천으로서 국가이익 비판이 팽팽한 긴장관계를 유지하고 있다.

핵의 국제정치 비판

핵무기의 출현이 국제정치에 미친 결과는 체제전복적이었다. 핵무기의 파괴력은 핵국가가 비핵국가의 심리와 행동을 통제하는 권력을 가지게 했다. 미국의 핵독점체제에서 1949년 8월 소련의 핵실험 이후 핵복점체제로 이행한 후에는, 핵국가들의 관계에서 공멸의 핵전쟁을 예방하고자 하는 '핵억제'(nuclear deterrence) 개념이 등장했다. 핵무기는 한편으로 '매력'이지만, 다른 한편으로 '공포'이기 때문이다. 즉 핵과점체제의 국제정치에서는 핵국가들의 관계뿐만 아니라 핵국가들과 비핵국가들의 관계도 고려해야 한다. 비핵국가들에게 핵우산으로 제공되는 핵무기는 매력이지만 적의 핵무기는 공포이기 때문이다. 리영희는 이 핵의 국제정치 현실을 중국·미국·북한에 집중해서 분석했다.

중국의 핵

리영희는 1949년 국가로 등장한 중화인민공화국의 외교정책을 '제도외교'와 '상황외교'로 구분했다. 제도외교가 정부 간 외교를 의미한다면, 상황외교는 "국제정치와 정세를 움직이는 민간관계, 여론경향, 도의적 판단의 작용 등 다양한 제도적인 세계"『전환시대의 논리』 65면로 정의된다. 제도외교 무대에서는 미국이 주도하는 반공국가 세력이 우세하기 때문에 중국으로서는 상황외교가 상대적으로 중요할 수밖에 없다. '반제·반식민·반봉건 혁명과 민족해방인민전쟁을 국가이념으로 내건 중공'으로서는 그런 국내 세력과의 유대를 중시해야 하는데, 제도적 관계인 '정부 간 우호'와 상황관계인 '민중·이데올로기 등의 관계'를 조절해야 하는 이율배반적 요구는 '중공외교의 아킬레스건'이라는 것이 리영희의 생각이었다.『전환시대의 논리』 75~76면 '남한은 제도외교로 북한을 포위·고립해왔고 북한은 상황외교로 남한을 포위·고립해왔다'『우상과 이성』(2006) 195면는 언명도 이런 구분의 연장선상에 있다.

달리 표현하면 사회주의 이념을 대외적으로 실천해야

하는 중국외교에서 상황외교가 보다 중요성을 가질 수밖에 없었다는 것이다. 그럼에도 "'국가이익' '대국 이기주의'가 중국에게는 적용되지 않는다고 단언할 수 있는 근거는 어디에도 없다."『우상과 이성』 217면 그가 1953년 한반도 정전체제의 수립 이후 1954년 제네바 정치협상에 등장한 "주은래저우 언라이 외교"를 "'중국 내부 실태와 의지+객관적 세계정세 변동 및 시대정신+인간 주은래=중국외교'"로 정의하면서, 미·소와 달리 중국의 외교전략이 "진영(블록)화"에 있지 않고 "연합전선"의 형성에 있다고 할 때, 이른바 "제3세계"의 국가이익에 대한 기대도 엿볼 수 있다.『우상과 이성』 193, 195면 당시 제3세계는 '비동맹' '빈곤' '식민화된 경험'이라는 상호 연관된 특징으로 구성된 개념이었다. 특히 리영희는 두 강대국인 미국이나 소련과 동맹으로 연결되지 않은 국가군인 제3세계적 시각에서 중국외교를 보고자 했다.

1955년 4월 인도네시아에서 열린 최초의 유색인종 정상회담 모임이었던 반둥회의에 대해 리영희는 "중공의 평화공존 외교라는 매혹적인 정책의 절정"으로 극찬했다. 1949년 중국의 저우 언라이(周恩來)와 인도의 네루(Jawaharlal Nehru)가 합의한 '평화공존 5원칙'—"영토보전과 주권의 상호존중, 상호불침, 내정불간섭, 국가관계의 평등, 호혜, 평화공존"—이야말로 그에게는 약소국의 시각에서 스스로를 보호하기 위한 수단으로 보였던 듯하다.『전환시대의 논리』
60, 67면 중국의 외교정책이 강대국질서 중심적이지 않다는
그의 판단도 이 해석을 가능하게 한 요소였다.

중국의 외교정책에 대한 과도한 긍정은, 중국의 핵개발
에도 투사되었다. 리영희는 중국의 핵개발에 대해 다음과
같이 적었다.

> 1963년 6월에는 미·영·소 3대국만의 협의와 결정에 의
> 한 '핵실험 부분적 정지협정'이 체결되었다. 그에 뒤이
> 어 체결된 '핵확산금지조약'(1968)은 미국과 소련의 핵
> 군사력의 압도적 독점체제를 목적으로 한 것이다. … 그
> 것이 노골적으로 중국을 무장 해제하려는 미·소의 공모
> 로 받아들여진 것은 당연한 이치다. 중국은 1964년 10월
> 16일, 독자적 과학·기술 능력으로 개발한 제1차 원자폭
> 탄의 실험으로 미·소 핵독점체제에 큰 구멍을 뚫어버렸
> 다. 소련이 중국을 그 지배하에 묶어두려고 의도했던 원
> 자무기 제작 원조협정의 폐기와 핵실험금지조약 및 핵
> 확산금지조약은 중국에 관한 한 의미를 상실하게 되었
> 다.『80년대 국제정세와 한반도』 240면

리영희의 이 진술은, 1963년 당시 북한이 중국의 핵보유를
옹호하며 부분적 핵실험금지조약에 반대하던 것과 정확히

같은 내용을 담고 있다.

그러나 1963년 미·영·소가 동의한 부분적 핵실험금지조약은 반핵·평화운동의 성과였다. 미국의 반핵단체인 SANE(Committee for a Sane Nuclear Policy)은 핵전쟁 위기를 초래한 1962년 10월 쿠바 미사일 위기 직후 11월부터 미국과 소련의 핵실험금지조약 협상을 매개했고, 1963년 6월 대기권에서 핵실험을 금지하는 조약을 이끌어냈다. 당시 중국 정부와 프랑스 정부가 강대국이 핵과점을 유지하기 위한 위선적 시도라고 비난했지만, 이념을 달리하는 거의 모든 정부들의 지지를 얻은 일보였다. 1968년 핵확산금지조약과 라틴아메리카국가들의 비핵지대화조약은 부분적 핵실험금지조약의 연장성과로, 이 맥락에서 핵전쟁은 '상상할 수 없는' 선택이 되어갔다. 미국이 베트남전쟁에서 패배를 예견하면서도 핵무기를 사용하지 않았던 이유를 반핵·평화운동 없이 설명하기란 어렵다. 리영희도 "베트남전쟁으로, 하위 동맹국을 위해서 미국이 핵무기 사용(보호)을 할 수 없다는 사실이 입증되었"으며, "남베트남의 운명이 이를 입증했다"『반세기의 신화』 148면고 언급하기도 했다.

리영희에게, 반핵·평화운동과 부분적 핵실험금지조약의 연계는 서구중심적이고, 약소국의 시각을 결여한 설명이었을 것이다. 그리고 그 무엇보다도 리영희는 중국의 이 넘을 확산하기 위해 필요했다는 논리로 중국의 핵보유를 정당화했다.

미국의 핵군사력에 눌려 중공의 민족해방 이념을 따르는 아시아 세력에 효과적인 영향을 미치지 못하게 된 현실이 중공 지도자들로 하여금 많은 경제부담을 무릅쓰고 핵군사력 건설에 전념케 한 중요한 이유의 하나가 되었다. 그 결과로 중공이 핵폭탄과 대륙간 탄도무기의 보유국이 되었다는 사실은 미국과 중공 간에 작용하는 작용과 반작용 관계를 잘 설명해준다.『전환시대의 논리』 72면

더 나아가 "① 미·소를 상대로 대국으로서의 위신을 가지고 국제사회에서 발언권을 높여야 한다는 정치적 이유와 ② 미·소의 핵공격에 대항하는 전쟁억지력을 확보하려는 군사적 동기가 결합된"『전환시대의 논리』 82면 산물로 중국의 핵개발을 언급할 때는, 핵에는 핵으로 맞설 수밖에 없다는 전형적인 현실주의자의 모습을 보인다. 리영희의 이념적 경도와 약소국중심적 시각이 중국의 핵을 과도하게 '긍정'하게 했다.

미국의 핵: 한반도 핵문제(1)

적으로 간주하던 세력이 기대와 달리 긍정적 행동을 할

때는 외부 '정세' 때문으로, 반면 기대한 것처럼 부정적 행동을 할 때는 내적 '성향' 때문으로 생각하는 경향이 있다. 리영희는 친구로 간주했던 중국의 핵개발은 정세의 탓으로 생각했지만, 적으로 생각했던 미국의 핵에 대해서는 미국의 성향으로부터 문제를 제기했다. 미국이 안고 있는 '질병'의 뿌리로, 리영희는 '극단적 사유재산제' '광신적 반공주의' '군사국가화'를 언급했다.『自由人, 자유인』316면 이 뿌리들이 미국의 '세계적 군사패권주의'의 국내적 기초라는 생각이었다. 리영희의 미국 핵에 대한 '비판'은, 핵대결을 제한하는 이론들에 대한 비판, 그리고 미국 핵과 한반도의 관계라는 두 축에서 진행되었다.

리영희는 핵과 관련한 국제정치이론들의 현실구성 능력에 주목했다.

핵대결의 제한을 목적으로 하는 각종 이론의 주된 위험은, 핵전쟁의 물질적 측면의 사실과 불확실성에 대한 인식 없이 그 같은 이론들이 함부로 신봉되고 또 행동의 근거를 구성하게 될지 모른다는 것이다.『80년대 국제정세와 한반도』298면

차가운 전쟁인 냉전을 세력균형에 의한 평화로 서술할 때, 이른바 '공포의 균형'의 긍정성을 수용해야 한다. 핵국가

에서 핵무기를 사용할 수도 있다는 데 상대방이 위협을 느끼게 하는 것이 정책목표라면, 이 국가들의 행동 근저에는 공포의 균형에 대한 신뢰가 놓여 있다. 리영희가 공포의 균형을 비판한 핵심에는 그 이론의 '부도덕성'이 있다.

1960년대에는 상호 저지를 토대로 한 전략적 관계의 개념이 '상호 확실 파괴'(相互確證破壞, Mutual Assured Destruction)로 성격지어지고, 그 머리글자를 따서 'MAD'(광증, 미친 상태)로 불리었다. 이 MAD 관념은 쌍방 세계의 전체 비전투원을 볼모로 잡고 있는 까닭에 군사적으로 받아들일 수 없을 뿐만 아니라 부도덕한 것으로 자주 비난받았다.『80년대 국제정세와 한반도』 299면

60년대와 70년대는 핵무기의 균형에 의한 전쟁 방지와 제1격의 처참한 파괴 및 제1격에서 살아남은 제2공격력(보복공격)의 잔존 가능성 때문에 이른바 '공포의 균형'이 핵전쟁의 발발을 억제한다는 군사이론에 근거해 있었다. 그러나 80년대 이후를 내다본 레이건 정부의 핵전략은, 앞에서 밝혔듯이, 미국이 국가적 총력을 기울여, 핵경쟁의 각 국면, 각 단계에서 대소 핵우위를 점하겠다는 것이다.『80년대 국제정세와 한반도』 285면

핵시대를 미·소의 세계지배 질서로 해석한 리영희는, 공포의 균형이 핵전쟁의 발발을 억제한다는 군사이론이 현실을 만드는 능력을 인정하면서 한걸음 더 나아가 그 이론에 대한 윤리적 비판을 전개했다. 이 점이 리영희적 국제정치이론의 한 특징이기도 하다.

리영희는 이 공포의 균형을 한반도 핵문제를 야기한 한 원인으로 제시했다.

미·소 간의 공격·방어 태세는 균형을 유지할 것이기 때문에, 상대방에 대한 '선제공격'은 상대방의 하위 동맹국가들 영토에 대한 공격의 형태를 취하게 된다. 그것이 곧 미국이 하위 동맹국가들 영토에 중거리 핵미사일을 배치했거나 배치하려는 전략의 목적이다. 우리도 그 범주에 속한다. 『80년대 국제정세와 한반도』 285면

즉, 한미동맹에 따라 1950년대 중반부터 1992년까지 미국이 한국에 전술핵무기를 배치했던 이유다. 그러나 앞서 지적한 것처럼, 미국-베트남전쟁에서 미국이 핵무기를 사용하지 않고 패배하면서 1970년대 한반도 핵문제가 발생했다.

박정희 정부의 핵개발은 한미동맹을 거스른 국제정치적 쟁점이었다. 리영희는 역사적 사실을 찾고자 했다.

1972년에는 프랑스로부터 2,300만 달러 가격의 우라늄 재처리시설 도입 계약을 비밀리에 체결했다. 박정희의 계획은 그 시설의 운영으로 나오는 플루토늄을 가지고 최초의 핵폭탄을 1975년에, 그리고 북한의 평양을 사정거리에 두는 사정 300km 수준의 최초의 미사일을 1976년에 완성하는 것이었다. 『반세기의 신화』 147면

리영희는 중국 핵과 마찬가지로 약소국중심적 시각에서, 남한의 핵개발은 "남한이 죽지 않기 위해서 취할 수밖에 없었던 당연하고 정당하고 합법적인 선택"『반세기의 신화』 149면이라고 했다. 한미동맹에 반하는 행동으로서 박정희 정부의 핵개발을 옹호하는 발언이었다.

리영희는 한미동맹을 미국의 이익 추구로 보았다. 1970년대 초반 리영희는 1953년 정전협정 이후 체결된 한미 방위조약이 "한반도의 현상유지를 원하는 미국 정책의 문서화"『전환시대의 논리』 258면였으며, 북한의 대남공격과 마찬가지로 남한의 대북공격을 예방하려는 의도로 평가했다.『전환시대의 논리』 351면 그리고 냉전시대 강대국과 약소국의 관계에 대해 이렇게 말했다.

냉전시대의 특성인 종적 관계란 약소국 국민이 생각하고 기대하는 것과 같은 강대국의 "애타심에 있는 것

이기보다는 강대국의 독자적 이해판단에 있다"는 사실에 너무도 어두웠지 않았나 한다.『전환시대의 논리』247면

한미동맹이 한국보다는 미국의 이익에 기반하고 있다는 인식이었다.

한미동맹에 따른 미국의 한국 내 전술핵무기 배치와 한국 내 반공주의가 결합하여 생산하는 한국의 '핵무기 신화'에 대해 리영희는 가장 급진적인 비판을 했다.

우리가 지금 핵무기를 생산하고 있지는 않지만 우리 영토 안에 우리 의사와는 관계없이 미국의 핵무기가 배치되어 있다는 점에서, 그런데도 핵무기 문제에 대하여는 오랫동안 본격적인 논의가 권력에 의하여 차단되었다는 점에서 우리는 '절멸주의의 범주' 이전 단계에 있는 것처럼 보인다.이영희·임재경 엮음『반핵』(창작과비평사 1988) 3면

여기에 수입 국제정치학을 하는 지식인의 무비판적 자세에 대한 비판도 덧붙여졌다.

자기 나라를 어느 한 초핵강대국들 또는 두 핵대국의 핵전쟁의 볼모로 맡겨놓고서도 그것이 '안전을 보장하는 방법'이라고 스스로 착각하거나 남에게 그렇게 믿게

하려는 '이론·학설'을 부끄러운 줄도 모르고 설교하는 지식인이 있다. 『역설의 변증』(2006) 13~14면

결국, 리영희가 제안하고자 했던 길은, "핵신(核神)"과 "핵종교(核宗敎)"『역설의 변증』 132면에 의존하는 방법이 아닌 평화적 방법에 의한 평화였다. 중국의 핵과 박정희 정부의 핵개발 같은 군사적 방법에 의한 평화 또는 내적 세력균형 정책을 약소국의 시각에서 옹호하면서도, 리영희는 궁극적으로 한반도 평화의 길은 안보딜레마를 종식시킬 수 있는 반핵·평화운동에서 나올 수 있다고 생각했다. 이는 리영희적인 약소국중심적 국제정치이론이 불가피하게 산출할 수밖에 없는 긴장과 모순이다.

평화는 군사력으로 유지되고, 강력한 군사력만이 국가와 세계의 안전을 보장한다는 무서운 환상에 사로잡혀 있는 것이다. 『희망』(2011) 267면

오늘날 우리 사회에는 군사적 대결구조를 촉진하고 강화해 그것을 영구화하면서 '평화'라고 강변하는 사람이 있다. 『역설의 변증』 13면

리영희에 따르면, "'무기숭배자'들이 이성을 되찾"게 하는

추동력은, "'반핵운동'의 열렬한 민중적 염원과 행동"『80년대 국제정세와 한반도』 289면이고, 한국은 "오직 하나의 예외"『희망』 269면로 반핵·평화운동이 부재한 땅이었다.

북한의 핵: 한반도 핵문제(2)

1980년대 초반 리영희는, "북한에는 아직 핵무기가 없는 것으로 믿고 있다"『80년대 국제정세와 한반도』 288면고 썼다. 그러나 1980년대 말과 1990년대 초 지구적 수준에서 냉전이 해체되었지만, 한반도를 둘러싼 동북아에서 냉전 해체는 비대칭적이었다. 한국은 소련·중국과 수교했으나 북한은 미국·일본과 수교하지 못했다. 다시금 한반도 핵문제가 제기되었고, 1970년대와 달리 발원지는 북한이었다. 리영희는 중국 핵과 미국 핵에 이어 북한 핵이라는 국제정치적 쟁점에 개입할 수밖에 없었다. 1999년 즈음에 쓴 글에서 밝힌 그의 생각은, "입장을 바꾸어 한번쯤 북한의 처지에 서서 생각해보는 이성적 태도가 아쉽다"『반세기의 신화』 161면는 것이었다. 즉 북한 핵을 '이해'하려 했다.

두번째 한반도 핵문제 발생과 관련해 리영희는 미국에 다음과 같이 질문했다.

1957년 미국은 정전협정 제2조 12(d)항을 일방적으로 폐기한다고 선언했다. 핵무기 반입을 위한 것이었다. …

미국이 정전협정을 어기고 핵·미사일을 도입하기 시작한 1956년부터 30년간 북한은 중·소의 핵·미사일 없이 비핵 정책을 지키다가, 소련의 핵우산 포기(1991년) 통고를 받고 총력을 투입하여 본격적인 자체적 핵·미사일 군사화에 돌입하였다. 미국은 이 사실을 어떻게 평가해야 할 것인가.『반세기의 신화』155면

또한 1970년대 한국의 경험을 북한에 적용했다. "남·북한은 그 대치적 조건·환경이 너무나 흡사하기 때문에 문제 해결을 위한 사고·행동·선택의 체계가 거의 일치한다"『반세기의 신화』149면는 이유에서였다.

한반도의 남·북은 그 어느 쪽이건, 배후적 강대국에 버림받고, 국제사회에서 고립되고, 그런데다가 국내적 제반 생명력이 쇠퇴하면 상대방에 대해서 흡수통합의 위협을 느끼게 된다. 압도적 열세의 상태에 몰린 한쪽은 국가적 존립의 위기를 타개하거나 극복하기 위해서 최후의 '자위적' 선택을 하게 된다. 핵무기와 미사일이 그것이다.『반세기의 신화』194면

북한의 논리를 반복하는 것처럼 보일 수도 있지만, 리영희는 북핵위기의 원인을 '미국의 북한 말살정책'으로 보았

다.『반세기의 신화』156면 결국 미국의 변화만이 북한의 핵개발을 저지할 수 있는 힘이라는 추론을 하게 된다.

리영희가 북한의 핵개발을 이해하려 했지만, 북한의 핵보유에 찬성했던 것은 아니었다. 그의 1992년 발언이다.

북한의 핵시설이 핵폭탄(무기용) 제조를 서두르는 것이라면 문제는 다르다. 그것은, 1970년대 남한의 박정희 대통령이 대북한용으로 핵무기 개발을 서둔 것처럼 거부되어야 할 일이다.『새는 '좌·우'의 날개로 난다』(2006) 70면

리영희의 동요가 보이는 대목이다. 중국이나 한국과 같은 약소국의 핵보유를 긍정 또는 이해했던 그도 그 정책 선택이 한반도 정세를 위태롭게 할 수 있다고 생각했다.

그러나 북한이 핵보유를 하지 않을지라도 북한과 미국의 관계가 개선될 수 있을지에 대해서 리영희는 회의적이었다. 1992년의 시점에서 리영희는, "북한은 미국에 대해서 굴복하기를 거부해온 몇 안 되는 약소국가 가운데 하나"로, "이제 그 자세는 허용되지 않을 것"이고, "진정한 의미에서 북한과의 평화적 공존을 미국은 원치 않을 것으로 보인다"『새는 '좌·우'의 날개로 난다』80면고 썼다. 견지했던 약소국중심적 시각에서 리영희가 중국의 외교정책에서 발견했듯이, "약자가 공존을 요구하고 강자가 냉전정책을 추구하

는 방식『우상과 이성』353~54면이 변하지 않을 것으로 본 셈이다.

그럼에도 탈냉전시대 한반도 핵문제의 해법이 필요함을 그도 인정했다. 일단, 북한의 핵 및 미사일 개발에 대한 한국과 일본의 독자적 대응은 불가능한 것으로 생각했던 듯하다. 한국과 일본의 핵개발은 한미동맹과 미일동맹의 붕괴를 의미하는 것이기 때문이다.

> 북한의 핵 및 미사일 개발에 대한 일본과 남한의 독자적 대응은 필연적으로 일본과 남한에 대한 미국의 핵·미사일 '보호 우산'의 무력화를 초래한다. 그것은 일본과 한국에 대한 미국의 거의 영구적인 군사적(내지 정치적) 지배권의 자동적 붕괴를 뜻한다.『반세기의 신화』130면

리영희의 대안은, 한반도 핵문제를 보는 '복안(複眼)적 인식능력' '비핵지대화' '평화조약'이었다.

> '나'의 입장과 함께 '상대방'의 입장에서도 사물을 관찰하는 '양안적 능력'은 '최저한'의 기본 자격조건이다. … 민주사회의 '지성인'들에게는 그 수준의 관찰능력에 그치지 않고 '복안(複眼)적 인식능력이 최저한의 요건이 된다. … 소위 '북한핵'의 원인과 책임을 말하라면 북한·남한·미국이 각기 3분의 1씩 원인과 책임을 면할 수

없다. … 남북 간의 진정한 평화, 협력 등의 실현을 위해
서는 남한은 북한의 생존에 대한 위협적 요소들을 스스
로 줄여나가야 할 것이다.「남북화해와 군축의 새시대를 열자」,『월간 말』
(1993. 10.) 58~63면

1980년대 초반 리영희는 미국 핵만이 한국에 배치되어 있
는 조건에서 비핵지대화를 제안한 바 있다. "'비핵지대화'
야말로 남북으로 갈라진 민족의 평화적 생존과 나아가 어
느 날엔가는 이루어질 통일을 기약하는 '80년대 전제조
건'이라고 생각"『분단을 넘어서』(2006) 17면했던 것이다. 이른바
두번째 한반도 핵위기가 시작될 즈음인 1991년 그 제안은
보다 구체적 형태로 다음과 같이 제시된다.

　　한반도의 민족이 남·북 공동으로 모색해야 할 내일
　의 삶의 방식은 한반도의 '비핵화+비핵지대화' 구조다.
　'비핵화'는 직접 관계 당사자들이 각기, 그리고 합의에
　의해서, 그 해당 지역(영토·영해·영공)에(서) 핵무기의
　제조, 수락, 보유, 배치, 통과를 금지하는 결정이며, 그
　결정이 이행된 '핵무기 공백'의 상태다. '비핵지대화'는
　그 결정과 구조를 한 단계 확대하여, 간접적(또는 외곽)
　국가들까지 합쳐서, '비핵화' 조치의 내용에 '핵무기의
　사용금지'를 추가한 구조다. … 조선민주주의인민공화

국, 미합중국, 대한민국의 3자로서 '비핵화'를 이루고, 소련, 중국, 일본을 합쳐서 남·북한(한반도)을 '비핵지대화'하는 것이다.『새는 '좌·우'의 날개로 난다』 54~55면

이 비핵지대화는 평화조약과 함께 한반도, 동북아, 세계적 수준에서 평화를 이루는 길로 생각했다.

> 한반도에서 전쟁위기를 제거하고, 잠정적인 정전협정을 확고하고 영구적인 평화조약으로 대치함으로써 한반도에 새로운 평화질서를 구축하는 노력에 아낌없는 지원을 보내야 할 줄로 안다. 이것만이 한반도가 다시 동북아시아의 핵전쟁의 방아쇠 역할을 하지 않고, 더 나아가 동북아시아의 평화를 통해서 세계의 평화를 유도하는 길이라고 확신한다.『역설의 변증』 131면

리영희의 북한 핵에 대한 '이해'와 거부 사이의 동요는, 평화적 방법에 의한 평화가 아니라 전통적 현실주의의 힘에 의한 평화에 동의하는 것으로 읽힐 수 있다. 따라서 미국 핵에 대한 '비판'과 모순된다. 그가 갖고 있는 약소국 중심적 시각의 산물이다. 그러나 약소국의 경우 힘에 의한 평화가 정당화된다는 발상 역시 힘의 정치를 고려하더라도 위험하다. 약소국의 생존을 힘에 의지할 때, 힘의 충돌

은 불가피하다. 그러나 힘의 대결 이후로 염두에 둔 비핵지대화와 평화조약의 병행추진은 사실 약소국중심적 시각을 유지하면서도 한반도적 맥락에서 평화를 추구한다고 할 때, 갈 수 있는 유일한 길일 수 있다.

탈식민적·탈패권적·탈분단적 '국제정치이론'

리영희는 추상적 개념들의 연쇄로 체계화한 국제정치이론을 남기지 않았다. 그러나 이론이 도구이자 비판이고 실천이라면, 리영희의 국가이익 비판과 핵에 대한 국제정치비평에서 우리가 '국제정치이론'이라 부를 수 있는 그 어떤 시각의 집합을 추출할 수 있다고 가정했다. 물론 체계화한 국제정치이론의 부재는 리영희 내부의 모순 때문일 수 있다. 국가이익의 개념을 도구로 사용하면서도 그것을 비판하고자 하는 모순, 같은 핵무기일지라도 특정한 시각에 기초해 긍정하거나 비판하거나 이해하려는 모순 등이 불러온 결과일 수 있다. 그러나 무엇보다도 그 이유는 제도권 국제정치학자가 아니라 실천적 지식인으로서 국제정치비평을 했기 때문일 것이다.

그러나 한반도 문제가 왜 어떻게 발생했는가를 묻고 그 현실에 역사적·사회적 의미를 부여하고자 했던 리영희의

'비판'은 비민주적이고 불평등한 국제질서를 변혁하기 위해 필요한 '실천'이었다. 그 비판적 실천은, 이론화하는 것이 삶의 방식, 삶의 형태일 때 즉 이론이 매일의 실천일 수 있다면, 국제정치이론의 존재론과 분리할 수 없는 구성요소가 된다. 이 맥락에서 리영희에게는 '비판적 실천'으로서 '국제정치이론'이 있(었)다. 그 실천은, 맑스주의자 그람시(A. Gramsci)적 의미에서, 상식에 대한 비판이지만 상식에 기초한 것이었다. 그람시의 흔적을 남기며 리영희는 다음과 같이 말한 바 있다.

영국의 정치에는 그렇게 많고 심오한 이론이 동원되질 않는다고 한다. 이론으로 안 될 때는 상식에 맞는 것이 영국 국민의 지혜이고 생활 경험이다. 상식이란 무엇인가. 소박한 민중이 까다로운 이론조작·설득·세뇌 노력 없이 오랜 생활 경험으로 옳거나 그르거나를 판단하는 바로 그것이다.『인간만사 새옹지마』 31면

그람시는 이 상식에 기초한 상식비판을 통해 전위와 대중이 구분되지 않는 정당과 같은 집합적 인간의 역사적 행동을 상상했지만, 리영희는 고독하게 국제정치비평으로 현실에 개입한 지식인이었다. 그가 젊은이들에게 '의식'은 주었지만 '방법'과 성공의 '보장'을 제공하지 않은 것에

회한할 때,『自由人, 자유인』355면 고독의 책임이 묻어난다.

　리영희의 상식에 기초한 상식비판의 출발점은 냉전적인 이분법적 의식에 대한 비판이다.

　　냉전용어의 관용으로 말미암아 우리는 세계의 모든 정치적·사회과학적 사상(事象)을 흑과 백, 천사와 악마, 죽일 놈과 살릴 놈, 악과 선의 이치적(二値的) 가치관으로 판단하는 버릇이 생겼다.『전환시대의 논리』355면

예를 들어 남북한의 군사훈련에 대한 이분법적 인식의 한 모습을 다음과 같이 묘사한다.

　　27만명이 참가한 팀스피리트 훈련은 '방위' 목적이고, 소련해군과 북한군 7,000명이 참가한 훈련은 당연히 '공격' 목적이 된다. 우리의 인식능력에 어떤 결함은 없는지? 적이 궁금하다.『自由人, 자유인』192면

이 이분법적 인식에 대한 비판에 기초해 진행된 리영희의 국제정치비평에서 추출할 수 있는 '국제정치이론'은, 리영희가 사용하지 않았고 사용하지 않으려 했을 수도 있는 개념들이지만, '탈식민' '탈패권' '탈분단'을 지향하는 그리고 그 방향으로 현재적 맥락에서 (재)구성되어야 하는 '국

제정치이론'이(었)다. 이 세 '탈'들은, '이후'보다는 '넘어서'의 의미다.

탈식민주의는 식민현상의 역사와 유산을 피식민인의 시각에서 분석하고 비판하는 담론과 이론 그리고 실천을 포괄하는 개념이다. 탈식민주의는 비영토적 제국주의 패권의 유지 및 제국주의와 식민주의의 역사를 비판하면서, 동시에 운동적 개입 및 새로운 정치적 정체성을 추구한다는 점에서, 신식민주의(neo-colonialism)와 차이가 있다. 즉 2차대전 이후 탈식민주의는 탈제국주의 및 '탈패권'을 지향한다. 그 기원과 현존을 역설적으로 결합한 표현인 "탈식민적 제국주의 국가" 미국을 문제화한다. 신식민주의와의 또다른 차이는 세계체제 또는 국제체제로부터의 단절이 아니라 초국적 사회정의를 추구한다는 점이다. 달리 표현한다면, 탈식민주의는 제국주의 대 민족주의 같은 힘의 정치를 야기하는 이항대립을 넘어서려 한다.

리영희는 스스로 40대의 젊은 시절까지 '철저한 민족주의자'였다고 고백한 바 있다.『自由人, 자유인』355면 그는 한때 '민족적 이성'『인간만사 새옹지마』78면 같은 용어를 사용하기도 했다. 이후 그는 국가이익 개념을 도구로 수용하면서도 국가이익 개념 비판을 통해 시민과 지역으로 이동한다. 즉 미국을 비판하지만 민족주의를 넘어서 가고 있었다. 탈식민주의 이론가였던 파농(F. Fanon)이 국제관계를 지배적인 종(種)만이 중요한 동물원처럼 '동물학적 관계'라고 비판했듯이, 리영희는 동물학적 관계를 파괴하는 약소국중심적 시각을 견지하고자 했다. 그의 중국 핵에 대한 긍정은 약소국중심의 연대라는 탈식민적/탈패권적 기획의 과잉 소산이었다. 그럼에도 리영희는 국제정치에서 인도의 여성농민처럼 말할 수 없는 '하위행위자'(subaltern)가 추구하는 반핵·평화의 연대야말로 동물학적 국제관계의 주요 행위자인 식민적·식민화된 '무기숭배자'들이 이성을 되찾게 하는 동력이라 생각했다.

한반도적 맥락에서 탈식민적/탈패권적 기획의 물질화와 관련해서도, 리영희는 1970년대에 "한·일 군사동맹의 체결 없이도 한 변이 없는 삼각형 형식의 한·미·일 동맹안보체제"『전환시대의 논리』 535면를 지적했고, 한국과 일본이 1990년대에 군사동맹 관계를 완성할 것이라는 틀린 예측을 하기도 했지만『역설의 변증』 123면 "동북아시아에서 새로운 질서를 건설하려는 노력의 성공 여부는 거의 숙명적으로 일본의 태도와 정책에 달려 있"『반세기의 신화』 239면음을 인지하고 있었다. 2000년 6월 평양을 방문하는 김대중 대통령에게 건넨 다음의 권고는, 식민성을 넘는 것은 물론 식민적 유산의 당대적 표현인 미국 패권을 넘어서려는, 리영희의 탈식민적/탈패권적 기획의 진수를 보여준다.

미국과의 예속적 '한미 방위조약'을 친선우호관계 조약으로 대치하고, 그 거리만큼 중국과 러시아와의 관계를 개선·향상하는 국가관계를 추구하고 동북아지역 내 중심역할과 등거리외교를 채택하는 전략과 정책을 모색하도록 평양에 가서 말씀하시면 어떻겠는지 하는 이야기였습니다. 『21세기 아침의 사색』(2006) 375면

위 진술은 리영희의 탈식민적/탈패권적 기획이 한반도적 맥락에서 탈분단의 기획과 조응할 수 있음을 보여준다.

탈식민주의적 시각에서 볼 때 한반도의 사회적 장벽, 즉 분단은 전형적인 식민적·패권적 유산이다. 사회적 장벽은, 과거 행정적으로 하나의 단일한 실체였던 국가가 패권적 질서가 지속되는 탈식민시대에 둘 또는 그 이상의 국가들로 분할되고, 그 개체 가운데 적어도 하나가 이전의 국가와의 직접적인 연계를 주장하면서 형성된다. 한반도의 탈식민적 분단에 담겨 있는 '이후'와 '넘어서'의 긴장은, 탈식민적 분단의 극복을 통일이 아닌 '탈분단'으로 개념화할 수 있게 한다. 탈분단은, 북한을 타자화하거나 도구화하는 태도를 비판하고 또한 폐쇄적 민족주의에 기초한 통일을 반대하면서도, 분단의 부정적 효과를 극복하자는 담론이다.

리영희는 남북한 관계가 힘관계의 변화에 따라 한쪽이

다른 한쪽을 흡수하는 방식의 통일에 대한 유혹을 가질 수밖에 없는 구조임을 지적한 바 있다. "남·북 단위의 '반민족주의(半民族主義)'가 아니라 반도 민족 전체를 생각하는 '대민족주의(大民族主義)'"를 통한 남북한의 화해를 언급하기도 했지만,『80년대 국제정세와 한반도』292면 탈식민적 분단의 극복형태로 통일이 제시될 때 타자의 소멸이 불가피하다는 인식이 있었다. 리영희가 북한 핵을 '이해'하고자 했을 때, 북한 핵은 제국주의 대 민족주의 같은 이항대립 또는 내적 세력균형 정책의 산물이긴 하나, 그 이항대립을 넘어서서 탈식민주의에 내장된 평화공존 같은 타자와 '공감'하려는 태도로 보이기도 했다. 리영희는 1970년대부터, 전쟁이 동물적 생존본능의 에너지를 발생시키지만, 서로 다른 체제 간의 공존은 그와 전혀 다른 이성과 이상을 필요로 하는 새로운 형태의 생활방식이라는 점에 주목하고 있었고,『전환시대의 논리』353면 "새로운 동아시아의 지역적 틀이 건설되어야 하는 첫번째 차원은 한반도"『반세기의 신화』239~40면 라는 탈분단적 견해를 피력하기도 했다.

비판과 실천으로서 국제정치이론이 제기하는 근본적 질문은 (정치이론의 근본적 질문인 '어떻게 함께 살 것인가'와 마찬가지로 국가중심적 편향일 수 있지만) 지금 수준에서는 국제사회든 무정부적 체제든 그 속에서 '어떻게 주권국가들이 공존할 수 있을까'일 것이다. 이 질문은 다양한 시각의 집합인 국제정치이론 '들'이 공존할 수 있을 까라는 질문으로 번역될 수 있다. 만약 모든 이론이 특정한 시각에서 유래한 것이라면, 그런데 어떤 이론을 참이라 주장한다면, 그 이론을 참이라 할 수 있는 객관적인 선행시각의 존재를 인정하는 모순에 직면하게 된다. 리영희의 실천으로서의 국제정치비평이 추구했던 현실 비판과 그에 기초한 미래 기획은, 탈식민·탈패권·탈분단을 지향하는 국제정치이론으로 정리할 수 있다. 리영희에게 모순처럼 잠재해 있던 국제정치이론의 핵심을 그 세 '탈'로 정리하는 것이 리영희라는 '우상'에 대한 비판의 지점이라 생각하며, 이 글이 수행한 리영희 해석의 현재적 생존가능성을 묻게 된다.

함께 읽을거리

강준만 엮음『한국 현대사의 길잡이 리영희』, 개마고원 2004.

고병권 외『리영희 프리즘: 우리 시대의 교양』, 사계절 2010.

구갑우『국제관계학 비판: 국제관계의 민주화와 평화』, 후마니타스 2008.

_____「북한 '핵 담론'의 원형과 마음체계, 1947-1964년」, 『현대북한연구』17: 1, 2014.

구영록『한국의 국가이익』, 법문사 1996.

김만수『리영희: 살아있는 신화』, 나남 2003.

김삼웅『리영희 평전: 시대를 밝힌 사상의 은사』, 책보세 2010.

박건영「핵무기와 국제정치: 역사, 이론, 정책 그리고 미래」, 이수훈 엮음『핵의 국제정치』, 경남대학교 극동문제연구소 2012.

은용수「'비주류' IR이론과 한국의 국제정치문제」, 『국제정치논총』 56: 3, 2016.

이영희·임재경 엮음『반핵: 핵위기의 구조와 한반도』, 창작과비평사 1988.

조한혜정·이우영 엮음『탈분단 시대를 열며』, 삼인 2000.

프란츠 파농, 남경태 옮김『대지의 저주받은 사람들』, 그린비 2004.

Barash, D. and Webel, C. *Peace and Conflict Studies.* London: Sage 2002.

Brydon, D. *Postcolonialism: Critical Concepts, Vol. I, II, III, IV, V.* London: Routledge 2000.

Cox, R. "Social Forces, States, and World Orders: Beyond International Relations Theory." *Millennium*, 10: 2. 1981.

Edkins, J. and Vaughan-Williams, N., ed. *Critical Theorists and International Relations.* London: Routledge 2009.

Erskine, T. "Normative International Relations Theory." in T. Dune et al., ed. *International Relations Theories: Discipline and Diversity.* Oxford: Oxford University Press 2013.

Gramsci, A. *Selection from the Prison Notebooks.* edited and translated by Q. Hoare and G. Smith. London: Lawrence & Wishart 1971.

Keohane, R. ed. *Neorealism and Its Critics.* New York: Columbia University Press 1986.

Laski, H. *Liberty in the Modern State.* New York: Harper & Bros. 1930.

Mercer, J. *Reputation & International Politics.* Ithaca: Cornell University Press 1996.

Morgan, P. *Deterrence Now.* Cambridge: Cambridge University Press 2003.

Niebuhr, R. *Moral Man and Immoral Society.* New York: Charles Scribner's Son 1932.

Slate, D. *Geopolitics and the Post-colonial.* Oxford: Blackwell 2004.

Waterman, S. "Partition and Modern Nationalism." in C. H. Williams and E. Kofman, eds. *Community Conflict, Partition and Nationalism.* London: Routledge 1989.

Wittner, L. *Confronting the Bomb: A Short History of the World Disarmament Movement.* Stanford: Stanford University Press 2009.

Young, R. *Postcolonialism: An Historical Introduction.* Oxford: Blackwell 2001.

민주시민의 철학으로서 '리영희 철학'*

/ 홍윤기

리영희의 죽음 앞에서

2010년 12월 5일 자정을 조금 넘은 0시 40분경, 리영희의 가족은 서울 면목동 녹색병원에 입원해 있던 그의 상태가 악화하자 한자리에 모여 고인의 임종을 지켰다. 바로 10년 전인 2000년 11월 16일 "글 쓰는 스트레스로 뇌출혈로 쓰러져 오른쪽 반신이 마비"되는 "중풍"을 맞은 이래『대화』(2005) 721면 더하고 덜한 기복은 있었지만 "지병으로 고통스러워하던" 그는 바로 삼일 전 "가족과 생일을 보내고,『평전』도

---

* 이 글은 홍윤기「철학시민 그분, 리영희!: 리영희 선생의 삶과 사상에서 '리영희 철학'을 찾는다」,『황해문화』2011년 봄호(통권 70호)의 제목을 바꾸고 일부 수정하여 재수록한 것임.

보고 가셔서 그나마" 가족의 "마음을 편하게" 해주고 "마지막에는 편안하게 눈을 감으셨다."

여기서 말하는 『평전』이란 독립기념관장을 역임한 언론인 김삼웅이 오마이뉴스에 연재하던 것을 묶은 『리영희 평전』을 가리킨다. 이 평전은 공교롭게도 리영희의 마지막 생일인 2010년 12월 2일 인쇄를 완료했다. 그래서 저자인 김삼웅과 정운현 전 오마이뉴스 편집국장은 막 인쇄기에서 나와 채 온기도 가시지 않은 그 책을 들고 리영희가 요양 중이던 병실을 찾았다. 당시 그의 상태를 정운현은 다음과 같이 그린다.

병실에 들어서자 선생이 누워 계신 침대가 먼저 눈에 들어왔는데, 선생은 중환자실에서 막 옮겨온 뒤였다. 여느 중환자들처럼 코에는 산소호스가 여럿 꼽혀 있었고, 침대 모서리에는 링거가 매달려 있었다. 선생은 가쁜 숨을 내쉬고 있었고, 복수가 찬 배는 여전히 불러 있었다. 의식이 없어서 대화도 이미 불가능한 상태였다. 한눈에 봐도 선생은 위중한 상태였고, 가족들은 이미 마음의 준비를 하는 듯했다.정운현 「'사상의 은사' 뒤이을 인재는 누구?」, 『시사IN』 제 170호(2010. 12. 24.)

바로 이렇게 운명을 달리하는 순간임에도 아직 숨을 쉴

때 책이 나옴으로 해서 김삼웅의 『리영희 평전』은 "역사인
물로서 살아생전에 평전이 나오는 드문 경우"로 기록되었
다. 리영희 역시 생애 마지막 순간에 이 시대가 부여한 최
고의 찬사가 담긴 자신의 평전을 뇌리에 남기며 가장 행복
한 죽음으로 이승을 떠났다.

그런데 리영희가 삶에서 거둔 성취에 대한 추모는, 임종
당일인 12월 5일 여명을 기해 그의 부고가 공중파 매체를
타면서 언론계 전반으로 확산되었다. 일요일이었음에도
전국의 오프라인과 온라인 보도매체는 일제히 그의 부음
을 전하며 그의 삶과 사상에 대한 찬사까지 보탰다. 인용
부호를 붙이거나 안 붙인 차이는 있었지만, 12월 5일 인터
넷에 오른 기사와 다음날 6일 인쇄되거나 방송된 호칭의
주류는 압도적으로 찬양 쪽이었다. 다음 사례를 보면 그
찬양의 열정을 충분히 짐작할 수 있을 것이다.

"담대한 진실의 향도"(한겨레) "시대의 교양"(KBS) "시대
의 스승"(경남도민일보) "사상의 은사"(경남도민일보, MBC,
SBS, 아시아투데이, 경향신문) "시대의 지성"(경남일보) "시대
의 지식인"(매일경제, 인천일보) "실천하는 지성"(서울경제, 매
일경제, 아시아투데이, 이데일리안) "실천하는 지성인"(MBC)
"실천적 지식인"(경남도민일보, 국제신문) "우리 시대의 지
성"(MBC) "우상의 파괴자"(경향신문) "운동권의 사상적

아버지"(트위터, 페이스북) "지성의 표상"(한국일보) "지성인의 양심"(KBS) "진보의 큰 산맥"(머니투데이) "진실만을 좇던 투사"(한겨레) "한국 근현대 지성과 사상계의 큰 별"(오마이뉴스) "한국 현대 지성사의 큰 별"(서울신문) "한국 현대사 증인"(오마이뉴스, SBS, 이투데이) "행동하는 지성"(MBC) "행동하는 지식인"(경남도민일보, 국제신문) "현대사의 증인"(매일경제)

그러나 비록 그 수는 훨씬 적었지만 이런 긍정적 평가와 찬사의 반대쪽에는 살아생전 고인의 성취에 대한 냉담과 적개심이 만만치 않게 표출되었다. 『문화일보』는 단지 "진보진영의 대표 지성인"이라고 리영희의 파당적 위상만 냉담하게 부각시켰다. 한편, 리영희의 생애에서 언론인으로서의 능력을 유감없이 펼치도록 했다가 베트남전쟁에 대한 이견을 계기로 그를 쫓아냈던 『조선일보』는 아무런 호칭도 붙이지 않고 단지 "리영희 전 한양대 교수 별세"라고만 짧게 보도했다. 『중앙일보』도 사망 기사 이후 리영희에 관한 모든 기사는 본지 기자의 취재가 아닌 통신사나 인터넷매체 기사로 처리했다. 다루기 불편하지만 다루지 않을 수도 없는 상대의 부고를 보도하는 일에 대한 속내가 그대로 드러나면서도, 고인의 죽음 앞에서 무례함만은 절제하는 듯한 처신이 대단히 인상적이었다.

이 와중에도 리영희에 대한 적대감을 여과 없이 표출한 것은 『동아일보』였다. '횡설수설'이라는 시론에서 「리영희」라는, 아무 호칭 없이 이름 석자만 달랑 제목에 붙인 칼럼을 통해 이 신문의 논설위원은 리영희의 타계에 대한 언급을 생애 업적에 대한 비난과 폄하의 기회로 십분 활용했다.

'전환시대의 논리'(1974년 간행)와 '우상과 이성'(1977년) 등의 저서로 1970, 80년대 많은 대학생들에게 중국과 베트남 공산주의에 대한 환상을 퍼뜨렸던 리영희 전 한양대 교수가 어제 세상을 떠났다. 민주당은 리 교수를 '실천하는 지성'이라 평가했지만 그는 '주사파'가 활개 칠수 있는 공간을 더 넓게 만들었다. 개인숭배를 극대화한마오 쩌둥(毛澤東)의 문화혁명은 중국에서도 막중한 오류였다는 평가를 내린 지 오래다. 문화혁명을 좋게 평가한 그의 글에 자극받은 국내 운동권 일부는 김일성 주체사상을 무비판적으로 수용해 주사파를 형성했다.이정훈「리영희」, 『동아일보』(2010. 12. 6.)

이 칼럼만 본다면 리영희의 글을 읽은 상당수 독자들이 바로 북한 정권 추종자가 되어 아주 활발히 활동하고 있는 듯한 인상을 받을 수 있다. 이 칼럼이 적시하는 사태가 결코 사실은 아니지만 리영희의 영향에 대해 거침없이 표출된 이런 혐오감 뒤에 그의 사상과 삶에 대한 찬양자나 비난자 모두가 공히 부정하지 못하는 사실은 분명히 확인된다. 즉, 리영희는 자신의 삶 동안에 그의 죽음에 이르러서 여러 사람이 동시에 기억하고 추모할 정도의 중요한 그 무언가를 성취했다는 것이다. 그것은 찬양자나 혐오자 모두에게 이의의 여지없이 인정받는 것으로서, 적어도 한국 현대사에서는 역사적 비중을 갖는 지적 성취다.

지금 우리는 리영희에 대한 압도적 찬양과 침묵이나 명시적인 냉담의 교착 속에서, 그의 지적 성취가 '리영희 영향'으로 개념화할 수 있을 정도의 역사적 실체성을 획득했다는 것을 확인한다. 남북한을 통틀어 한 지식인의 죽음이 그가 종사했던 지적 활동의 전문 영역, 즉 학계, 언론계 또는 문화계의 경계를 넘어 한국 시민사회 구석구석까지 추모와 혐오의 상념을 폭넓게 불러일으킨 경우는 전례가 없다. 자발적인 시민적 반향이라는 측면에서 리영희와 비견되거나 넘어서는 분들로 함석헌, 문익환 목사, 김수환 추기경 그리고 법정 스님 등을 꼽을 수 있을 것이다. 그러나 '순전히 한 지식인'으로서 시민적 추모의 염을 불러일으킨 사람은 리영희가 처음일 것이다. "한편으로는 한 시기 많은 청년, 학생, 지식인들에 의해 '사상의 은사'로 추앙받고 동시에 '야만의 권력'으로부터는 '의식화의 원흉'으로 증오를 받으면서"『대화』 8면 주로 1960~80년대에 걸쳐 대략

30년간 리영희가 확보했던 이 '리영희 영향'은 그의 삶이 종결되었어도 완결되지 않았다.

나는 바로 이 문제 앞에서 리영희의 삶과 생각, 그리고 무엇보다 그의 글이 던진 지적, 사회적, 문화적 그리고 정치적 파장 안에서 성장하며 그와 같은 한 지식인이고자 했다. 그런 나의 성장사의 한 줄기를 체감하듯 다음과 같은 물음을 던져본다.

－'나'에게 '리영희 영향'은 무엇이었나?
－'리영희 영향'은 '나'로 하여금 무엇을 알고, 또 무엇을 하게 했나?
－'리영희 영향'은 여전히 지속되어야 할 그 무엇을 가지고 있는가? 있다면 그것은 어떤 구조와 틀새를 갖고 작동할 것인가?

'리영희 영향' 안에서 성장한 이들이라면 위 물음들이 필자만의 것이 아니며, 리영희에게 던지는 물음도 아니라는 점을 즉각 알아챌 수 있을 것이다. 그것은 리영희를 읽으며 자기 삶을 꾸렸던 그 모든 '나' 자신들에 대한 물음인 것이다. 그 자신의 인생뿐만 아니라 '나'의 삶도 만들도록 했던 리영희를 무엇으로 기억해서 후대에 자산으로 물려줄 것인가를, 이제 진정 근본적이고도 체계적으로 생각할 때가 온 것이다.

결론을 미리 말하자면, 나는 리영희를 앞서 예로 들었던 것과 같은 찬양성 존칭의 대상이 아니라 한 사람의 '철학시민'으로서, '리영희 철학'의 구현자로서 드러내 보이고자 한다. '철학시민 리영희'야말로 '리영희 영향'이 형성되고 돌파했던 '리영희와 그의 시대'를 넘어 20세기 한국 정신사가 도달한 한 성취를 상징적으로 집약한다.

'나'에게 '리영희 영향'은 무엇이었나?

1970년대 전반기, 특히 1972년 10월 유신부터 1975년 4월 사이공 함락에 걸친 시기에 대학 안팎에서 지낸 이들은 리영희의 글과 책에 대해 공통된 시대경험과 개인경험을 갖고 있다. 사이공이 함락되어 월남이 적화통일되자 북한의 김일성 주석이 고소공포증에도 불구하고 급거 중공으로 날아갔다는 뉴스가 텔레비전과 신문에 연일 보도되던 때였다. 다음 차례는 우리 대한민국이고, 적화통일을 위한 '북괴'의 무력침공이 임박한 것 같은 분위기였다.

'리영희 영향'에 들어간 거의 모든 이들의 시작은 우연히 걸려든 잡지나 책의 글 한편이었다. 위협적인 시대 분위기대로 각인된 개인 감정과 의식이 역전하는 데는, 아주 일찍으로는 「베트남전쟁(I)」이든, 아니면 「베트남전쟁(II)」이든, 또는 —— 나처럼 아주 뒤늦게 —— 사이공이 함락당한 직후에 나온 「베트남전쟁(III)」이든, 리영희의 글 한 편이면 족했다. 어떤 연유든 그의 글을 접하고 어쩌다 읽기라도 하면, 당시 학생이나 시민들은 그리고 특히 나는, 모든 것이 통째로 변했다.

그의 글에 나온 내용을 알게 된 순간부터, 어렸을 때 산골 동네에서 월남 갔다 온 동네 형으로부터 베트콩 잡던 얘기를 직접 들으며 신이 났던 그 모든 즐거운 추억이 산산조각 나고, 무서운 불안과 수치, 때에 따라서는 형언할 수 없는 분노가 치밀면서 나에게 알 것만 알고 있으라며 세뇌시켰던 세상을 다시 보기 시작하는 것이다. "도대체 나는 어떤 세상에 살고 있는가? 내가 아는 세상이 알던 그대로가 아니라면, 도대체 이 세상은, 나의 삶은 어떻게 돼가는 것일까?" 어린 시절부터 내가 이 대한민국이라는 국가에 품은 신뢰와 안정감이 송두리째 박살 나면서 나 자신과 내 인생이 나의 것이 아니라 다른 누군가의 것인 듯한 느낌에 몸 둘 바를 몰랐다. 그런데 앞을 가리고 있던 허상(虛像)이 깨져나갔지만 새로 봐야 할 세상의 진상(眞相)은 드러나지 않은 데서 오는 불안은 어느 면에선 부차적 문제였다. 내게 허상으로 비치기 시작한 지배자에게, 내가 그들의 허상을 깨달았다는 사실을 들킬까 봐 오히려 두려움이 컸다는 것이 우선 당면한 문제였다.

그러고 나서 1970년대 이래 거의 40년간 리영희의 펜 끝에서 나온 글과 때 되면 그것들을 묶어낸 평론집 내지는 편역서와 더불어 살아왔다. 리영희의 이런 지적 성과를 한눈에 확인하려 한다면, 1977년에 나온 그의 첫 단행본 평론집인 『전환시대의 논리』부터 시작하여, 한자로 '李泳禧', 한글로는 아직 두음법칙을 적용하지 않고 '리영희'로 저자명을 표기해 그의 저작임을 단번에 알아볼 수 있는 17권의 단행본을 눈앞에 쌓아둘 수 있다.

이 '리영희 글쓰기'는 그 자체가 실천적 앙가주망(engagement)이었고, 그 앙가주망에 동참한 '20세기 후반 대한민국 청년세대'는 리영희의 죽음과 더불어 '리영희 영향'의 핵심적 원천이었던 '리영희 글쓰기' 자체가 영원히 정지되는 것을 체감하고 있다. 그렇다면 이 시점에서 먼저 확인해볼 것은 내가 '리영희 영향'이라고 개념 잡은 것의 시효다. 그의 뜻대로라면, 그의 노쇠·죽음과 더불어 대한민국 국가·사회, 특히 시민들의 의식에 대한 그의 영향은 마땅히 소멸되어야 했다.

광주 민주항쟁 뒤에는 우리 대중의 의식이 급진전했고, 국민생활과 민족문제의 국가적 위기, 사회적 부조리 전반에 대한 지식인·청년·대학생·노동자들의 문제의식과 인식능력의 수준이 나를 뛰어넘는 감이 있을 만큼 발전했어요. 60~80년대에 걸친 나의 글과 책과 말 그리고 나의 행동으로 계몽되고 '의식화'된 후배와 후학들의 역량이 놀라울 만큼 커졌어요. 내가 할 역할은 다 했고, 남은 역할은 내가 변치 않고 그 자리에 그 모습으로 있어주는 것뿐이라는 생각이 들었어.『대화』733면

리영희의 영향은 주로 그가 살던 시대의 문제 상황과 한계라는 조건에 얽혀 있었다. 따라서 시대가 경과하면서 그 활동의 적합성이 아울러 사라진 것처럼 추정할 수 있다. 시대 조건 안에서 그가 벌였던 활동의 기축과 패러다임은 이미 어느정도 성과를 거두었다. 그래서 선생은 2000년대 초반을 지나며 '제 책이 안 팔릴 때가 가장 행복한 때입니다'라고 단언할 수 있었다.

가끔 인터뷰 오는 기자들이 저에게 "책의 인세가 얼마나 들어옵니까?"라고 물어봅니다. 한때『전환시대의 논리』같은 경우는 당시에 학생들이 안 읽으면 안 되었으니까 몇십만권 나갔습니다. 그러나 90년대 이후부터 읽힐 필요가 없어지게 되었습니다. 지난 10년에서 15년 사이에 우리 사회는, 제가 책에서 원하고 주장했던 방향대로 더디지만 힘들고 괴로운 과정을 거치면서, 오늘

날 여러분들이 현재 누리는 것처럼 변화되었기 때문입니다. 제가 책에서 주장한 "이래야 한다, 이런 가치가 중요하다, 이래서는 안 된다"라는 많은 이야기들이 이제는 현실적으로 실현되어가는 과정이기에 읽힐 필요가 없게 되었습니다. 그래서 저는 "제 책에서 들어오는 인세가 완전 제로가 되었을 때가 제일 행복한 때일 것입니다"라고 말했습니다.「반지성적이고 반이성적인 대한민국」, 박상환 엮음 『21세기 첫 십년의 한국』(철수와영희 2008) 17~18면

생물학적으로 한계지어진 자기 삶과 더불어 자기 시대를 보내야 하는 리영희의 입장에서 볼 때 '리영희 영향'의 시의성은 분명 소진된 것 같다. 하지만 그렇다고 해서 '리영희 영향'의 지적 적절성도 소멸했을까? 그가 우리로 하여금 알게 하고 행동하게 한 것을 이제 지난 시대의 기억으로 놓고 가도 되는 것일까?

**'리영희 영향'은 '나'로 하여금 무엇을 알고,
또 무엇을 하게 했나?**

그런데 이렇게 적지 않은 책을 내놓았다는 것만으로 리영희의 정신적·정치적 영향력을 가늠할 수 없다. 6·25 전

쟁부터 20세기 후반까지 대한민국 사회를 살아오며 그가 각 시점마다 시의성을 갖고 내놓은 지적 노작 안에 어떤 정신적 성과물이 내재해 있었는지 하나하나 적시하면서, 바로 이런 정신적 성과물을 목격한 당시의 '나'들이 무엇을 알고 무엇을 할 수 있었던가를 짚어볼 필요가 있다. 이미 그의 생전에 '리영희 영향'의 실체를 규명하려 한 사례는 다섯가지가 넘는다.

성공한 이데올로기 비판

'리영희 영향'의 실체를 반성적으로 규명해보려는 첫 번째 시도는 한국의 사회철학계에서 이루어졌다. 1996년 11월 한국철학사상연구회의 학술발표회에서 박병기는 리영희의 사상을 전반적으로 '휴머니즘'으로 놓고, 그의 시대적 역할을 '비판적 지식인'으로 규정하면서 그의 지적 활동의 핵심 영역을 '이데올로기 비판'으로 부각시켰다.

그에 따르면 리영희는, 해방 이후 시민계급의 미성숙으로 말미암아 반민족적 세력과 일부 군부세력에 의해 비정상적 방식으로 추진되었던 한국 사회의 근대화 과정에서 반공·반북 이데올로기의 이데올로기적 허위를 벗기고 실체적 진실을 폭로하여 민중을 계몽함으로써 억압에 대항했던 비판적 지식인들 가운데 한 사람이었다. "물리적 폭력으로 독재세력에 맞선 세력이 해방공간에서의 격렬한 투쟁과 연결되어 있다면, 비판적 지식인들의 이데올로기 투쟁은 시민사회의 성장과 맞물려 있다." "그럼으로써 그들은 민중들이 반독재 투쟁의 대열에 동참할 수 있도록" 했으며, 박병기는 "이들을 대표하고 있는 사람으로 리영희를 꼽을 수 있다고 본다". 따라서 박병기의 시각에서 '리영희 영향'은 지배세력의 억압을 타파하는 시민사회의 운동에서 민중을 정치적으로 활성화하는 데 주요하게 기여한, 성공한 이데올로기 비판의 한 사례로 평가된다.

실천하는 지식인

2000년대 들어서 리영희의 글이 시점에 따라 작용해 생겨난 '정치적 결과'뿐만 아니라, 리영희라는 '인물'이 생애에 걸쳐 폭넓은 쟁점을 관통하며 형성한 '사상'까지 포괄해서 보고자 하는 관점이 나타났다. 독일에서 사회학을 전공한 김만수는 리영희를 '살아 있는 신화'로 부상시키면서 그의 행적을 '리영희의 실천'과 '리영희의 사상'으로 나누고, 그의 실천이 이루어지는 과정과 그 과정에서 다루어진 사상적 쟁점을 분석하여 '리영희 영향'을 종합적으로 고찰하려 했다.

우선, 식민지 시절 유복하게 보낸 "소심한" 엘리트 리영희가 통역장교로서 민족상잔의 한국전쟁이라는 "현장체험학습"을 통해 민족의식과 탁월한 영어 실력을 얻고, 그

뒤 합동통신과 조선일보 외신부를 거쳐 당시로서는 가장 첨단의 위치에서 세계정세를 조망하며 실천적 의의를 갖는 이론적 글쓰기를 체득해 '리영희의 실천'이 짜였다고 분석했다. 더 나아가 바로 이런 실천능력을 바탕으로 한반도를 둘러싼 국제관계, 강대국과 약소국의 권력행태, 남북관계, 냉전과 반공이데올로기, 민족과 통일, 언론과 민주주의, 자본주의와 사회주의 체제 문제, 한국 역대 정권의 행태 같은 국내외 정치영역에서 종교와 죽음, 교육과 문화 등 인문학적 주제까지 폭넓게 다루는 '리영희의 사상'이 형성되었다고 분석한다. 이로써 "상식을 실천한 평화주의자"로 리영희의 사상적 성취를 총괄한다.

시대와 한 몸통이 된 역사적 실천의 수행자

언론학자 강준만은 리영희의 글이 2000년대 젊은이들에게 잘 읽히지 않을 것이라고 하며 리영희의 글을 제대로 이해하려면 그 글이 쓰인 한국 현대사의 시대 상황과 병행하여 읽어야 한다고 주장한다. "요즘 젊은이들에게 『전환시대의 논리』를 읽혀보라. 왜 그가 '은인'이거나 '원흉'이라는 건지 도무지 이해하지 못할 것이다. 30년의 세월 동안 무슨 일이 벌어졌었는지 그걸 어찌 간단히 이해시킬 수 있으랴. 나는 '리영희의 삶을 통해 본 한국 현대사' 또는 '한국 현대사를 통해 본 리영희의 삶'을 이야기해야만 리영희는 물론 한국 현대사에 대한 이해가 더 잘 이루어질 수 있을 것이라고 생각한다."

이에 따라 강준만은 '리영희'를 그의 시대인 '한국 현대사'와 한 몸통으로 놓고 그의 글쓰기를 일종의 역사적 실천으로 등치시키면서 리영희의 행적을 한국 현대사를 십년기별로 묶어 실시간대로 재구성하려고 했다. 리영희를 '한국 현대사의 길잡이'로 보는 이런 구도에 따르면 그는 자신의 자연연령대로 산 것이 아니라 1940~2000년대에 걸친 대한민국 국가연령대로 살아온 것이다. "리영희만큼 해방 이후 한국 현대사의 큰 사건들을 그 누구보다 직접적으로 광범위하고 치열하게 겪은 사람이 또 있을까? 그의 글은 곧 실천이었기에 그는 누구보다 더 넓은 행동반경에서 살아왔다. 리영희의 삶이 곧 한국 현대사라고 해도 과언이 아니다. 리영희는 90년대 들어 자신의 소임은 다했다는 말을 여러번 했지만, 유감스럽게도 한국 사회는 90년대는 물론 오늘에 이르기까지 계속 리영희를 필요로 했다. 변화무쌍한 한국 사회에서, 그것도 추상의 세계가 아닌 현실의 세계를 실증적으로 다루는 지식인이 리영희처럼 오랜 세월 '장기 집권'한다는 건 매우 드문 일이다." 다시 말해서 '리영희 영향'은 한국 현대사의 문제과정들에 대한 실천적 대응으로서 그 적절성을 획득했던 만큼, 그 적절성의 성격을 분명히 규명하는 과제는 아직 그대로 남는다.

비판적 지식인의 전형으로 지펴온 이성의 불꽃

리영희를 그가 살던 시대 쪽에서 재구성하려 한 강준만과 달리, 리영희의 평전을 쓴 김삼웅은 각 시대의 사건을 '비판적 지식인의 전형'으로서 인간 리영희의 고난에 찬 자기실현으로 재추적한다. 이런 관점에서 김삼웅은 리영희의 인생을 유복한 출생, 고단한 성장, 청년 장교 리영희, 기자 리영희와 4·19/5·16, 교수 리영희, 반독재 행동가 리영희, 민족운동가 리영희 등 시대별로 나눈다. 그리고 그 전체 과정을 우상파괴의 실천을 저변으로 "꺼지지 않는 이성의 불꽃"이 찬연하게 불타오르는 모습으로 묘사한다. 바로 이런 리영희의 이성능력은 시대의 절실한 쟁점과 뗄 수 없이 묶여 글로 표출되어왔지만, 이명박 정권 이후 급속히 "다시 거꾸로 도는 역사의 시계" 앞에서, 2010년대에 이르러서도 과거에 한정되지 않은 채 새로이 활성화되어야 할 것으로 부각된다. 이런 관점에서 '리영희 영향'은, 아직 완전히 청산되지 못한 우상과 반동을 앞에 두고 절실히 요구되는 '리영희 능력'을 떠올리게 하며 "다시 누가 있어 그의 이성을 이을 것인가" 되묻게 한다. 어떤 경우에도 리영희 능력으로 발출된 '리영희 영향'은 계승되어야 할 그 무엇으로 간주된다.

최고 수준의 지적 성취를 가능케 한 지적 교양의 구현

'리영희 글쓰기'의 주제들이 글이 쓰인 시기에 아주 강하게 묶여 있다 하더라도 리영희의 글은, 신문 등 언론매체에서 매일 쏟아져 당일 소비되는 시사 기사나 논설 수준을 훨씬 뛰어넘는 것으로 평가된다. 그런 평가의 가장 중요한 이유는 적어도 그의 글이 쓰인 시점에서, 더 나아가 현재의 시점에서도 정보, 비판적 통찰, 그리고 대안의 도덕성과 적절성 면에서 최고의 경지를 보여주기 때문이다. 베트남전쟁부터 남북한 민족문제, 그리고 국제관계와 관련된 문제에서 '리영희 글쓰기'는 엄청난 자료수집과 독서, 엄격한 실증성과 인용의 철저성으로 논변의 진리성과 진실성을 극대화하는 면모를 보여줬다. 다시 말해서 리영희가 쓴 글은 우선, 그 내용이 맞기 때문에, 즉 참이기 때문에 한국 지식인들의 압도적 지지를 받았다. 이 점에서 그는 젊은 시절에 자신이 받았던 기대를 술회한 적이 있다. 월남한 뒤 번역 부업으로 제기동에 힘들게 처음 자기 집을 마련해 16년 동안(1962~77) 살았는데 그때를 떠올리며 이렇게 말한 것이다.

제기동 그 집은 박정희 정권 아래서 억압받고 탄압당하고 도피생활을 하는 사람들이 언제나 마음 놓고 찾아와 며칠이라도 먹고 자고 하는 곳이었어. '진보적 성지'

라는 표현은 지금 임 형에게서 처음 듣는 거지만, 사실 그 13평짜리 집은 야만적인 탄압의 시대에 고민하는 젊은 작가, 지식인, 젊은 대학교수나 강사들, 신문기자들이 모여와서, 막걸리 마시고 소주병을 기울이면서 시국을 한탄하는 그런 장소였음이 틀림없어요. 그때 그 많은 후배 지식인들이 제기동의 나의 집에 모인 까닭은 여러가지이지만, 무엇보다 내가 거의 유일하게 **국내외 시국정세를 앞서 내다보고, 그것을 설명해서 의미를 밝혀주고 내일의 전망을 예측해주는 역할**을 했기 때문이었지. 표현이 좀 이상하지만, 캄캄한 세상에 내가 한 줄기 빛이 되어, 모두의 시선이 나를 향해 있던 상태였지요.『대화』311~12면(강조는 필자)

다시 말해서 리영희 글이 지니고 있던 이론적 탁월성과 시민적 설득력의 핵심은 그것에 표출된 명제가 참이고 의견이 올바르다는 것, 즉 그 글의 진리능력에서 기인한다. 그리고 그것이 발휘한 실천적 정당성은 리영희 삶의 인간적 일관성에서 확신된다. 이 점에서 강준만의 다음 지적은 지극히 합당하다. "리영희는 아홉번이나 연행되어 다섯번 구치소에 가고, 세번이나 재판받고, 언론계에서 두번 쫓겨나고, 교수 직위에서도 두번 쫓겨났다. 감옥에서 보낸 시간이 1,012일에 이른다. 오로지 진실을 추구했다는 죄 하나 때문에 말이다. … 리영희는 자신의 신체에 가해지는 것보다 더욱 혹독한 정신적 시련과 고통을 겪으면서 살아왔다. 개인의 행복과 사회의 행복은 일치하지 않는 경우가 많다. 개인의 불행이 사회의 행복에 기여하는 경우도 있다. 리영희가 바로 그런 경우다. 리영희는 한국 현대사에서 최상급의 증언과 기록을 남길 수 있게 되었다. 왜 '최상급'인가? 투명하기 때문이다. '아사리판'에 어느정도 타협했거나 그판을 멀리서 구경만 했던 사람들은 결코 감지할 수 없거나 말할 수 없던 것들을 리영희는 내놓을 수 있었던 것이다."

이렇게 "한국 현대사에서 최상급의 증언과 기록을 남길" 정도의 지적 능력이라면, 그리고 그것이 리영희 자신이 진실을 추구하기에 가장 적합한 위치설정 때문에 가능했으며 바로 그 위치가 그의 글에 논변적 효력을 부여했다면, 그런 인식능력 또는 진리능력은 마땅히 반복적으로 실현되어 이 사회와 국가, 나아가 인류의 자기발전에 지속적으로 기여할 수 있을 정도로 그 구조와 작동방식이 철저하게 규명되어야 한다.

이런 문제의식에서 리영희의 삶 자체와 글쓰기의 성과를 인간 리영희의 인간성과 정신적 능력의 발현으로 다양하게 조망한 사례가 있다. 21세기에도 유효한 '리영희 능력'의 핵심을 우리 시대의 교양으로 포착하고자 시도한 『리영희 프리즘』(사계절 2010)은 리영희 선생의 인생이면 인생, 사상이면 사상, 인격이면 인격, 시대면 시대, 그 어떤 하나의 초점으로 총괄하고자 했던 기왕의 시도와 달리 선생의 시대를 넘어 21세기에도 공유할 수 있는 '리영희 능력'을 프리즘, 즉 다초점 투시경으로 재현하려 한 흥미로운 시도였다.

이 책의 서문을 쓴 홍세화는 "리영희를 다시 불러내는 이유"를 이렇게 밝히고 있다. "리영희는 기념되고 추앙받는 과거의 인물이 아니다. 리영희가 비판하고 저항하던 시대는 바뀌었지만, 권력과 우상은 더욱 노회해져 인간의 자유와 이성을 억압하고 있다. 과거엔 지배와 모순 관계가 분명히 드러났지만 오늘날에 서로 뒤엉켜 그 모습을 제대로 보기 어려워졌다. … 국가의 물리적 폭력 앞에서 어쩔 수 없이 복종해야 했던 사람들은 오늘 오로지 '하반신적 욕구우월주의'만이 살아 꿈틀대는 사회에서 자본의 힘에 자발적으로 복종한다. 그들은 복종하면서도 복종하는지 알지 못한다. … 과거 자본권력은 정치권력 뒤에 숨어 자신의 모습을 드러내지 않았지만, 이젠 아무런 거리낌 없이 제 모습을 드러낸다. 그럼에도 사람들의 눈에 잘 보이지 않는 것은 자본의 지배 방식 때문이다. 인간의 본성인 자유를 지향하여 일생 동안 시대와 치열하게 마주했던 리영희를 여기에 다시 불러내야 하는 이유다."

이렇게 다시 불러낸 리영희의 모습은 상당히 다채롭다. 우선 그는 훌륭한 '정보'나 '견해'를 들려주었기 때문이 아니라 우리를 '생각하게' 했기 때문에 '스승'이다. "스승이란 우리에게 생각을 불러일으키는 존재, 우리를 각성케 하는 모든 존재"로서, 리영희는 "민주주의에 대한 영원한 의식화"의 추진자로 부각된다. 그는 반공, 전쟁, 국가주의의 우상에 대해 국제적 관점에서 이성적으로 그 허구성을 입증한 평화대안의 역설자이면서, 독서가이고, 유신론의 핵심을 수용한 무신론자이며, 영어라는 우상에 빠지지 않으면서도 동시대 최고의 영어구사가 중 하나였고, 책무를 다한 지식인이고, 진짜 기자였으며, 한국 사회를 과학적 비판성에 입각해 고민하는 사회과학자였다. 무엇보다 그를 '사상의 은사'로 대하고 살았던 1970~80년대 청년세대의 자식뻘이 되는 이들에게 리영희는 "분열증 시대" "냉소주의 시대"의 새로운 "우상들"을 투시하는 작업을 위해 참조할 만한 선구자이면서, 검소한 생활 스타일과 높은 생각이 공존하며 조화를 이루는 삶을 디자인해왔다는 점에서도 현재화된다.

이 모든 측면이 리영희에게서 읽히며, 그의 능력은 오늘을 사는 제자나 그 자식 세대도 각자의 입장과 문제의식에 따라 접근하고 공유할 수 있는 '우리 시대의 교양'으로 일반화된다. 그런데 참으로 아쉽게도 접근하고 공유할 수 있는 한국 현대사의 정신적 추진체로서 '리영희 능력'과 그 성과인 '리영희 영향'을 가장 근본적으로 생산해낸 정신기저, 즉 '리영희 철학'의 진면모에 대해서는 아직 심층적으로 다가선 것 같지 않다.

'리영희 영향'은 지속 가능한 내적 가치가 있는가?

'리영희 영향'의 실체는 의외로 아주 단순하다. 그것은 그 어떤 조직이나 행동이라기보다 거의 대부분 책상 앞에서 마무리되었을 '리영희 글쓰기'에서 비롯한다. 물론 자연인 리영희의 유기체적 삶을 담보로 '리영희 영향'이 지속되는 글쓰기 메커니즘은 그의 죽음으로 더이상 작동하지 않는다. 그러나 시대와 세대를 막론하고, 20세기 후반 대한민국 국가와 사회를 시대적 배경으로 형성된 '리영희 영향'에는 앞으로 우리 삶이나 정신문명의 발전을 위해 지속되어야 할 그 무엇이 있다는 데 대체로 합의점이 형성된 것으로 보인다. 그렇다면 리영희가 살았던 과거뿐만 아니라 살지 않고 간 미래까지 염두에 둘 때 오늘날 한국 사회의 지식인 또는 시민이라면 리영희를 무엇으로 기억할 것인가? 그리고 '리영희 영향'을 시대를 관통해 수용하게끔 할 '리영희 능력'의 작동구조는 구체적으로 어떻게 규명되어야 할 것인가?

리영희는 삶에서 영근 '생각'에 따라 글에 표현된 대로 모종의 '행위들'을 몸소 수행했다. 하지만 그의 글은 그가 자기의지에 따라 행위한 차원을 넘어선다. 이 사회 시민들은 그가 제시한 대의에 자발적으로 투신했고, 바로 그 때문에 그의 글은 실천적이었다. '글쓰기에 터 잡은 리영희 영향'의 실체는 산업화·민주화·선진화를 통해 발전하는 한국의 시장경제·민주정치·복지사회·통일민족의 생성 과정에, 다시 말해 대한민국과 한민족의 현대성을 완성하는 데 정신적 근거를 정립하고 그 주체를 형성하는 데 중요한 정치적 추동요인이었던 시민적 실천(civic praxis)을 촉발한 점에 있다. 만약 그렇지 않았다면 "공권력이라는 국가폭력, 진실과 여론을 손쉽게 조작하는 거대 미디어, 백을 흑으로 조작하는 검찰권, 기소장과 판결문을 똑같이 복사해내는 사법권" 등이 총동원되어 리영희를 상대로 "'의식화의 원흉' '친북좌경' '사회주의자' 등 색깔론과 마녀사냥"을 계속하고, "저자는 감옥에, 저서는 금서 처분하는, 현대판 분서갱유"를 자행할 이유가 없었을 것이다. 이렇듯 시민적 앙가주망이 형성되어 대한민국 역사가 일정 정도 실천적으로 변혁되어오도록 했다는 아주 간단한 발생연관이, '리영희 영향'으로 개념화할 수 있는 역사적 실체성을 확보했다고 보는 것이다.

리영희의 언론 및 연구 활동의 결과를 보여주는 '글쓰기'는 1960년대 4·19부터 암암리에, 그리고 1970년대부터는 명시적으로, 그가 '생각했던 것'을 한국 시민사회의 독자들과 연결했고, 그 결과 한국 정치와 사회 그리고 경제와 문화에 상당한 파격적 '행위'를 낳았다. 그의 생각과 삶의 과정에 응축된 것을 담은 글쓰기에서 기획되고 촉발된 이런 '시민적 행위들'은 대한민국 사회 전반에 걸쳐 정치·사회·문화적으로 그 무언가를 '변혁'하는 결과를 낳았다. 여기에서 우리는 자기가 아는 것을 밑천으로 글쓰기를 실행하여 그토록 많은 지식인과 시민의 의식과 행위방식을 변화시켜간 '리영희 영향의 실천적 파급선'을 세심하게 분석해 재구성할 필요가 있다.

인간은 자기가 쓰고 사는 육체의 표면을 따라 한 개인으로서 자기가 사는 세계와 맞닿아 있다. 각 개인의 육체는 그 개인을 살게 만드는 토대이며, 이 토대를 유지하기 위해 개인은 자신이 처한 환경세계, 즉 자연과 사회로부터 신진대사를 지속적으로 가동시키는 생존물질을 흡입해 들이고, 세계 안에서 이를 가능하게 만드는 정보를 포착한다. 그런데 인간으로서 각 개인은 어떤 경우에도 이 같은 자기유지과정을 자력에 의해 단독으로 작동시킬 수 없다.

각 개인은 육체적으로 다른 개인과 별도의 존재로 구획된 개체다. 하지만 육체에 담긴 '나'의 각종 기능은 '다른 나'들, 그리고 나를 포함한 그 모든 개인들, 자연, 나아가 우주로 이루어진 나의 '삶의 세계'와 구조적으로 접속되어 있다. '나'는 이 '나의 삶의 세계' 안에서 살아가는 삶의 과정 중 어떤 순간, 어떤 경우에도 내 삶의 세계의 현실을 통해 '나의 세계'를 사고하고 파악하여, 그 상태에 대한 정보를 얻고 의견을 형성한다.

그런데 비록 자기 삶이기는 하지만, 살아가는 모든 개인이 자기가 사는 현실과 세계에 대해 참된 정보와 올바른 의견을 갖게 되진 않는다. 설사 나중에 그릇된 것으로 밝혀지더라도 당장 자기가 아는 지식이나 머금은 뜻으로 어찌어찌 살아가는 중이라면, 그 지식이나 뜻이 삶에 당장 지장되지는 않을 것이다. 그러나 내가 알고 살아가는 이 세계에서의 삶이 내 육체에까지 불안이나 죽음을 함축한 괴로움을 강박하고 들어오면, 그 괴로움에서 벗어나기 위해 그 까닭을 알고자 할 수밖에 없다. 왜냐하면 '나'가 괴롭다는 것은 나를 괴롭히는 것을 모르거나 잘못 알고 있다는 데 기인하기 때문이다.

리영희의 생애에서 이렇게 지적 욕구를 촉발한 가장 결정적인 괴로움은 6·25 전쟁이었다. 유년 시절의 식민지 상황이나 국립해양대라는 전문기술 교육기관에서 보낸 해방 후 정국은 어느 면에서 그의 직접적 삶을 비껴갔다. 그러나 중학교 영어 선생을 하다 전쟁 피란길에 대구의 도교육청에 붙은 '유엔군 연락장교단' 모집을 보고 들어간 군대에서는, 전쟁이라는 괴로움의 현실을 정면으로 맞닥뜨려야 했다. 이 전쟁을 통해 그는 삶에서 까맣게 모르던 것을 알게 되고, 잘못 알았던 것을 바르게 알게 되는 진리체험을 온몸으로 겪었다.

진리체험은 괴로움의 원인을 제대로 치유할 수 있는 주관적 정신상태, 즉 계몽되거나 각성된 정신상태를 창출해 준다. 계몽이나 각성은 바로 이런 자기치료적 효과 때문에 그 중요성이 인정되는 앎의 고전적 이상형이다. 그래서 자신의 앎이나 뜻이 반박의 여지없이 그릇된 것으로 밝혀지고 세상이 지금까지 알고 있던 것과는 전혀 다른 모습을 하고 있다는 사실을 인정하지 않을 수 없을 때, 그뒤부터 '나'는 지금까지 살아온 것과 같은 방식으로는 살 수 없게 된다. 이렇게 되면 우리는 괴로움의 원인이 대체로 치유되리라고 기대한다.

하지만 세상은 이렇게 인식논리상 기대되는 방식에 맞게 진행되지 않는 경우가 더 많다. 그것은 '나'의 괴로움이 그 누군가의 권력이나 이해의 조건과 뗄 수 없이 연관되어 있을 경우이다. 그리고 현대 사회의 거대한 기술문명 안에서는 큰 권력이나 큰 이해집단일수록 이해관계의 충족을 위해 많은 이들의 괴로움을 필요로 하는 경우가 늘어난다. 어떤 괴로움의 원인을 인지하는 것이 그 괴로움의 치료나 극복의 충분조건은 아니다. 괴로움의 원인을 인지하고 파악하는 순간, 그것을 폭로당한 권력이나 이해집단이 자신들의 부당한 기득권을 방어하기 위해 지금까지와는 비교할 수 없는 새로운 억압을 폭로자에게 가중시키곤 하기 때문이다. 바로 이 점에서 권력이나 이해관계가 개입한 삶의 고통을 계몽하는 일은 언제나 이론적이면서 동시에 실천적이다. 그것은 고통의 객관적 인과관계에 대한 인식인 동시에, 그것을 폭로당한 원인세력의 반작용·반동에 대한 주체적 대응의 각오와 실천적 기획을 끌어내는 것이어야 한다. 그러므로 삶의 현실적 괴로움에 대한 인식은 마땅히 실천적 이론을 요구하며, 그 자체로 언제나 이론적 실천으로서, 괴로움을 주는 원인세력에 대한 실질적 도전의 의미를 함축한다.

고통의 원인을 규명하는 작업이 또다른 고통으로 반작용하여 고통이 악순환하는 삶은, 그 고통을 넘어서는 무언가에 대한 강한 가치지향성이 없다면 일상생활자로서 쉽게 감내할 수 있는 삶의 방식이 아니다. 대한민국 초기 역사에서 고통받는 지식인으로 살았던 이로는 리영희보다 한 세대 앞서는 함석헌이 있다. 함석헌의 경우는 성서 읽기에서 다져진 '역사의 뜻에 대한 종교적 신앙'과 거기서 형성된 역사형이상학의 철학이, 자신에게 가해지는 탄압의 고통을 상대화하는 저력이었다. 이에 반해 유신론(有神論)의 긍정적 함축에 대해서는 얼마든지 수용적이었지만 근본적으로 무신론자였던 리영희의 정신적 저력은 그 어떤 사상이나 신앙에 대한 확신이 아니라 폭력의 공포를 앞세운 독재권력의 허구성에 대한 투시, 나아가 자기 구상에 대한 논변적인 지적 자신감에서 비롯했다. 이것이 없었더라면 그의 실천은 일생을 통해 지속적으로 유지될 수 없었을 것이다. 요컨대 리영희는 자신을 몰아붙이는 권력의 모든 공세에 대해 '그것은 틀렸다(옳지 않다)!' 또는 '그것은 나쁘다(좋지 않다)!'라고 계속 논변할 수 있는 근거를 자기 정신 안에 항상 비축하고 있었다.

가장 추상적 차원에서 보자면, 어떤 인간이라도 마음 한구석에서 계속 틀렸다고 판단하거나 좋지 않다고 판정하는 것에 쉽사리 동조하거나 타협할 수는 없다. 그리고 지극히 형식적으로 볼 때 조금이라도 맞다거나 좋다는 평가 없이는 그 무엇도 받아들일 수 없을 것이다. 권력으로 억누르려는 지배자가 결국 자기는 권력밖에 가진 것이 없는 정신적 빈민임을 인정하고 자기 논리가 억지라는 것을 자인하면서도 권력을 놓지 않으려 할 때, 이런 상황을 몸소 겪어온 사람이 그 권력자에게 기꺼이 투항할 수 없는 심정은 1980년대 반공법 피의자로서 겪은 일을 쓴 「D검사와 이 교수의 하루」에서 아주 적나라하고 서글프게 드러난다. 이 교수를 반공법 위반자로 몰려는 D검사는 맑스의 『자본』을 모르고, 한국 현대사의 주요 문건에 대한 지식도 없이 이 교수를 승복시키려다가 자신이 무지하다는 것을 알아차리고 의자에서 일어나 이렇게 소리 지른다. "이것 봐요! 당신이 뭐라고 변명하든, 무슨 학문적 이론을 내세우든, 검사가 '반공법 위반이다' 하면 위반인 거요. '우상과 이성'이라니, 누가 우상이고 누가 이성이라는 말이야! 건방지게스리!"『역설의 변증』(1987) 308면

권력의 저지능(低知能), 무지성(無知性), 인격적 협애성과 야비함을 체험하면서 리영희에게 쌓여간 것이 초월주의적 신앙이나 심리적 신념은 아니었던 것이다. 리영희는 무지와 야비함으로 똘똘 뭉친 우상 앞에서 '살아가는 시민으로서 자기 자신'을 지키는 데 가장 중요한 자질이 "독립된 자유인으로서 시민"의 주체성(主體性)과 자결성(自決性)이라고 확신했다. 이 점에서 '리영희 영향'의 핵심은 그어떤 사상이나 신앙보다는 시대를 앞에 놓고 끊임없이 논변하는 그의 철학함과 거기서 나온 '리영희 철학'에서 찾아야 한다.

휴전선보다도 더 철통같이 경계지어져 있는 현재 한국의 강단철학에서 이해하는 식으로 보자면, 리영희는 결코 철학 전공자는 아니다. 그러나 D검사와 리영희 사이에 반공법 유죄 여부를 놓고 벌어진 법적 쟁론에서 보듯이 자기 시대를 구획하는 권력의 저질스러움에 끝없이 항거하는 방식은 철학에서 고전적으로 훈련시키고자 하는 이성적 논변, 철학함 그 자체이다. 리영희는 이런 상대권력을 놓

고 쉴 새 없이 논변하면서 자신의 판단을 계속 정당한 것
으로 마련할 수 있었으며, 결과적으로 상대 권력체로부터
폭압 이외에 그 어떤 정당성도 자신들이 갖고 있지 않다는
자인을 받아내곤 했다. 그러면서 그는 진정 바람직한 삶의
모습을 항상 눈앞에 그리고 있었다. 1989년 그는 한겨레신
문 창간기념 방북기획건으로 생애 마지막으로 아홉번째
연행되고 다섯번째 구속되었다가 풀려났다. 그 직후 출간
한 『自由人, 자유인』(1990)의 머리말에서, 자신이 이해하는
'진정한 인간'으로서 '자유인'의 모습과 자신의 지적 활동
의 최종 근거를 다음과 같이 제시했다.

직업적으로건 능력의 탓이건, 글을 쓰고 공개적으로
발표할 수 있는 기회를 누린다는 것은 굉장한 특권 또는
특혜가 아닐 수 없다. 그 특권은 사회에 대한, 또는 역사
에 대한 의무와 책임의 수행이 함께할 때에만 윤리적 정
당성을 확보한다. 이 책을 구성하는 크고 작은 61편의 글
은 허위(虛僞)의 장막을 벗겨서 진실(眞實)을 드러내려는
역사적 책임감의 결실이다. **철학적으로 현실적으로, 거짓은
인간(성)의 억압이면서 부정이다. 부정된 인간(성)은 노예다.
자유는 인간존재의 전부며 그 본질이다. 본질을 부정당했거나
박탈당한 상태는 자유가 아닐 뿐만 아니라 '인간' 자체가 아니
다. 자유인만이 진정한 의미에서의 인간이라 할 수 있다.** 『自由人,

자유인』(2006) 18면(강조는 필자)

그는 어떤 계급대중이나 민중이 아닌 자유인의 최종적 모습을 2004년 성균관대학교 양현재 콜로키움 강연에서 "우리는 시민이어야 합니다"라는 제목 아래 다음과 같이 내보이고 있다.

70년대와 80년대 말에 걸친 20년 동안은 지식인을 중심으로 해서 공장노동자와 일반사회인들이 사상적 혹은 의식적으로 코페르니쿠스적 대전환을 하던 때였습니다. 우리에게 극적인 변화와 정신 사상적, 문화적, 의식적 충격을 준 시기였습니다. 7,80년대는, 극우반공주의자만이 절대적으로 옳고 그밖의 일체의 것은 배격해야 한다고 가르쳤던 학교교육과 사회교육, 국가교육에 의해 물들었던, 반지성적인 머리를 완전히 해독하고 새로운 신념과 사상체계를 세운 지성사의 극적인 시기였습니다.

여러분들은 지금 최루탄이 어떤 모양이고 그 가스는 어떤 냄새가 나는지 잘 모르실 겁니다. 여러분은 무지 행복하고 다행스런 세대입니다. 당시 대학을 다녔던 사람들은 강의실에서 수업은 하루에 한두시간 받을까 말까 했고, 밤낮 데모하느라 경찰에 쫓겨 다녔습니다. 당시는 군대가 학교를 폐쇄했으며 워커를 신고 철모를 쓴 군인들이 강의실을 점령했습니다. 그런 때에 대학을 다녔던 여러분의 선배들은 지금 4,50대가 되었습니다. 그 선배들은 불행한 세대였습니다. 그러나 비인간화와 소외에 대해 항거하며 삶의 보람을 느꼈던 세대이기도 합니다.

잘 아시겠지만 소외는 어떤 결정 권한을 박탈당한 것만을 의미하는 것은 아닙니다. 철학적으로는 하나의 인간으로서의 정신적인 존재가 진정한 자율적이고 주체적이고 자기결정적인 인격체이기를 부정당할 때 소외라고 합니다. 여러분의 선배들은 7,80년대 이런 소외를 극복하기 위해 싸웠습니다. 자유로운 인간이고 정형성을 지닌 인간으로 민주주의적 시민이 되기 위해 불의에 항거했습니다.

여러분은 국민이라는 말을 쓰면 안 됩니다. 민주주의적 시민이라는 말을 써야 합니다. 국민이라는 것은 국가라는 상대적인 권위를 인정하고 그에 봉사하는 존재로서의 인간들을 말할 때 쓰는 말입니다. 우리나라에서는 해방 후 오늘날까지도 정치인들뿐만 아니라 심지어 결혼식장에서 주례사를 하면서도 '국민 여러분'이라는 말을 사용하기도 합니다. 무의식적으로 사회적 존재의 구성원인 스스로를 시민이라고 지칭하는 대신 국민이라는 말로 표현합니다. 이것은 벌써 소외의 상징적 표현입니다. 돈, 권력, 힘을 상징하는 국가라는 상위의 가치와 존재를 인정하고 그 밑에 존재하는 개개인들을 국민이라는 정치용어로 부르고 있습니다. 여러분들이 스스로를 국민이라고 부를 때 이를 소외라고 볼 수 있습니다.

우리는 시민이어야 합니다. 시민이란 어떤 권위나 권력도 어느 누구도 지배하지 않는 평등사회인 시민사회 속에 존재하는 주체적이고 독립적인 개인을 말하기 때문입니다. 그런데 해방 후 50년 동안 권위주의적인 지배자로서의 국가권력은 극우반공이라는 광적인 사상통제 수단을 가지고, 우리의 시민으로서의 삶을 부정하고 우리의 행동을 지배해왔습니다. 이런 지배에 항거하고 투쟁하며 죽어간 선배들은 시민으로서의 자기 존재를 위해 싸웠기에, 소외를 극복하며 삶에 귀중한 보람을 느낀 세대라고 말할 수 있는 것입니다.

민주주의 사회에서 시민은 독자성을 가지고 자기결정적이며 자유로워야 합니다. 진정한 의미의 자유인으로서의 시민의 삶은 자유로운 인간의 가치를 부정하고 억압하고 탄압하는 정의롭지 않은 것에 대해 항거하며 싸울 때 보람을 느낍니다. 그런 저항 없이 '편안한' 사회가 이루어진다면 우리에게 소망스러운 일이기는 하지만 우리 개개인의 삶에 있어서 의미랄까 뭐 이런 것이 박탈되거나 퇴색된 사회라고 볼 수 있지요.

우리는 항상 삶의 의미를 파악하고 가치를 찾아야 한 다고 봅니다. 그 시대에 선배들은 진정한 의미에서 독립 된 자유인으로서의 삶을 살았습니다. 여러분은 그런 고 통과 고민과 쓰라림과 두려움 그리고 언제 잡혀갈지 모 르는 위협과 고통 없이 지낼 수 있는 행복한 세대이니 만큼 공동으로 영위해나가는 우리 사회에 대해 좀더 관 심을 가지고 부정에 대해서 항거할 수 있는 자율적인 삶 을 살았으면 합니다. 「반지성적이고 반이성적인 대한민국」, 박상환 엮음 『21세기 첫 십년의 한국』 14~17면

리영희 스스로 말하는 삶의 지향점이 이 강연에서만큼 정확하게 표출된 적은 없었다. 여기서 그는 자기의 온갖 활동의 최종 근거가 '진정한 자유인의 독립된 삶'을 살아 야 한다는 철학에서 나온 것임을 천명하면서, 그 역사적 현존이 '민주주의적 시민'임을 압축적으로 개념화하고 있 다. 이제 '리영희 능력'을 통해 확보되어왔던 '리영희 영 향'의 핵심은 바로 민주시민이 되기 위한 그의 긴 역정이 었음이 명백하게 밝혀진다.

대한민국이 민주국가로서 지속적으로 발전하고자 한다 면, 그리고 이 점에 누구나 동의한다면, 대한민국 민주주의 를 고도화하여 민주주의가 시민의 힘이 될 수 있는 정도까

지 진화해야 할 것이다. 이를 위해서는 민주주의적 시민능력을 높이는 것이 필수이고, '리영희 영향'을 통해 역사적으로 실증된 '리영희 능력'을 대한민국 주권자인 시민의 시민능력 진화의 모델로서 재정립하는 작업이 철학적으로나 실천적으로 꼭 필요하다. 그리고 그런 시민능력의 기본이 철학하는 시민의 자존감이라고 할 때, '철학시민' 리영희의 능력은 저항의 시대뿐만 아니라 전 지구적 문제에서 대안을 모색할 때에도 최선의 정신적 자질이 될 것이다. 지금이야말로 리영희의 철학을 연구하고 학습할 때다.

함께 읽을거리

강준만 엮음『한국 현대사의 길잡이 리영희』, 개마고원 2004.

고병권 외『리영희 프리즘: 우리 시대의 교양』, 사계절 2010.

김만수『리영희: 살아있는 신화』, 나남 2003.

김삼웅『리영희 평전: 시대를 밝힌 사상의 은사』, 책보세 2010.

박병기「리영희론: 휴머니즘으로서의 이데올로기 비판」, 리영희『반세기의 신화』, 한길사 2006.

박상환 엮음『21세기 첫 십년의 한국: 우리시대 희망을 찾는 7인의 발언록』, 철수와영희 2008.

2부

역사를
읽다

박태균

백승욱

서중석

『베트남전쟁』이후 30년,
베트남전쟁을 어떻게 기억할 것인가?

/ 박태균

왜 『베트남전쟁』을 썼을까?

리영희의 『베트남전쟁』이 출간된 것은 1985년이다. 당시는 한국 사회가 민주화로 갈 것인가, 아니면 오랜 독재의 암흑이 더 이어질 것인가를 결정하는 중요한 길목이었다. 시민사회는 1980년 '서울의 봄'을 허망하게 놓친 후 다시 독재체제하에서 민주주의라는 새로운 희망을 갈구하고 있었다.

학계에서는 분단과 독재의 오랜 터널 속에서 수많은 역사 왜곡과 은폐를 뚫기 위한 노력을 본격적으로 시작하고 있었다. 현실 속에서 역사를 직시하고자 한 강만길과 리영희, 정창렬 등이 해직교수가 되면서 잠시 찬바람이 불기도 했지만, 『해방전후사의 인식』 시리즈와 함께 브루스 커밍스(Bruce Cumings)의 『한국전쟁의 기원』은 학계뿐만 아니라 사회 전체에 큰 충격을 주었다.

왜 이 시점에서 리영희는 『베트남전쟁』을 출간했을까? 수정주의의 영향을 받았기 때문일까? 사실 리영희가 수정주의와 소통했다는 것을 전적으로 부인할 수는 없지만, 그의 '베트남전쟁'에 대한 관심과 출간은 단지 새로운 학문적 경향과 시대적 흐름 때문만은 아니었던 것으로 보인다. 수정주의 학파가 소개되기 이전에 그는 이미 중국의 현실을 '반공'이라는 색안경 없이 바라보고자 했기 때문에 오히려 세계 수정주의의 선구자라 할망정 그것을 따랐다고 할 수는 없다.

『베트남전쟁』의 서문에서 리영희는 이 책을 출간한 이유를 분명히 밝힌다. 전쟁이 끝나고 10년이 지났지만, 아무도 이 전쟁에 대해 정리하지 않고 있다는 것이다. 그리고 10년밖에 지나지 않았지만, 그 누구도 이 전쟁을 기억하지 못한다는 것이다. 한국 역사상 가장 큰 규모의 부대를 해외에 파병했고, 10여년이라는 오랜 기간 동안 5,000명이 넘는 한국군이 해외에서 사망했다. 한국이 도와주기 위해 갔던 나라가 패망했기 때문에 파병의 근본적인 목적 달성에도 실패했다.

그로부터 10년밖에 지나지 않았건만 그 누구도 그 전쟁

뿐만 아니라 애국과 반공의 이름으로 그 전쟁에 보내졌다가 죽거나 다친 사람들을 기억하지 못하고 있었다. 또한 한국 역사상 처음으로 장기간 파병을 했고 큰 희생을 치렀음에도 한국 사회는 그로부터 어떤 교훈도 얻지 못했다. 아니 그 교훈에 대해서는 어떤 얘기도 없었다.

만약 교훈이 있었다면, 1975년 남베트남 정부가 패망하기 직전에 유신정부가 발표했던 성명이 유일하다고나 할까? 남베트남 정부 패망(4월 30일) 직전에 발표된 한국 정부의 성명은 세가지 내용을 담고 있었다. 첫째로 '공산당을 믿지 말자', 둘째로 '강대국을 믿지 말자', 그리고 마지막으로 '분열하면 망한다'는 것이었다. 그러고 나서 5년도 지나지 않아 유신정부는 몰락했다. 성명을 발표했던 박정희 대통령의 죽음과 함께. 그리고 유신정부하에서의 교훈은 그로부터 40년이 지난 지금까지도 동일하게 기억되고 있다.

과연 그 교훈은 한국 사회의 현재와 미래에 도움이 되는 것이었을까? 그랬다면 유신정부가 그렇게 허망하게 붕괴될 수 있었을까? 역사적 사건의 교훈이 잘못되었다면, 그것은 그 사건에 대한 잘못된 기억과 해석으로부터 나오는 것이다. 그렇다면 한국 사회는 베트남전쟁에 대해 객관적인 기억을 갖고 있지 못하며, 편향되거나 왜곡된 해석을 내리고 있는 것은 아닐까? 바로 이 점이 리영희의 문제의식이었다. 그리고『베트남전쟁』을 통해 한국 사회에 객관적 인식을 통한 의미있는 교훈을 주려 했다.

  그렇다면 리영희의『베트남전쟁』으로부터 30년이 지난 오늘 한국 사회는 베트남전쟁을 어떻게 기억하고 있을까?『베트남전쟁』이 한국 사회의 집단적 기억을 바꾸어놓았는가? 결론부터 말하자면 30년 전이나 지금이나 별로 변한 것이 없다. 현재 나타나고 있는 인식의 일단을 보자.

  공식 사이트는 아니지만, 파병부대 중 하나인 맹호부대를 소개하는 글에서는 "적 사살 18,000여명, 포로 획득 3,000여 명 등의 전공을 세우며, 한국군의 명성을 세계만방에 떨치게 하였습니다"라고 한국군의 활약을 크게 평가하고 있다. 아울러 당시 베트남의 지도자 호찌민(胡志明)이 "한국군을 만나면 무조건 피하라"라고 하면서 특히 "맹호를 만나면 모든 작전을 취소하고 철수해 병력과 장비 등 인민의 재산을 보존하라"는 지시를 내렸다는 사실을 소개하고 있다.http://
blog.naver.com/PostView.nhn?blogld=hl5njp&logNo=31118919(2016년 6월

10일 검색)

  베트남전쟁에 대한 인식은 어떠한가? 국가기록원 사이트를 보면 '경제 발전에 대한 기여' '국군 현대화' 그리고 '한국군이 약체가 아니라는 것을 전 세계에 알렸다'는 점에 주목하고 있으며 베트남전쟁 자체에 대해서는 어떤 언급도 하지 않고 있다.http://theme.archives.go.kr/next/koreaOfRecord/

(2016년 6월 10일 검색) 한국의 역사교과서에서 베트남전쟁은 한국전쟁과 같이 자유국가인 남베트남과 공산독재국가인 북베트남 사이의 '남북전쟁'으로 규정되고 있으며, 그 전쟁의 결과에 대해서는 전혀 언급하지 않는다.

한국에서 베트남전쟁에 대한 평가는 다음 세가지 전제에 기초하고 있다. 첫째로 미국의 베트남전쟁 개입은 공산주의 확산을 막기 위한 것이었으며, 한국 정부는 우방의 입장에서 파병을 결정했다. 둘째로 한국군 파병은 경제성장이라고 하는 국익에 복무했기 때문에 정당하다. 셋째로 전쟁에서 승리하지 못한 것은 남베트남 자체의 분열 때문이었다. 어쩌면 리영희가 『베트남전쟁』을 출간했던 30년 전으로부터 한발자국도 더 나아가지 못한 인식이 계속되고 있는 것이다. 한국 사회는 왜 이렇게 편향되고 부분적인 기억과 인식만을 갖고 있는 것일까?

이는 다른 나라에서의 인식과는 다르다. 미국뿐만 아니라 유럽과 일본의 역사서에 나타나는 베트남전쟁에 대한 평가는 매우 부정적이다. 특히 미국에서의 일반적 평가는 '잘못된 곳에서, 잘못된 시기에, 잘못된 적에 대해, 잘못된 전략으로 싸운, 잘못된 전쟁'이라는 것이다. 전쟁 시기에는 미국과 전 세계에서 베트남전쟁 개입에 반대하는 시위가 광범위하게 발생했으며, 그 이후에도 베트남전쟁은 미국의 실패한 대외정책의 상징적인 사례로 평가되고 있다.

어쩌면 베트남전쟁이 끝난 1975년 이후 한국 사회가 너무나 많은 변화와 굴곡을 겪어서 베트남전쟁을 성찰할 만한 여유가 없었기 때문일 수도 있다. 그러나 근본적으로는 한국 사회가 베트남전쟁에 대한 본질적인 질문을 회피하고 있기 때문이다. 『베트남전쟁』에서는 베트남전쟁 이전의 역사와 미국의 참전 이유, 그리고 빠리 평화협상에 대해 분석하고 있기 때문에 이 글에서는 베트남전쟁에 대한 인식과 기억을 온전히 하기 위해 다음과 같은 몇가지 질문을 던지고, 그에 답하도록 하겠다.

첫째로 미국과 한국은 왜 베트남에 갔는가? 베트남 파병은 정당하고 적절한 결정이었는가? 둘째로 한국의 파병 목적은 무엇이었는가? 그 목적은 달성되었는가? 셋째로 미국과 한국군은 베트남전쟁에서 승리한 것인가? 그리고 마지막으로 베트남전쟁에 대한 사회적 기억은 현재 한국 사회에서 어떻게 작동하고 있는가?

한국전쟁의 트라우마: 미국의 베트남전쟁 개입

미국의 베트남전쟁 개입은 대체로 도미노 이론으로 설명된다. 케네디와 존슨(L.B. Johnson) 대통령이 베트남전쟁에 개입하면서 발표한 내용은 베트남이 공산화되면 가까이에 있는 라오스와 캄보디아는 물론, 태국부터 싱가포르와 인도네시아에 이르는 모든 동남아시아 국가들이 공산화될 가능성이 있다는 것이었다. 실제로 베트남이 사회주의 국가로 통일되면서 라오스와 캄보디아에도 공산주의 정권이 들어섰다. 그러나 다른 동남아시아 국가는 그렇지 않았다.

　지리적으로 보더라도 도미노 이론의 주장은 무리가 있다. 베트남은 동남아시아 국가 중에서 동쪽 끝에 있기 때문에 지역 내에서 영향력이 절대적이지 않다. 만약 태국이나 인도네시아를 놓고 도미노 이론을 주장했다면, 어느정도 설득력이 있었을지 모르지만, 베트남의 경우 지정학적으로 동남아 전체에 대한 영향력보다는 중국과 국경을 접하고 있다는 것이 더 중요한 조건이 될 수 있다. 미국과의 전쟁이 끝난 지 40년이 지난 오늘 미국이 베트남과 우호적인 군사관계를 맺고자 하는 것 역시 다른 동남아시아 지역에 대한 고려보다는 중국을 봉쇄하고자 하는 의미가 더 크다는 점은 누구나 알고 있는 사실이기도 하다. 그렇다면 베트남전쟁 개입의 이유는 무엇이었을까?

　미국이 베트남에 본격적으로 전투부대를 파병하기 시작한 것은 1965년이다. 이는 1965년을 전후해 동남아시아에서 미국의 주도권을 위협할 수 있는 중요한 사건이 발생했기 때문이었다. 먼저 미국은 인도네시아에 대해 심각한 고려를 해야 했다. 1955년 인도네시아의 반둥에서 '비동맹회의'가 개최되었고, 이후 인도와 이집트, 그리고 인도네시아를 중심으로 제3세계가 형성되었다. 식민지에서 해방된 개발도상국들이 냉전체제하에서 미국이나 소련의 주도권 아래에 종속되는 것을 거부한 것이다.

이후 공산권에서 중국과 북한이 비동맹회의에 합류했다. 이러한 상황에서 중국의 지도자였던 저우 언라이는 1964년 인도네시아에서 공산혁명이 가능할 것이라는 발언을 했다. 인도네시아에는 많은 화교들이 있으며, 대부분이 인도네시아 공산당 소속인데, 이들을 중심으로 한 공산주의 혁명이 가능할 수 있다고 본 것이다.https://www.youtube.com/watch?v=gthP7IOWB1Y(2016년 6월 20일 검색) 인도네시아는 동남아시아에서 가장 인구가 많은 국가이며, 전 세계에서 가장 큰 회교 국가였다. 인도네시아의 공산화는 동남아시아에서 미국의 주도권에 치명적인 손상을 줄 수 있었다. 미국이 동남아시아 조약기구(SEATO)를 만들면서까지 지키고자 했던 일본의 경제적 배후지가 흔들릴 수 있는 순간이었다.

급기야 1964년 중국이 핵실험에 성공했다. 미국 정부의 눈에는 베트남의 공산화가 곧 핵무기를 보유한 중국의 세력 확대를 의미했다. 중국은 한국전쟁을 통해 이미 그 위력을 보여주었으며, 미국은 중국 개입 이후 한국전쟁에서의 완전한 승리를 포기해야 했던 경험이 있었다. 미국 정부는 베트남의 공산화를 중국의 영향력이 동남아시아로 확대될 수 있는 결정적 교두보를 마련하는 과정으로 파악했던 것이다.

이렇게 베트남과 인도네시아에서 동시에 공산화가 진행된다면 이 지역에서 미국의 주도권이 중국으로 넘어갈 가능성이 컸다. 바로 이 점이 1964년 통킹만 사건을 계기로 미국이 본격적으로 베트남전쟁에 개입하게 되는 주요한 이유가 되었다. 이는 마치 1949년 소련의 핵실험과 중국의 공산혁명 직후 미국이 세계전략을 바꾸고 북한의 남침에 대응해 한반도에 개입한 것과 비슷한 상황이었다. 베트남에서 전쟁을 수행하는 동안 인도네시아에서는 1965년을 통해 공산주의자들에 대한 대학살이 일어난 것도 모두 이 때문이었다.

그렇다면 미국의 판단은 올바른 것이었을까? 미국은 몇 가지 오해를 한 것으로 보인다. 첫째로 베트남과 중국의 관계다. 베트남과 중국은 역사적으로 그리 가까운 관계가 아니었다. 전통시대의 중한관계와는 차이가 있었다. 전통시대의 베트남은 조선과 마찬가지로 중국으로부터 유교와 선진문물을 받아들였고, 조공관계를 통해 강대국 곁에서 생존하려 했지만, 조선과는 지정학적 위치가 달라 중국과의 관계가 순탄치만은 않았다. 조선의 경우 한쪽에는 중국이 있었지만, 다른 한쪽에는 해양 강국인 일본이 있었다. 조선은 생존을 위해 어느 한쪽에 의존해야 했고, 문명적으로 더 발전한 중국에 의존하는 것이 어쩌면 당연했다. 그러나 베트남의 주변국으로는 중국과 함께 라오스와 캄보디아가 있었다. 베트남은 인도차이나 지역에서 최대 강국이었기 때문에 라오스와 캄보디아에 대한 주도권을 유지해야 했고, 이를 놓고 중국과 대결해야 했다. 결과적으로 중국과 계속 대립할 수밖에 없었으며, 이 문제로 중국은 베트남이 통일한 지 3년밖에 되지 않은 1979년 시점에 베트남을 침공하는 상황이 발생하기도 했다. 베트남이 통일 이후 라오스와 캄보디아의 내정에 개입하자, 중국은 자신들의 주변국이기도 한 두 나라에 대한 베트남의 개입을 더이상 용인하지 못했던 것이다.

실제로 전쟁 기간에도 베트남은 중국보다 소련과 더 가까운 관계를 유지했다. 중국의 지원을 받지 않은 것은 아니었지만, 베트남은 전쟁 기간을 통해 중국에 대한 섭섭함이 적지 않았다. 1954년 미국이 주장한 17도선에 중국이 동의한 점, 1961년 라오스 평화중재안에 중국이 동의한 점, 1968년 미국과의 평화협상에 중국이 반대한 점, 그리고 1972년 닉슨(R.M. Nixon)의 중국 방문을 허가한 점 등이 모두 북베트남 공산당에게는 섭섭함으로 남았다.

이러한 중국과 베트남의 관계를 고려한다면, 미국의 개입 없이 베트남이 공산화되었다고 해서 중국의 영향력이 베트남을 포함한 인도차이나, 더 나아가 동남아시아 전체에 확대되리라고 보는 것은 오해이지 않았을까? 오히려 베트남은 공산화 이후에도 중국과 대립하는, 마치 유고나 알바니아와 소련의 관계와 유사한 관계가 되지 않았을까? 이 점을 고려한다면 미국의 베트남 개입은 중국과 베트남, 그리고 중국과 여타 동남아시아 국가 사이의 관계에 대한 오해에서 비롯했다고 판단할 수 있다.

미국은 이 전쟁이 한국전쟁과 다르다는 것을 고려하지 않았다. 한국전쟁이 실체가 있는 정부 간의 전쟁이었다면, 베트남전쟁은 기본적으로 시민전쟁이었다. 북베트남이 깊숙이 개입한 것은 사실이지만, 미국의 지원을 받는 남베트남 정부와 남베트남 정부에 반대하는 남베트남 게릴라 사이의 전쟁이 본질이었다. 북베트남에서 남베트남으로 파견하는 게릴라들도 대부분 남베트남 출신이었다. 국가나 정부 간의 전쟁이 아닌 시민전쟁에 외부의 군대가 개입해서 소기의 목적을 달성하기는 쉽지 않다. 시민전쟁이 일어나는 경우 일국 내의 복잡한 정치적 상황이 그 요인이 되기 때문에 외부의 개입을 통해서 상황을 바꾸는 것은 쉽지 않다. 스페인 내전이 그 대표적 예인데 미국 정부는 그 교훈을 되새기지 못한 것이다.

한국군 참전의 목적

미국이 베트남에 개입한 또다른 이유는 미국이 지원을
하면 남베트남 정부가 안정될 것이라는 판단이었다. 이는
1960년대 이후 한국에서의 성과와 깊이 연관된다. 1950년
대 한국은 미국이 원조하는 동맹국 중에서 가장 희망이 없
는 곳이었다. 이러한 상황에서 4·19 혁명과 5·16 쿠데타가
일어나면서 점차 한국에 대한 평가가 바뀌기 시작했다. 혁
명 이후의 민주당 정부와 쿠데타 이후의 박정희 정부는 경
제제일주의를 내세우며 경제개발계획을 적극적으로 입
안·추진했다. 그 결과 1964년 이후 경제성장의 효과가 나
타나기 시작했고, 1964년의 6·3 사태 이후 정치적으로도
안정적 상황을 유지하게 되었다. 미국은 남베트남에서도
한국과 같은 상황이 가능할 것으로 판단했던 것 같다.

남베트남에서 군사전략을 추진하면서도 경제성장을 위
한 원조를 멈추지 않았고, 농촌지역에 전략촌을 지정해 지
역개발운동을 적극적으로 추진했다. 남베트남에 경제성장
이 이루어진다면, 베트콩이나 북베트남 공산당에 대한 베
트남 사람들의 지지가 감소할 것으로 판단했던 것이다. 미
군이 철수하는 과정에서 남베트남 주재 미국 부대사로 전
주한미국대사였던 새뮤얼 D. 버거(Samuel D. Berger)를
임명한 것도 이와 무관하지 않았다. 버거 대사는 5·16 쿠

데타 직후 군사정부를 안정시키고 박정희의 역할을 강화하는 일을 했다.

미국의 이러한 평가도 잘못된 것이었다. 남베트남 정부는 한반도 남쪽의 정부와 달랐다. 베트남 사람들은 프랑스와 미국에 의지하고, 민중의 불교보다는 가톨릭을 지지했던 남베트남 정부를 지지하지 않았다. 19세기 말 개화파에서부터 일제강점기 우파 민족주의 운동을 주도했던 한국의 보수세력들은 한반도 남쪽의 대한민국 정부에서 탄탄한 기반을 구축했다. 이와 달리 남베트남의 보수세력은 그리 강력한 기반을 갖추지 못했다. 결과적으로 미국은 중국뿐만 아니라 베트남의 상황에 대해서도 잘못 판단하고 있었던 것이다.

이런 상황에서 미국 정부는 한국 정부에 파병을 요청했다. 미국은 아시아 동맹국의 부대가 함께할 경우 베트남 사람들의 반발이 덜할 것으로 판단했다. 미국의 베트남 개입에 대해 유럽과 아시아의 주요 동맹국들은 환영하지 않았다. 영국과 프랑스, 독일은 참전을 거부했고, 일본도 참전할 수 없는 상황이었다. 특히 일본에서는 미국과의 안보조약에 대한 반대와 함께 전쟁 반대시위가 고조되고 있었다.

결국 미국이 선택한 동맹국은 미군이 주둔하고 있던 한국과 필리핀, 베트남의 인접국인 태국, 그리고 동남아시아에 이해관계를 갖고 있던 호주와 뉴질랜드였다. 이들 국가는 미국과의 관계를 고려할 때 참전 요구를 거절하기 힘들었다. 특히 한국은 한국전쟁 시기 미국의 도움을 받기도 했거니와 한미동맹을 강화할 필요가 있었다. 미국의 입장에서 볼 때 한국군을 비롯한 필리핀군과 태국군은 미군에 비해 적은 월급으로 동원할 수 있다는 이점도 있었다.

물론 한국군의 파병은 간단한 문제가 아니었다. 왜냐하면 스스로 방위를 못해 외국군이 주둔하고 있는 상황에서 다른 나라를 도와주러 간다는 것이 논리에 맞지 않았기 때문이다. 당시 한국의 일부 국회의원과 전문가들의 파병 반대 주장도 이러한 점 때문이었다. 그러나 한국 정부에게는 또다른 고민이 있었다. 그것은 미국 정부가 1950년대부터 추진해왔던 주한미군과 한국군의 감축 정책이었다.

미국은 1950년대부터 한국에 대한 원조를 감축하고자 했다. 한반도의 전쟁이 완전히 끝나지 않고 정전체제가 계속되는 상황이었기 때문에 주한미군과 거대한 규모의 한국군을 유지해야 했지만, 거기에 들어가는 돈을 계속 감당하기는 어려웠다. 미국의 자원이 한정되어 있는 상황에서 한반도 외에 다른 지역에도 원조를 해야 했기 때문이다. 특히 1954년 한미합의의사록을 통해 한국군의 작전통제권을 유엔군사령관 겸 주한미군사령관이 통제하는 대신에 한국군의 유지비를 지원하기로 한 만큼 한국군의 규모를 감축하지 않고서는 한국에 대한 원조를 줄이기 어려웠다.

이에 미국은 1954년부터 주한미군과 한국군 감축을 위해 노력했고, 1958년에는 주한미군에 핵무기를 배치함으로써 주한미군 감축으로 생기는 군사력의 공백을 메우고자 했다. 그러나 한국 정부는 한국군과 주한미군의 감축을 원하지 않았다. 북한의 공격을 막기 위한 안보적 이유도 있었지만, 정권의 가장 중요한 기반이 되는 군인 감축은 정치적으로 불리한 것이었다. 결국 한국 정부가 추진한 정책이 한국군의 해외 파병이었다. 만약 한국군을 해외에 파병해서 미군을 돕는다면, 주한미군이나 한국군을 감축하지 않을 것이라고 판단했던 것이다.

한국 정부는 1950년대에 이미 인도네시아와 베트남에 파병하겠다는 의사를 미국 정부에게 전달한 적이 있었고, 1961년 5·16 쿠데타 직후에도 베트남 파병 의사를 밝혔다. 물론 미국 정부는 이러한 한국 정부의 요구를 받아들이지 않았다. 미국이 인도네시아나 베트남에 본격적으로 파병하지 않은 상황이었고, 미군이 도와주고 있는 한국에서 오히려 다른 나라를 돕겠다고 파병한다는 것을 미국 사회에 설득시킬 수 없었기 때문이었다.

그러나 통킹만 사건 이후 미국이 전투부대를 본격적으로 파병하면서 상황이 바뀌기 시작했다. 이제 한국군이 필요했다. 초기에 한국 정부가 파견한 의무부대나 태권도부대만으로는 전쟁을 수행할 수 없었다. 그래서 1965년부터 한국의 전투부대가 파병되기 시작했다. 한국 정부로서도 주한미군의 일부가 베트남 전선으로 가는 것보다 주한미군의 규모를 유지하면서 한국의 전투부대를 파병하는 것이 더 좋은 방안이라고 판단했다. 주한미군은 북한의 남침을 막는 가장 중요한 역할을 하고 있었고, 한국군이 파병된다면 원조를 통해 한국군을 더 증강시킬 기회가 될 수 있었다.

이처럼 초기 파병의 이유는 주한미군을 유지함으로써 북한의 남침을 막고 한미관계를 강화한다는 목적이 강했다. 전투부대를 파병하고 나서 미국이 1966년 주한미국대사 브라운(W.G. Brown)을 통해 각서를 체결하며 한국에 대한 특별원조와 파병군인의 전투수당 지급을 약속하면서 경제적 목적이 추가되었고, 이후에는 경제적 목적 역시 주요해졌다. 하지만 근본적으로는 한국군과 주한미군의 감축, 그리고 한미동맹이 중심이었다.

파병의 결과

한국 정부는 파병을 통해 많은 돈을 벌었다. 파병된 군인들의 전투수당이 주 수입원이었다. 한국군의 베트남 파병 기간인 1965년에서 1972년 사이 한국이 벌어들인 전체 무역 외 수입 중에서 군인들의 전투수당 송금액이 19퍼센트를 상회했다. 한국군뿐만 아니라 베트남에서 근무하는 노동자와 기술자의 월급 송금 역시 중요한 수입원이었다. 영화 〈국제시장〉(2014)에도 나오는 노동자의 수는 파병 군인의 5분의 1도 되지 않았지만, 전체 무역 외 수입 중 16.5퍼센트를 차지했다. 무역 외 수지(외환 수입 전체의 72퍼센트)가 무역 수지의 두배 이상이었음을 볼 때 수당으로 번 돈의 규모가 적지 않았음을 알 수 있다.

〈표 1〉에서 볼 수 있듯이 베트남전쟁에서의 수입이 한국 경제에 미친 영향도 매우 컸다. 전쟁 특수로 인한 수입의 총액이 외환보유고와 수출, 그리고 무역 외 수지에서 차지하는 비중은 1968년의 경우 전체의 40퍼센트 내외에

〈표 1〉 베트남전쟁 특수가 한국 경제에 미친 영향 (단위: 100만 달러)

연도	특수총액 (A)	GNP (B)	수출총액 (C)	외화 보유고(D)	무역 외 수지(E)	A/B (%)	A/C (%)	A/D (%)	A/E (%)
1965	19.5	3,006	175	138	125.8	0.6	11.1	14.1	15.5
1966	81.1	3,671	250	236	238.4	1.7	24.4	25.9	25.6
1967	151.3	4,274	320	347	375.2	3.5	47.3	43.6	40.3
1968	168.6	5,226	455	388	424.5	3.2	37	43.5	39.7
1969	200.4	6,625	623	550	497.1	3	32.3	36.5	40.3
1970	204.6	7,834	835	584	490.7	2.6	24.5	35.1	41.7
1971	133.3	9,145	1,068	535	486.6	1.5	12.5	24.9	27.4
1972	83.2	10,254	1,624	694	579.2	0.8	5.1	12	14.4

박근호 「한국의 경제발전과 베트남전쟁」 39면

달했다. 베트남 파병이 없었다면 한국의 경제개발계획이 실시될 수 없었다고 주장할 수 있을 정도로 큰 액수였다. 돈뿐만 아니라 한국군 파병의 대가로 미국이 지원해준 군수산업의 유치, 그리고 한국과학기술연구소(현재 한국과학기술연구원)의 설립 역시 경제적으로 중요한 성과였다.

그러나 한국 정부의 본래 목적은 안보와 한미동맹 강화였다. 외화 획득은 초기의 기본 목적은 아니었다. 그렇다면 한국군 파병의 본래 목적은 달성되었는가? 파병 직후 상황을 보면 그렇다고 할 수 있다. 주한미군과 한국군의 감축을 막음으로써 북한의 오판을 막고 한반도의 안정을 유지하는 것이 기본 목적이었는데, 1970년까지 주한미군은 7만명 수준에서 유지되었으며, 북한의 도발도 1965년에 비하여 1966년에 감소했기 때문이다.

이러한 상황은 1967년 이후 갑자기 변하기 시작했다. 〈표 2〉에서 볼 수 있듯이 DMZ 내에서 벌어진 남북 간의 충돌 횟수는 1967년 갑자기 급증했다. 한국의 전투부대를 파병한 지 2년도 되지 않아 발생한 일이었다. 1967년 말 유엔군 사령관과 한국의 중앙정보부장은 기자회견을 열어 이듬해에는 북한에 의해 제2의 한국전쟁이 일어나거나 게릴라전이 발생할 가능성이 있다는 의견을 밝혔다. 도대체 왜 갑자기 이런 일이 일어났는가?

북한은 1966년 조선노동당 당대표자대회를 열었다. 그

〈표 2〉 1965∼67년 남북 간 교전 상황

	1965	1966	1967
DMZ 군사충돌	42	37	423
DMZ 남측 군사충돌	17	13	120
북한군 사망자	4	43	224
UN군에 포획된 북한군	51	19	50
UN군 사망자	21	35	122
UN군 사상자	6	29	279
남한 경찰 사망자	19	4	22
남한 경찰 사상자	13	5	53

FRUS 1964∼68; 『조선일보』 1967년 12월

리고 북한은 북베트남과 베트콩을 돕기 위하여 한반도에
서 위기를 고조시키는 전략을 채택했다. 북한으로서는 베
트남에 직접 파병할 수가 없었다. 미군이 남한에 주둔하고
있었기 때문이다. 또한 북한과 중국은 1965년 한일협정을
계기로 일본의 군사적 역할이 더 커질 것이라는 위기감도
느끼고 있었다. 따라서 북한 정부는 직접 파병보다는 한반
도에 안보위기를 조성함으로써 한국의 전투부대를 베트남
에 더 파병할 수 없는 상황을 만들고자 했다.

　실제로 미국은 더 많은 한국의 전투부대를 원하고 있었
다. 한국군의 유지비가 싸기 때문이기도 했지만, 미국 내
에서 반전운동이 확산되면서 더이상 미군을 증강시키기
어려웠기 때문이다. 베트남 주둔 미군사령관은 1968년 구

정공세(舊正攻勢)를 기점으로 베트콩과의 싸움에서 승기를 잡을 수 있을 것이라고 판단했고, 더 많은 파병을 요청했다. 미군을 더 보낼 수 없는 상황에서 한국군은 그 대안이 될 수 있었다. 그러나 1968년 1월 미국의 정보함이 북한의 영해를 침범했다는 혐의로 납치된 푸에블로호 사건과 북한의 특수부대 소속 군인 31명이 침투해서 청와대를 습격했던 사건 등의 안보위기로 결국 한국군의 추가 파병은 이루어지지 않았다.

이 과정에서 한국군 전투부대의 파병은 한반도의 안보상황을 안정시키기보다 더 악화시켰다. 게다가 한미관계 역시 악화되었다. 미국의 가장 중요한 동맹국들이 베트남 파병을 거부한 상황에서 한국 정부가 파병했다는 것은 한미관계가 개선되는 중요한 계기가 될 수도 있었다. 실제로 미국 정부는 베트남에 미군 다음으로 큰 규모의 전투부대를 파병한 한국 정부를 특별하게 대우했다. 특별한 원조를 했고, 박정희 대통령을 초청해 뉴욕에서 카퍼레이드를 할 수 있게 했으며, 존슨 대통령은 1966년 한국을 방문해 박정희 대통령에 대한 지지를 표하기도 했다.

그러나 한미관계의 이러한 밀월은 오래가지 못했다. 1969년 닉슨 대통령의 취임 직후부터 한미관계는 점점 악화되었다. 닉슨 대통령은 베트남에 대한 개입을 멈추겠다는 공약으로 당선되었다. 취임 직후 괌에서 아시아에 대한 개입 축소를 골자로 하는 독트린을 발표했고, 1971년에는 베트남의 미군을 감축할 뿐만 아니라 주한미군도 1개 사단을 감축했다. 한국군이 베트남에 있는 동안에는 주한미군 규모에 변동이 없을 것이라는 존슨 대통령의 공약이 휴지조각이 된 것이다. 박정희 정부는 닉슨 행정부의 주한미군 감축 정책으로 큰 충격을 받았다. 미국 정부는 판문점 군사정전위원회의 유엔군 측 대표를 한국군으로 교체하는 것도 고려했다. 주한미군이 감축될 경우 더이상 공동경비 구역을 맡기 어려웠고, 일부 감군이 아니라 주한미군 전체의 철수까지도 고려하고 있었기 때문이다. 미국에 대한 박정희 정부의 신뢰에 금이 가기 시작했다.

유신체제의 수립은 한미관계 악화의 또다른 원인이 되었다. 미국 정부로서는 동맹국이 민주주의 체제를 갖추기를 원했다. 민주주의는 미국의 세계전략에서 중요한 상징이었다. 미국이 1952년 부산 정치파동과 1963년 군사정부의 민간정부로의 이관 번복에 대해 강력하게 반발하며 개입했던 것도 민주주의라는 상징을 지키기 위한 것이었다. 그러나 미국은 1972년의 유신체제 선포에는 개입하지 못했다. 1971년 주한미군 1개 사단 철수로 말미암아 더이상 한국의 내정에 개입할 수 있는 힘을 잃었기 때문이다.

유신체제 수립은 한미관계가 최악으로 가는 신호탄이었다. 미국은 베트남전쟁 반대여론에 힘입어 점차 인권외교를 강화해나갔다. 미 의회에서는 독재국가인 한국에 대한 미국 정부의 원조를 계속 비판했다. 유엔은 이제 남한뿐만 아니라 북한도 참관인으로 초대하기 시작했다. 1976년에는 판문점에서 미군 장교 두명이 북한군에 의해 살해되는 사건이 발생해 전쟁 직전 상황에 이르기도 했다. 그리고 1977년 카터 행정부에 이르러 독재국가인 한국에 무기 판매를 금지하는 법안이 통과되었다. 같은 해 한국 정부가 미국의 국회의원들에게 뇌물을 주고 반유신운동을 하는 교민들을 불법으로 사찰한, '코리아게이트'라 불리는 사건이 발생했다. 미국 의회는 한국 정부의 불법활동에 대한 청문회를 시작했다.

이러한 상황을 고려한다면, 베트남전쟁을 통해 한미관계를 개선하려던 목적이 달성되었다고 할 수 있을까? 안보에도 문제가 발생했다. 남북적십자회담(1971)과 7·4 남북공동성명(1972)이 있기는 했지만, 남북관계는 더 악화되었다. 그렇다면 전투부대의 베트남 파병을 통해 한국 정부와 한국 사회가 얻은 것은 무엇인가? 5천명이 넘는 한국군이 베트남에서 희생되었는데 한국 정부는 소기의 목적을 달성했는가?

모든 역사교과서에서 지적하듯이 베트남전쟁을 통해 한국은 돈을 벌었다. 그러나 그 돈이 과연 떳떳하게 번 돈인가? 결과보다는 과정을 중요시해야 한다고 후손들에게 얘기하면서, 과연 우리는 그 과정에 대해 얼마나 고민해보았는가? 게다가 베트남전쟁으로 외화가 쏟아져 들어오는 시점에 한국 사회는 첫번째 경제위기를 경험했다. 1969년부터 부실기업이 속출한 것이다.

정부에서는 청와대에 부실기업 정리를 위한 대책반을 꾸렸다. 청와대의 조사 결과 1967년 이후 기업들이 정부의 보증으로 너무 많은 외채를 쓰기 시작했고, 들어온 외채는 설비 확충을 통한 생산에 쓰인 것이 아니라 부동산 투기를 비롯한 회사의 운영자금으로 쓰였다는 것을 파악하게 되었다. 그 결과 회사의 채무가 늘어났고, 회사들은 이러한 상황을 극복하기 위해 은행 빚뿐만 아니라 사채까지 쓰게 되면서 부실기업의 위기가 확대되었다. 이러한 상황은 1960년대를 통해 잘 진행되고 있었던 경제개발계획 전체를 위협할 수도 있었다.

정부는 부실기업을 조사해 부동산을 처리해서 채무를 해결하도록 하려 했지만, 그것도 쉽지 않았다. 미국의 경제사정 또한 안 좋아지면서 기업이 수출을 통해 건전성을 회복하기도 어려워졌다. 결국 정부가 내놓은 방안은 기업이 사용한 사채를 동결시켜 기업을 살리는 것이었다. 당연히 이 과정에서 국민의 세금으로 마련된 공적 자금이 투입되었고, 사채를 빌려준 사람들은 피해를 입었다. 부실 기업을 조사하는 과정에서 기업주들이 사채를 위장해 불법으로 자신의 배를 불리고 회사에 손해를 입힌 사실도 밝혀졌지만, 정부는 이들 모두에게 면죄부를 주었다. 게다가 1971년 9월 15일 임금을 제때에 받지 못한 한진 노동자들이 한진빌딩을 점거하고 방화하는 사건까지 발생했다.

이 과정에서 의문이 제기될 수밖에 없다. 도대체 베트남에서 들어온 그 많은 돈은 다 어디로 간 것일까? 당시 정부가 장악하고 있던 은행을 통해 송금한 돈, 한진과 현대 같은 기업들이 베트남에 진출해서 번 돈은 다 어디로 가고 부실기업 문제가 나타난 것일까?

베트남전쟁의 교훈

리영희는 『베트남전쟁』을 출간하면서, 베트남전쟁에서 어떠한 교훈도 얻지 못하고 그 전쟁에서의 경험 자체가 잊혀져가는 것을 한탄했다. 그리고 한국 사회는 그로부터 30년이 지난 지금도 당시와 그리 다르지 않은 기억을 갖고 있다. 그럼에도 불구하고 민주화 이후 발생한 두 사건은 잊혀진 베트남전쟁의 기억을 끄집어냈다.

참전 용사들과 그 가족들은 1993년 9월 26일 독립기념관에서 열린 제1회 파월기념일의 행사가 끝난 직후 고속도로를 점거했다.『동아일보』(1993. 10. 4.) 국가가 동원해 베트남의 전선에서 목숨을 걸고 싸웠건만, 전쟁이 끝난 후 돌아온 것은 아무것도 없었던 것이다. 전쟁에서 다친 육신으로 평생을 고생했건만 정부의 보상은 충분하지도 공정하지도 않았다.

두번째 사건은 2000년 한겨레신문에서 베트남전쟁 시 한국군이 행한 학살사건을 폭로한 것이었다. 베트남에서 박사과정을 밟고 있었던 구수정 씨는 베트남전쟁에 참가했던 한국군에 의한 민간인 학살을 조사했고, 그 내용이 『한겨레 21』에 게재되었다. 베트남전쟁에 참전한 군인들과 그 후손들은 자신들의 명예를 훼손했다는 이유로 한겨레신문사로 찾아가 거칠게 항의했다. 이후 한국 사회에서 베트남전쟁이 다시 한번 조명되기 시작했다.

이 두 사건과 함께 민주화로 말미암아 한국 사회는 리영희의 『베트남전쟁』을 업데이트할 수 있는 기회가 생겼다. 2015년 남베트남 정부 패망 40년을 맞아 베트남전쟁에 대한 책이 세권 출간되었다. 바로 한국군의 참전 문제를 포함하여 베트남전쟁을 전체적으로 조망한 『베트남전쟁』(박태균, 한겨레출판)부터 당시 베트남에 갔었던 한국 노동자들의 경험을 분석한 『베트남전쟁의 한국 사회사』(윤충로, 푸른역사), 그리고 1968년 한국군에 의한 민간인 학살 사건을 분석한 『1968년 2월 12일』(고경태, 한겨레출판)다. 이미 수많은 연구와 증언이 진행된 미국에서의 연구와 비교하면 이제 막

본격적인 연구를 시작한 데 불과하지만, 앞으로 더 많은 연구가 진행될 수 있는 기초가 마련되었다고 할 수 있다.

마지막으로, 당시 상황에서 리영희가 쉽사리 꺼낼 수 없었던 베트남전쟁의 교훈을 이야기하고자 한다. 분명 리영희는 이 문제를 본격적으로 제기하고 싶었을 테지만, 유신체제가 몰락한 뒤에도 유신을 계승한 신군부의 집권이 계속되고 한국 정부의 참전에 대한 자료가 공개되지 않은 상황에서 교훈을 말하기는 쉽지 않았을 것이다.

앞서 설명한 바와 같이 1975년 남베트남 정부가 패망했을 때 한국 정부는 세가지로 요약되는 특별성명을 발표했다. 그러나 이 성명에는 한국 정부의 책임에 관한 내용이 전혀 포함되어 있지 않았다. 무엇보다 먼저 한국 정부는 국민들에게 사과해야 했다. 이길 수 없는 전쟁, 참가해서는 안 되는 전쟁에 한국군을 파병했고, 결국은 전쟁에서 졌다는 점을 인정해야 했다. 미국의 동맹국으로서 불가피한 파병이기는 했지만, 그렇다고 해서 전쟁에서 패배한 책임이 모두 없어지는 것은 아니다. 만약 이길 수 없는 전쟁임에도 불가피하게 파병할 수밖에 없었다면, 전투병보다는 재건부대나 의료부대 파병으로 그쳤어야 한다. 또한 안보를 위해 파병한다고 했지만, 그 목적을 달성하지 못한데 대해서도 국민들에게 사과했어야 한다.

둘째로 파병된 한국군과 한국군에게 피해를 입은 베트

남 민간인들에게 위로와 사과의 말을 전해야 했다. 국가의 전략과 이익을 위해 파병을 했지만, 파병된 장병들 스스로 큰 피해를 입었고, 이들의 전투 과정에서 베트남 민간인들도 큰 피해를 입었다. 또한 베트남 민간인들에게 피해를 준 군인들은 그 이후에 정신적 고통을 겪었다. 한국 정부가 베트남 민간인들에게 사과하지 않았기 때문에, 정부에 의해 동원된 한국군은 계속 가해자로 남아 있어야 했다.

셋째로 남베트남 정부의 몰락을 보면서 국민들에게 좀 더 지키고 싶은 정부를 만들겠다는 약속을 해야 했다. 미군과 한국군이 패배하고 남베트남 정부가 몰락한 것은 결코 군이 약했기 때문이 아니다. 누구나 쉽게 알 수 있듯이 세계 최강의 미군과, 시민들이 무장한 베트콩의 전력은 비교할 수 없을 정도로 큰 차이가 났다. 미국의 지원을 받는 남베트남 군대 역시 규모와 무기의 측면에서 베트콩이나 북베트남군에 결코 뒤지지 않았다. 그러나 결과는 베트콩의 승리였다. 문제는 베트남 사람들에게 남베트남 정부는 지키고 싶지 않은 정부였다는 사실이다. 그 정부는 국민을 위하는 정부가 아니라 프랑스와 미국, 그리고 지주와 기득권 계층을 위한 정부였다. 아무리 미국이 지원한다 한들 국민들이 지키고 싶지 않은 정부를 지킬 수는 없었다.

그렇다면 한국 정부는 남베트남 패망의 교훈을 통해 국민들과 더 소통하고, 국민들에게 사랑받는 정부를 만들어야 했다. 그러나 결과는 그렇지 않았다. 오히려 긴급조치 9호를 선포해서 모든 국민들의 입을 막아버렸고, 국민에 대한 통제를 강화했다. 이는 결국 10·26 사건을 통한 유신 체제의 몰락으로 이어졌다.

2000년, 베트남전쟁에서 한국군에 의한 민간인 학살문제가 제기될 때까지 한국 사회의 누구도 이러한 교훈을 이야기하지 않았다. 베트남전쟁은 그저 돈을 번 전쟁일 뿐이었다. 일본이 한국전쟁을 통해 돈을 벌고 경제부흥을 이룩했다는 사실에 배 아파하고 비판하면서, 한국 사회가 베트남전쟁을 통해 정의롭지 않은 돈을 벌었다는 사실에는 눈 감았다. 그리고 그 결과는 다시 2003년 이라크 파병으로 이어졌다.

이라크 파병이 결정될 때 국회에서는 베트남 파병의 효과를 둘러싼 논쟁이 벌어졌다. 여기에서 야당은 전쟁특수를 위해 파병해야 한다고 주장하고, 여당은 베트남전쟁 당시 군인들의 피해를 고려할 때 파병을 하지 말아야 한다고 주장했다. 파병을 추진하는 정부의 정책을 여당이 반대하는 기괴한 상황이 발생한 것이다. 그리고 국민들은 여론조사를 통해 정부와 야당의 손을 들어주었다. 그 전쟁이 정의의 전쟁이냐 아니냐가 아니라 그 전쟁으로 돈을 벌 수 있느냐 아니냐가 중요하다는 판단을 한 것이다.

베트남전쟁의 진정한 교훈과 파병의 직접적 목적에 대

한 전체 기억이 돌아오지 않는다면, 한국 사회가 다른 나라에서 벌어진 전쟁에 파병하는 악순환은 계속될 것이다. 또한 후손들에게 돈을 벌었다는 결과보다는 그 돈을 버는 과정이 더 중요하다고 훈계할 수도 없을 것이다.

아울러 한국 사회가 이 문제에 더 관심을 가져야 하는 이유는 한국 자체가 베트남과 같은 피해자였기 때문이다. 한국 사회는 지금도 일제강점기의 징병·징용과 위안부 문제, 한국전쟁 시기 노근리 사건 같은 민간인 학살 문제의 트라우마에서 벗어나지 못하고 있다. 이런 상황에서 특히 일본에 진정한 사과를 요구하고 있다. 2016년 한국 정부와 일본 정부 사이에서 위안부 문제에 대한 합의가 있었건만, 한국 사회는 그 합의에 만족하지 못하고 있다. 무엇보다 한국 시민사회는 물론 피해자들의 동의를 사전에 구하지 않았으며, 일본 극우세력과 정부의 진정한 사과를 그 전제로 하지 않았기 때문이다. 또한 한국 정부 역시 스스로의 과거사에 대해 전혀 반성하지 않고 있다.

한국이 진정 과거의 문제로부터 벗어나고자 한다면, 먼저 한국 스스로 가해자였던 과거의 문제를 직시해야 한다. 한국 스스로의 문제는 해결하지 못한 채 다른 나라로 인해 한국이 피해자가 되었던 문제에 대해서만 가해 국가를 비난한다는 것은 말이 안 된다. 한국 스스로가 먼저 반성하고, 피해자들에게 사과를 한 다음에야 한국은 한국의 가해자들에게 떳떳하게 사과를 요구할 수 있다.

　눈앞의 이익이 아니라 국가 100년의 대계를 생각한다면, 잘못을 사죄할 줄 아는 나라, 과거사에 대해 반성할 줄 아는 나라라는 이미지가 훨씬 더 중요하다. 바로 그것을 위해 베트남전쟁에 대한 한국 사회의 기억을 바로잡아야 한다. 역사는 단지 과거의 문제에 그치는 것이 아니라 현재와 미래를 결정하는 문제다. 이 점이 어쩌면 리영희가 『베트남전쟁』에서 하려던 말이었을지도 모른다.

리영희 사유의 돌파구로서
중국 문화대혁명*

/ 백승욱

리영희를 통한 지성사 재독해

리영희를 다시 읽는다는 것의 핵심은 리영희가 '무엇을 말했는가'보다 '어떻게 말했는가'에 있을 것이고, 우리는 그가 질문을 던지고 새롭게 사유한 방식을 확인하면서 우리 자신의 시대에 대해 되물을 수 있을 것이다. 리영희 읽기나 넘어서기에서 모두 중요한 과제는 단순히 당시 리영희가 드러낸 내용이나 주장의 정확성이나 올바름을 따져 보는 일 ─특히 그것이 제기된 맥락과 별도로─ 이 아니

---

* 이 글은 백승욱 「한국 1960~1970년대 사유의 돌파구로서의 중국 문화대혁명 이해: 리영희를 중심으로」, 『사이閒SAI』 제14호, 2013을 축약한 것임.

라, 그것을 당시의 사상사적 맥락에 위치시키고 그 속에서 리영희가 어떻게 특유의 돌파구를 찾아낼 수 있었는지를 알아내는 일일 것이다.

사상의 돌파구를 찾는 작업은 자기가 태어나 살고 있는 시대와 관련해 이중적일 수 있다. 한편으로 그 시대에 포괄적으로 감싸 담길 수 없는 '새로움'이 형성되고 조금씩 넘쳐흘러 자신의 시대를 넘어서는 질문을 담고 있을 수 있다. 그러나 다른 한편으로 그 시대의 제약이 부여하는 한계 때문에 자신의 새로움이 '낡은 언어'와 '낡은 대립' 속에 갇힐 수 있다. 그리고 어떤 주장이 제기된 논쟁적 맥락 때문에 그 주장의 다층성 또는 복합성이 하나의 해석으로만 이해·수용되고, 그 나머지 복합적 의미는 동시대의 한계 때문에 묻히고 제거될 수도 있다. 리영희의 글에서도 시대를 앞서는 측면과 시대의 한계에 갇히는 측면이 섞여 있음을 발견하게 된다. 이런 한계 속에서 리영희가 닫혀 있는 자기 시대를 돌파하려 어떤 시도를 폈고 그것이 어떤 후과를 남겼는지 살펴보려 한다. 리영희의 핵심 발언 주제인 '중국', 그중에서도 문화대혁명의 해석에서 출발한다면 리영희 작업의 '전략'에 좀더 다가설 수 있을 것이다. 그럼으로써 우리는 리영희를 단지 지나간 시대의 흥미로운 인물이 아니라 현재에도 재독해가 필요한 인물로 다시 조명해볼 수 있을 것이다.

1960~70년대 사유에서 '현대 중국'이라는 쟁점의 형성

리영희가 자기 이름으로 기명의 논문을 집필하기 시작
한 것은 1967년부터라고 하지만, 그의 첫 저작집인『전환
시대의 논리』에 수록된 논문 가운데 가장 앞선 것이 1971년
의 것이고, 대부분은 그 다음의 것으로, 그의 기명 집필은
주로 기자생활을 정리하고 한양대학교 교수로 부임한 이
후에 집중되었다. 따라서 우리가 읽고 있는 리영희는 당시
의 역사적 흐름과 이미 시차를 보인다. 문화대혁명에 대
한 그의 태도를 집약해 보여주는『8억인과의 대화』도 마
찬가지여서, 여기 수록된 글들은 대부분 1970년대에 쓰여
1976~77년 시기『창작과비평』이나『대화』등에 번역, 수록
된 것들이다.

그렇지만 그가 여러차례 말했듯이 중국에 대한 그의 관
심은 이미 1960년대 중반 이후 형성되었으며, 특히 문화대
혁명에 대한 관심은 조선일보 외신부장으로 근무하던 시
기 중국에서 진행되는 사건을 동시적으로 접하면서 형성·
성장해간 것이다. 따라서 문화대혁명에 관한 리영희의 관
점을 단지 1970년대 이후의 글들에만 의존해 이해하기는
어렵고, 그에 앞선 시기로 나아가 그의 관심이 어떤 상황
에서 어떻게 형성되었는지를 이해해볼 필요가 있다. 특히
당시 한국의 지성계 상황 속에서 그 출발점을 찾아야 할

것이다.

중국 문화대혁명에 대한 질문을 이처럼 당시 역사적 맥락에서 살펴봐야 하는 이유는 이 사건이 이데올로기적 구도를 상당히 뒤흔들 잠재력을 지니고 있었기 때문이다. 문화대혁명의 전개는 사회주의에 대한 전체주의론적 시각과 권력음모론적 시각을 넘어 기존의 냉전적 사유구도에 도전하는 몇가지 새로운 문제를 담고 있었다. 당의 중심에서 노선 논쟁이 벌어진다는 점, 사회주의 대 자본주의라는 체제의 근본적 성격 규정에 대한 논쟁이 전개된다는 점, 민중 특히 민중의 반란이 역사의 중요한 요소로 등장한다는 점, 또 폭력이라는 문제, 새로운 유토피아적 모델의 등장 등은 그 자체로 기존 지배질서와 지배 이데올로기를 공고화할 수도 있고 그 반대로 뒤흔들 수도 있는 것이었다. 당시 문화대혁명은 "대폿집을 가도 다방엘 가도 대머리 복덕방 할아버지에서 맘보 스타일 가두 청년들까지가 '홍위병'이 어떻고 반모파가 어떻고 하며 떠들기 일쑤"인 뜨거운 쟁점이었다. 베트남전쟁을 둘러싼 상이한 해석이 등장하고 전 세계적으로 다양한 형태의 대중적 저항이 분출하던 시대에, 이런 국제정세의 예기치 못한 돌발적 전환에 어떻게 대응할 것인가는 그 답이 정해져 있지 않은 상당히 중요한 이데올로기적 쟁점이었다.

문화대혁명에 대한 한국 지식인계의 동시대적 관심

1960년대는 잡지의 시대라고 할 만큼 다양한 잡지들이 출현하여 새로운 여론과 사상을 주도해갔고, 당대 지식인들은 그 공간을 최대한 활용했다. 리영희도 1960년대 말에서 1970년대에 걸쳐 『세대』『대화』『다리』『창작과비평』『정경연구』 같은 잡지를 자신의 발언대로 활용했다. 당시 리영희의 글 이외에도 이들 잡지에 실린 평론과 시론은 상당히 중요한 정치적 함의를 지니고 있었다.

이 시기의 잡지들을 조사해보면, 중국에 대한 관심이 잡지들 사이에서 눈에 띄게 불균등함을 알 수 있다. 이는 잡지가 판단하는 국제정세에 대한 민감도의 차이를 보여주는 것이라 할 수 있다.

이 시기 문화대혁명 등 중국의 변화에 가장 많은 관심을 쏟은 잡지는 『세대』였다. 『세대』에는 반공주의적 논조부터 심도있는 분석까지 다양한 글이 실렸는데, 리영희의 족적과 관련해 관심을 끄는 글은 익명으로 게재된 '세계의 테라스'라는 칼럼 시리즈다. 중국에 관한 기명 논문들과 달리 이 칼럼은 집필자의 이름을 밝히지 않고 쓰였지만, 읽어보면 세계 각 지역 동향에 대한 매우 체계적이고 수준 높은 분석임을 알 수 있다. 중국 문화대혁명에 한정해 살펴보면, '세계의 테라스'의 흥미로운 분석은 1967년에 집중되어 나타난다. 이 글들은 같은 시기 중국을 다룬 다른 글과 비교

해 두드러진 특징을 보이며, 지금 읽어봐도 문화대혁명의
진행과정에 대한 분석 수준이 꽤 높다는 것을 알 수 있다.
이런 유의 분석은 1966년 12월호의「중공 홍위대의 위기」
에서 시작한다. 이 글은 홍위병 운동이 하나가 아니라 두
갈래로 나뉘어 대립하고 있으며, 당의 권위가 추락하고 있
고, 류 사오치(劉少奇)가 공격의 목표가 되고 있으며 홍위
병이 마오와 린 뱌오(林彪)의 기대 범위를 넘어서고 있음
을 주장한다. 좀더 정치한 주장은 1967년 4월호부터 12월
호 사이에 집중된다. 그 내용은 〈표 1〉과 같다.

〈표 1〉 1967년 「세대」의 '세계의 테라스' 문화대혁명 관련 기사

호수	제목	내용
4월호	내리막길에 들어선 중공 문화혁명	세계 각국 신문, 통신사, 그리고 전문가들의 말을 인용해 조반파(造反波)와 저우 언라이 사이의 대립구도가 형성되고 있고 그 대립이 전국적으로 확대될 수 있음을 소개
5월호	중공 문화혁명과 주은래	저우 언라이에 대한 세련된 평가를 제시하며, 린 뱌오 대신 저우 언라이의 후계자 가능성을 조심스럽게 제시
6월호	북평 혁명위원회의 성립과 중공	빠리 꼬뮌의 원칙 대신 등장한 혁명위원회는 군을 개입시키는 '삼결합' 방식을 택하고 있고, 이는 군의 개입 없이 실권파의 뿌리를 제거하기 어렵다는 곤란함을 보여주기 때문에 새로운 문제의 시작일 수 있음을 설명
7월호	중공 문화혁명과 주변 국가	캄보디아, 미얀마 등에 미치는 여파를 추적
9월호	무한(武漢, 우한)혁명의 차질−무한 사건	1967년 '7·20 사건', 즉 우한(武漢) 사건을 매우 세밀하게 분석적으로 다루고 있음
12월호	중공의 지방군구 재편	

1967년 한해 동안만 집중적으로 등장한 '세계의 테라스'의 이 분석들은 집필자가 명기되어 있지 않지만 이 시기 문화대혁명을 다룬 글 가운데 가장 빼어나다고 할 수 있다. 그 스타일을 살펴보면, 매우 실증적이고 분석적인 집필방식이 리영희의 방식과 유사함을 느낄 수 있다. 이 글들을 리영희 자신이 집필했거나 리영희와 밀접한 관계에 있던 언론인들이 집필했다고 추정해볼 근거가 없지 않은데, 리영희는 이 시기를 회고하며 외신부장의 월급이 적어 부업을 두세개 병행하지 않을 수 없었다면서 미국 공보관과 연계된 번역 업무를 통해 집을 산 일화 등을 소개하기도 한다.

『세대』처럼 리영희의 주요 발언무대이던 잡지 이외의 정기간행물을 살펴봐도 당시 문화대혁명은 상당한 관심을 받는 주제였음을 알 수 있는데, 주요 필자들은 상이한 관점을 지닌 학자·언론인·관방 분석가들이었다. 분석의 스펙트럼은 매우 넓었다. 당시 학계의 몇몇 연구는 여러 자료를 인용하며 문화대혁명에 대해 심도있는 분석을 보여주어, 오늘날의 기준으로도 상당히 흥미롭고 뛰어난 수준이다. 이들 연구는 문화대혁명을 이해하기 위해 중국 사회주의 전체의 역사를 개괄해 보여준다는 특징을 공유한다. 여러 잡지에 실린 글들을 통해 보면, 이후 리영희가 발언하게 될 문화대혁명에 대한 주요 내용이 당시 한국 사회에서 꽤 심도있게 이미 논의되고 있었으며 분석 시야 또한 광범했음을 알 수 있다.

언론인 리영희의 문화대혁명 해석

1960년대 말 중국 정세를 소개하는 역할을 맡은 핵심 축에는 언론인들이 있었고, 그중 다수는 주요 일간지의 외신부장이나 외신부장을 거쳐 논설위원직을 맡은 이들이었다. 표면에 드러난 인물로 양흥모, 조순환, 박동운 등이 그랬고, 드러나지 않은 외신부 기자들의 역할도 적지 않았다. 바로 이 시기에 리영희가 조선일보 외신부장으로 가장 화려한 능력을 발휘하기도 했다. 그는 1965년부터 1968년 초까지 조선일보 외신부장을 맡았고, 사실상 이 시기 문화대혁명과 중국에 대한 소개의 흐름을 주도했다. 이 측면을 앞서 이야기한 잡지의 중국 소개와 연계해 살펴보기로 하자.

당시 주요 일간지들은 문화대혁명의 진행에 상당히 큰 관심을 가지고 동시적으로 사건들을 추적·보도했다. 보도는 대체로 1966년 5월경부터 시작해 1966년 후반기에서 1967년 상반기에 집중되었고, 1967년 말을 지나면 보도가 차츰 줄어든다. 리영희는 이 시기 문화대혁명 보도에 중요한 흔적을 남겼으며, 그가 외신부장 자리에서 타의로 밀려난 뒤에는 그가 속한 신문사의 중국 보도 방향에 적지 않은 변화가 생겨났다.

당시 문화대혁명에 관심을 많이 쏟은 주요 일간지 셋, 『조선일보』『경향신문』『동아일보』를 비교해보면 문화대혁명을 보도하는 태도에서 흥미로운 차이를 발견할 수 있다. 『동아일보』의 중국 보도 흐름은 장윤환 기자가 주도했는데, 냉전 반공주의의 색채를 상당히 드러냈다. 이런 보도 관점은 1970년대 들어서도 지속되었고, 그런 특성 때문에 역설적으로 1970년대 들어서도 후속 보도가 일정하게 지속됨을 관찰할 수 있다.

그에 반해 『경향신문』과 『조선일보』는 문화대혁명의 진행과정에 대해 상당히 '객관적'이고 거리를 두는 태도를 보인다. 자신의 판단을 강하게 개입시키기보다는 다양한 정보를 활용해 여러가지 판단의 근거를 제시하는 보도 태도가 두드러졌고, 특히 중국 현지의 공식 입장이나 문헌을 소개하는 데 무게를 실었다. 당시 경향신문 외신부장은 서동구였고, 조선일보 외신부장은 리영희였는데 둘 사이에는 당시 국제정세를 보는 일정한 공감대가 형성되어 있던 것으로 보인다. 그런데 『경향신문』과 비교해도 『조선일보』의 방식은 훨씬 독특했다. 거기서 우리는 리영희적 방식이라 할 만한 것을 관찰할 수 있다.

리영희가 주도한 조선일보 외신부의 문화대혁명 보도는 1966년 6월부터 시작해 1967년 말 무렵까지 집중된다. 문화대혁명 개시기인 6월의 보도를 보면, 다른 언론사가 당내 정풍과 관련된 동향 분석에 초점을 맞춘 데 비해『조선일보』는 6월 7일 정풍 관련 보도에서 이 문제와 관련된 중국 공산당의 핵심 문헌들을 소개하고 분석하는 데 힘을 쏟고 있다. 거기서 한걸음 더 나아가 보도의 차별성을 잘 보여주는 출발점은 7월 5일 '삼가촌 비판'을 중심으로 정풍문제를 다룬 〈그림 1〉의 기획기사이다. 이런 기획기사 방식은 이후 9월, 5회에 걸친 '중국의 오늘' 시리즈, 1967년 1월 10일의 '권력투쟁 격화' 보도나 2월 21일 빠리 꼬뮌을 지향하는 문화대혁명의 목표를 보도한 것, 같은 해 5월 25일과 8월 1일의 문화대혁명 1년 결산 보도 등에서도 잘 드러난다.

　신문 전면을 차지하거나 적어도 한 면의 절반 이상을 차지한 이런 기획기사들에서 몇가지 흥미로운 특징이 관찰된다. 첫째로 정보전달 기사라기보다 소논문 형식에 가까운 방식을 취하고 있다. 둘째로 사건 보도 자체보다는 사건이 드러내는 논리를 파악하는 데 주안점을 두고 있다. 셋째로 외신부 기자의 기명 기사인 경우도 있지만, 규모가 큰 기획기사일수록 편집자 명의로 구성하는 방식을 취한다. 넷째로 모든 주장에는 철저한 인용의 근거를 밝히는데, 그 주장의 주된 근거는 각국 통신사(서구, 일본, 사회주의권을 모두 포함)와 중국의『인민일보』나『홍기』같은 공식 기관지, 그리고 해외 전문가들이다. 다섯째로 기획기사

〈그림 1〉 리영희 방식의 『조선일보』 외신면 편집 사례

『조선일보』 1966년 7월 5일, 3면

는 핵심 사건의 요점, 외부의 시각, 연표나 조직구도의 소개, 문헌해제, 중요 인물이나 어휘의 해석, 심지어 역사지도까지 덧붙여 작은 자료집의 형태를 취한다. 그리고 여섯째로 이 시기의 두드러진 관심인 마오파와 반마오파의 대립구도를 보여주려 하며, 그 대립의 사회적 파급 범위와 영향까지 추적하려 한다.

리영희가 개입한 『조선일보』의 이런 보도 태도의 특성이 지니는 함의는 1967년 1월 24일 친마오와 반마오의 대립에 대한 보도에서 잘 확인된다. 이날 보도는 기존의 권력투쟁론에만 초점을 맞춘 대부분의 보도 태도를 강하게 비판하면서 "잘못 판단된 서방진단"이라는 소제목을 달고, 본문에서는 "문화혁명을 규정하는 서방 측의 유력한 견해로 통하는 이 판단은 다음 두가지 점에서 잘못된 것이다"라고 반박한다. 군부가 이미 마오의 통제 아래 있었기 때문에 문화대혁명의 연원을 좀더 심층적이고 다층적으로 규명해야 한다는 것이다.

이런 반론에 입각해 조선일보 외신부는 문화대혁명의 시야를 중국 인민의 삶으로 더 확장하려는 시도를 보인다. 이미 1966년 9월 2일 보도에서 아시아·아프리카 작가회의 일본협의회 위원장인 시라이시 본(白石凡)을 인용해 문화대혁명을 "새로운 인간형 실현을 위한 노력"으로 보려는 리영희적 테제가 등장하는 것이 주목된다. 그리고 1967년

1월 15일 리영희는 다른 외신부 기자를 대동하고 중국 사회주의하에서 생활한 경험이 있는 인물들을 모아 직접 인터뷰해 중국 청소년의 삶을 소개하는 기사를 싣는다. 1월 24일에는 문화대혁명이 공장과 농장으로 확대되고 있다는 측면이, 그리고 2월 21에는 인민공사에 대한 자세한 해설이 실렸다.

문화대혁명의 갈등이 고조되던 시기에 리영희 자신도 신문사 내외부의 압력 때문에 외신부장직에서 밀려나게 되는데, 그 시점은 1967년 말에서 1968년이다. 그 이후 공식적으로 1969년 7월에 조선일보에서 해직된다. 외신부장에서 밀려난 이후 1970년 초 합동통신사 외신부장으로 자리를 잡기까지 2년 정도의 기간 동안 리영희는 발언할 수 있는 공간을 얻지 못했다. 리영희가 외신부에서 발언권을 잃은 이후 『조선일보』의 중국 보도 태도는 크게 달라졌고, 중국 관련 보도가 신문에서 차지하는 중요성은 현격하게 낮아졌다. 리영희의 공식적 저작 작업은 1971년부터 시작되는데, 신문사를 떠난 리영희로서는 오히려 대중과 접촉할 새로운 공간을 얻게 된 셈이다.

리영희가 『조선일보』 외신면 등을 통해 제기한 핵심 쟁점은 문화대혁명을 권력투쟁의 좁은 범위를 넘어 해석해야 할 필요성이었다. 그 쟁점은 소련과 중국의 사회주의 노선의 상이성, 중국 사회주의 건설 역사의 독특성, 중국 사회주의 내부의 모순과 대립에 대한 규명의 필요성 등을 제기하는 것이었다. 1970년대 리영희의 작업은 이처럼 사전에 마련된 논쟁구도와 무관하게 전개된 것이 아니었다.

그런데 리영희의 위치가 모호했던, 언론인으로서의 마지막 2년 시기에 중요한 문제 하나가 발생하여 쟁점으로 남는 데 주목할 필요가 있다. 그것은 1968년, 문화대혁명에 중요한 전환점이 발생한 것인데, 바로 문화대혁명이 '빠리꼬뮌' 원칙에서 전환해 '노동자 계급이 일체를 지도'하는 방향으로 돌아서는 "길을 막고 마주선 벽"이라 부를 만한 전환이 일어난 일이었다.백승욱 『중국의 문화대혁명과 정치의 아포리아』 (그린비 2012) 4장 흥미로운 것은 이에 대해 1968년에 양홍모가 이미 『사상계』에서 문제제기를 했다는 점이다. 그는 혁명위원회가 새로운 원칙이 되고 특히 1968년 여름 '공선대'가 파견되면서 생긴 변화에 주목한다.

① 그것은 시초 목적했던 파리 코뮨을 후퇴시킨 것이며, ② 그것은 군부의 개입의 강압으로 강제로 조작된 것이며, ③ 앞으로도 많은 난관이 잠재하고 있기 때문이다. … 최근 모·림의 '조반파'는 홍위병 활동을 억제하고 문화혁명의 추진을 노동자 농민 중심으로 추진할 것을 결정한 듯하다.양홍모 「중공 '조반파'의 장래」, 『사상계』(1968. 11) 84면

리영희는 이 쟁점을 본격적으로 제기한 적이 없었던 것
같은데, 그럼에도 그것이 그의 문화대혁명론의 발목을 잡
은 맹목점이 될 수 있었다. 그가 조선일보 외신부장 자리
에서 강제로 물러난 시기에 바로 이 문제가 중국 현지에
서 분출하기 시작했다. 현지의 변화를 밀착해 추적하던 그
의 작업이 일시 중단되고, 문화대혁명에 대한 그의 관심이
'인간형'과 새로운 모델 쪽으로 좀더 기울기 시작하고, 조
반운동의 내재적 모순이라는 숨겨진 쟁점이 점점 더 그의
맹목점이 되는 것은 바로 그의 본격적 저작 활동이 시작되
던 이 시기, 익명의 기자 리영희에서 기명의 학자 리영희
로 전환되는 이 시점이었을 것으로 보인다.

돌파구로서 중국, 특히 문화대혁명: 세계사의 시간과 동조화

리영희에게 중국은 단순히 지적 호기심의 대상이 아니라
그의 연구와 글쓰기, 그리고 정치적 개입을 연결시키는 핵
심 고리였다. 중국은 그가 의도하는 종합적 효과에서 매우
중요한 역할을 하고 있다. 『우상과 이성』이라는 책 제목이
보여주듯, 그의 작업은 '우상'을 허물고 '이성'을 세우기
위한 종합적 작업이었다. 그가 개입을 개시한 1970년대 초

반에 그 작업과 효과는 다층적이었다. 우리는 그것을 적어도 다섯가지 상이한 측면에서 논의해볼 수 있을 것이다.

① '억압적 권위주의' 시대의 봉쇄된 공간 속에서 새로운 담론의 가능성과 공간을 개척하기
② 냉전의 이분법적 구도에서 불가능한 제3의 공간을 확보하기 위해, '그들의 언어를 그들에게 되돌려주기' 전략을 취하기
③ 한국의 시간을 세계사의 시간과 동조화하기
④ 조건이 부재한 상황에서 미리 당겨진 예견된 논쟁을 준비하기
⑤ 자기 언어를 발견하지 못하는 곤경에서도 그 한계를 스스로 돌파하기

우선 리영희의 작업은 냉전하의 억압적 권위주의가 낳은 인식론적 피폐화 상황을 뚫고 나아가려는 목표를 지닌다. 이 측면은 그의 유명한 글 「조건반사의 토끼」(1971)에 잘 드러난다.

우리들의 인식론적 기능은 냉전 사상과 체계 속에서 조건반사의 토끼가 되어버린 감이 있다. 예로 '중공'이라는 용어는 즉각적으로 '기아' '괴뢰' '피골상접' '야만'

'무과학' '반란' '정권 타도' '침략' '호전' ⋯ 등 냉전용어와 그것이 담고 있는 그와 같은 관념을 우리에게 일으켜왔다. 우리는 강요된 조건반사의 토끼가 되어 있다. 『전환시대의 논리』(2006) 215면

이 냉전적 사고를 깨려면 상당히 모험적인 우회로가 필요한데, 그 우회로는 우리와 매우 대조되는 다른 나라의 경험을 살펴보는 것이다. 그렇지만 단지 다른 나라의 경험을 둘러보는 데 머물지 않고, 그 경험 속에 깊숙이 빠져든 후 다시 자신을 되돌아보기 위해서 회귀해야 한다. 그것이 이른바 '내재적 접근'이다. 리영희는 중국 문제에 대해 '기적'이라는 평가나 '파멸'이라는 평가 모두 일면적이라 보고, 이를 넘어서는 내재적 접근의 필요성을 제기한다.

그런데 주의할 점은 내재적 접근이 자신의 관점을 접고 단지 다른 사회의 내부적 논리에 따라 해석하는 것을 의미하지는 않는다는 점이다. 자칫 내재적 접근이 '합리화'나 '변호론'이 될 수 있다는 우려가 근거 없는 것은 아니다. 이 때문에 내재적 접근에는 단서가 필요한데, 그것을 같은 인용문 중 '인민의 입장'에 대한 강조에서 발견할 수 있다. 내재적 접근은 상대주의적 접근일 수 없다. 그 이유는 그것이 핵심적으로 '인민적' 또는 '민중적' 접근이기 때문이며, 따라서 상대주의를 넘어서야 하고, 오히려 매우 보편

적 함의를 지니게 된다. 「중국이란 어떤 나라인가」(1973)의
한 대목을 읽어보자.

　　이 견해를 통해서 우리는 소위 '민주주의'라는 것과
아시아적 상황에서의 '민중주의'의 문제를 생각하게 된
다. 누가 '제도적 민주주의' 형식을 갖추느냐는 문제가
아니다. 누가 '내용적 민중주의'를 실천하는가가 문제
다.『우상과 이성』(2006) 136면

　　그가 명시적으로 말하듯, 내재적 접근이 필요한 이유는
'민중주의'로서 '민주주의'의 핵심을 살리는 데 있다. 1980
년대식으로 말해서 '민중적 민주주의'를 보여주는 접근
법이 바로 내재적 접근이기 때문이다. 그가 베트남전쟁과
중국 문화대혁명을 이 내재적 접근의 중심 준거점으로 삼
은 것은 이런 맥락에서 이해될 수 있다. 그리고 이런 관점
에서 내재적 접근법의 보편적 함의는 부메랑처럼 되돌아
온다. 한국 사회에 대한 내재적 접근의 필요성이 제기되기
때문이다.

　　리영희가 택한 방식은 '이쪽 관점' 대신 '저쪽 관점'을
취하는 방식이 내재적 접근이라는 손쉬운 해결책은 아니
었다. 그런 방식은 사실 "호의를 가진 외국인은 처음부터
감격하여 웬만한 허물을 덮어놓고 전면적으로 찬양하는

경향"『전환시대의 논리』 92면과 그다지 다르지 않다. 대신 리영희가 택하는 방식은 '그들의 언어를 그들에게 되돌려주기'이다. 그가 중국의 현대사를 입증하기 위해 가장 많이 활용하는 자료는 미국 정부의 공식문서(국무성 보고서, 미국 의회 청문회 보고서 등)다. 상대방이 신뢰하지 않을 수 없는 자료를 활용해 상대방을 논박하는 이런 작업방식은 단순히 냉전의 제약 때문에 불가피했던 '차선책'으로 이해될 수 없는, 매우 적극적 함의를 지닌다.

이렇게 '그들의 언어를 그들에게 돌려줌'으로써 냉전의 파편적 인식론의 장애를 돌파하는 데 부분적으로 성공한 동시에, 리영희의 작업은 한국의 시간을 세계사의 시간과 동조화하는 데에도 어느정도 성공한다. 이 세계사의 시간과 동조화는 내재적 접근과 다시 연결된다. '중국 근대 100년의 역사'는 그렇게 자리매김되는데, 그것은 중국의 100년이 어떻게 20세기의 세계사적 변화와 맞물리는지를 보여줌으로써 그 의미를 부각시킨다. '민중의 부상' '사회주의의 부상' 그리고 '냉전의 시대'를 이해하려면 낮은 수준의 '도덕적' 잣대 대신 과학적 '분석'에 입각한 판단이 왜 요구되는지를 잘 보여주면서 말이다.

그렇게 세계사의 시간과 동조화하면, 그 다음 행보로 '이미 우리의 것으로 들어와 있지만, 아직 표면화하지 않은 쟁점'에 대한 예비적·예견적 대응이 필수적이 된다. 그런데 이 문제가 서술되고 전개되는 방식은 매우 독특하다. 왜냐하면 이는 논의를 위한 본격 조건이 마련되지 않은 상황에서 '미리 당겨진, 예견된 논쟁'이라는 형태를 취하기 때문이다. '문화대혁명'이라는 쟁점이 제기된 것은 사회주의 체제에 대한 본격 논의가 없는 상태에서, 심지어 사회주의라는 논의 자체가 불가능한 조건에서였다. 그럼에도 이미 그 쟁점은 사회주의 체제에 대한 본격적 논쟁거리를 다수로, 그리고 복합적으로 던지고 있었다. 이는 이미 그 이후 전개될 논쟁들에 대한 사전 개입이다. 무엇보다 이 속에 '사회주의 모순'과 관련된 입장이 전제되어 있으며, 그것은 역으로 현존하는 자본주의 체제의 모순에 대한 비판적 접근을 전제하고 있기 때문이다.

그렇지만 위에서 설명한 조건과 상황은 매우 불균등하고 때로는 기형적이다. 그것은 한편으로 동시대적이며 이미 '내재적'으로 작동하는 문제를 다루고 있지만, 다른 한편에서 보면 동시대적으로 연결될 고리를 찾아내기 쉽지 않고, 매우 '외부적'으로 현상될 수 있는 형태를 취하게 된다. 그 두 간극 사이에서 쟁점은 자기에게 적절한 이름과 자리를 부여받지 못할 수도 있다. 언어는 자기 자리를 발견해내지 못하지만, 그럼에도 한계를 넘어서는 시도는 계속 반복된다.

자리를 찾지 못하는 언어: '인간'과 '제도' 사이에서

'인간제일주의' 대 '물질제일주의'라는 모호한 대립

중국 문화대혁명에 대한 리영희의 평가는 1976년 탕산(唐山) 대지진과 1977년 뉴욕 백화점 정전 사태에 대한 비교로 흔히 대변된다. 위기 속에서도 인간애로 빛난 탕산 대 짧은 정전 속에 아비규환을 경험한 뉴욕으로 '도덕적인 사회주의적 인간형' 대 '동물적인 자본주의적 인간형'을 대비한 이 에피소드는 문화대혁명 연구를 통해 리영희가 보여주려 한 바를 가장 잘 드러낸 것처럼 보였다. 나중에 리영희는 중국이 사회주의에서 벗어나는 과정을 바로 탕산에서 뉴욕으로 변해가는 모습처럼 이해하기도 했다. 그렇지만 탕산의 도덕적 이미지 자체가 허구적으로 구성된 것이었고, 거기에는 '은폐'의 비극까지 있었다는 것이 이제 공공연한 사실이다. 길게는 백가쟁명부터, '반우파투쟁'이라는 대대적 언론억압이 발생한 '1957년'까지 소급해갈 문제라는 점은 차치하더라도, 이 이미지가 문화대혁명에 대한 리영희 분석의 모든 것인지에 대해서는 반론이 좀 필요할 것 같다.

탕산 지진 이야기에서 나타나듯, 리영희가 중국 사회주의와 문화대혁명 시도의 핵심을 "물질주의보다 인간 우선주의가 그들의 사회원리다"라는 문장으로 요약하고 있는 것은 사실이다.『우상과 이성』 141면 또 "자본주의적 역사와 조건에서 만들어진 인간을 개조하여 새로운 사회주의적 인간을 만들자는 것"이며 "물질제일주의와 인간제일주의"의 대립이고, "이기적 욕구는 뿌리 깊은 것이어서 노동자와 농민의 사상적 혁명을 기구적 혁명과 별도로 거치지 않고서는 자본주의로의 역행충동이 우월해질 위험이 있다고 본다"고도 말한다.『전환시대의 논리』 102~04면 다른 곳에서는 이를 "정신주의 대 물질주의의 대립"으로 표현하기도 한다.『전환시대의 논리』 188면 이후 사회주의관에 대한 리영희의 자기평가도 이 틀을 반복한다.

여기서 집중 조명을 받는 단어는 '인간' '인간형' '사상혁명' '인간 개조' 등이다. 요컨대 새로운 인간을 만들어내는 것이고, 그 핵심은 낡은 사상과 습성을 바꾸는 것이라는 점이다. 그렇게 해서 문화대혁명의 핵심은 '사상혁명'으로 이해된다.

이 표현은 사실 오해의 소지가 매우 많다. 어떻게 개조한다는 것일까? 여기서 우리는 '교육', 더 나아가 '주입', 심지어 '세뇌' 등의 단어를 연상할지도 모른다. 그런데 한 가지만 지적하면, 단적으로 난점이 생기는 것은 "교육자가 교육받아야 한다"맑스의 「포이어바흐 테제」 3번는 맥락에서 '교육' 자체가 혁명이 대상이 되는 상황이 문화대혁명이었고, 이처럼 전제조건이 이미 문제가 되어버리면 일방적 교육의 이미지가 성립하기 어려워진다.

유사한 사회주의 사회라 하더라도 우리는 세가지 서로 다른 '사상 개조'나 '인간형'의 창출을 구분할 수 있고, 그것이 우리의 내재적 접근을 위한 출발점이 될 수 있다. 첫째는 소련형, 둘째는 '주체형', 셋째는 문화대혁명형이라는 구분 말이다. 소련형은 그 '경제주의적'이고 '기계론적' 사회관에 역설적으로 조응해서 등장한 '주입되는 도덕'으로, '스따하노프(Stakhanov)형' 노동자의 이상을 함양하는 일종의 '사회주의형 시민 도덕론'으로 등장했고, 대중적 캠페인으로 전개되었다. 기존의 체제(교육 장치)는 손대지 않고, 이념만 교육하는 방향이라 할 수 있다. 둘째는 북한의 주체사상이 전제하는 새로운 '주체형' 주체다. 이것은 소련형 모델에 마오주의의 특정한 '주의주의적' 측면이 추가된 모델이라 할 수 있는데, 기본적으로 일방적 '교육'이나 '주입'이라는 방식에는 큰 변화가 없다. 이런 맥락에서 리영희가 말하는 문화대혁명의 '인간형' 변화가 과연 이런 두가지 유형과 같은 맥락인가 하는 점이 쟁점이 된다. 여기서 다시 '민중주의적 내재적 접근'이라는 처음의 접근법의 쟁점으로 연결되며, 이는 사회주의에 대한 근본적 질문을 던진다. 게다가 '인간형'이나 '인간 개조'에는 스딸린(Iosif V. Stalin)이 아닌 루쉰의 그림자가 드리워 있다는 점도 주의를 요한다. '민족성 개조'는 루쉰의 일관된 구호였는데, 루쉰에게 인간형이라는 의미는 위의 분류에서 세번째에 가깝다.

이 쟁점의 모호함을 규명하기 위해 우선 리영희가 대비하는 소련 모델과 중국 모델의 차이점부터 살펴보자.

스탈린은 소련혁명 19년 만인 1936년, 신헌법을 발표하면서 '이제 소련에서는 완전히 계급이 사라졌다'고 호언했다. 스탈린 사회주의의 특징은 기본적으로는 생산수단의 사회적 소유가 이루어지면 계급은 없어진다고 생각한 점이다. 그는 생산수단의 사회적 소유에 절대적 신뢰를 두었고 그 토대 위에서 생산력의 급속한 발전을 확신했으며, 생산력의 발전은 인간의 의식을 변화시킨다는 물질우선주의를 믿었다. 그에게 인간의 사상혁명은 부수적이고 자동적인 것이었다. 즉 스탈린은 기구개혁론자였다고 할 수 있다.

모택동은 이 점에서 스탈린과 기본적으로 대립한다. 그는 자본주의에서 사회주의로 옮겨 앉은 사회의 인간은 생산수단의 사회적 소유나 생산의 증가로 자동적으로 개조될 수 없는 구사회의 사상과 습관과 타성을 그대로 장기간 지니게 마련이라고 주장한다.『전환시대의 논리』 104면

여기서 스딸린은 '기구개혁론자'로 제시되고, 마오 쩌둥

은 그와 다르게 그려진다. 그런데 두가지 점에 주의할 필요가 있다. 먼저, 이 양자가 어떻게 대칭적인가 하는 질문이 제기된다. 왜냐하면 기구는 늘 그 기구를 작동시키고 그 안에서 일하는 '인간'을 포함하기 때문이다. 조금 더 자세히 보면, 스딸린의 기구개혁의 핵심은 '사회적 소유'에 있고, 마오 쩌둥의 핵심은 '구사회의 사상과 습관과 타성을 바꾸는' 데 있다. 대칭적으로 보이는 스딸린과 마오 쩌둥의 관계는 그다지 대칭적이지 않고, 이미 서로 연관되어 있다. 우리가 제기할 질문은, 그럼 이 낡은 것은 '① 어디서 나타나고 ② 어떻게 바뀔 수 있는가?'이다.

우선 앞의 글을 쓰고 2년 뒤에 리영희가 쓴 다음 글을 살펴보자.

스딸린은 "계급이 폐지되고 생산수단이 사회화되어 생산력이 향상하는 사회주의 사회에서는 인간의 의식도 그에 따라 자연히 변화하는 것"으로 파악했다. 즉 물질제일주의이며 사상혁명의 경시였다. 모택동은 사회적 구조가 바뀌더라도 과거의 자본주의 사회에서 살아온 인간에게는 이기주의·개인주의·자본주의·물신주의가 끈덕지게 습성으로 배어 있기 때문에 제도적 혁명과 병행해서 사상적 혁명을 해야 한다는 주장이다. 또 도시와 농촌, 정신노동자와 육체노동자, 공업과 농업의 차이는

하나의 국가·사회·민족 속에 적대하는 두개의 국가·사
회·민족을 온존하는 것으로 보고 그 타파에 전력을 다
하고 있는 듯이 보인다. 『우상과 이성』 140면(강조는 필자)

　똑같이 반복되는 듯하지만, 조금 자세히 보면 상이함을
알 수 있는데, 여기서 주목되는 것은 그 낡음이 "사상적 혁
명"을 병행하는 것으로 해결되지 않고, "도시와 농촌, 정신
노동자와 육체노동자, 공업과 농업의 차이"를 해결하는 데
로 나아가야 함을 주장하고 있다는 점이다. 그 사이를 연
결하는 "또"라는 단어는 매우 모호하고, 곤란하다. 마치 리
영희의 곤란함을 보여주듯이.
　그것이 왜 곤란하냐면, 같은 글에서 리영희는 '사상 개
조'와는 상이한 문화대혁명의 다른 측면을 더 부각시키고
있기 때문이다. 그것은 '제도', 또는 앞서 스딸린을 언급하
면서 말한 '기구개혁'과 관련된 측면으로 해석될 수 있는
것들이다. 단적으로 다음과 같은 구절을 보자.

　스딸린은 '인물만 잘 고르면 해결된다'는 인간적 차
원에 머물렀고 … 모택동은 '인물의 선택'보다 사회적
조건의 개혁으로 근본적인 해결을 시도하고 있다. 전문
가·관리인들에 대한 하급노동자의 자유스러운 공개비
판, 노동자의 고급 과학·기술 습득을 통한 과학신비주

의의 타파, 전문가·관리인들의 육체노동을 통한 권위의
식 제거, 노동자의 집단적 경영정책 결정 등으로 그것을
보장하려 하고 있다. 『전환시대의 논리』 111~12면

여기서 더 나아가 문화대혁명에 대해 총괄 정리하는 구
절은 '인간 개조'보다는 '제도 변혁'에 더 가까운 것처럼
서술한다.

문화혁명은 이상에서 설명한 것과 같은 하나하나의
현상, 그 전체가 종합적으로 사회의 존재·기능양식을
변질시키는 사태 발전을 저지하고 뒤집어 엎어버리려
는 모택동의 '사회주의 속에서의 계속혁명'이라고 할
수 있다. 당기구를 그 당의 창시자와 지도자가 대중을
시켜서 깨어버린 예는 세계의 공산당(어쩌면 어떤 당)
사에 없는 일이다. 정부의 '능률적'인 기능을 다른 어
떤 것으로 대치해버리거나, 공장·학교·인민공사·군대
에 이르기까지 모든 활동단위에서 하부 대중이 정책 결
정 과정과 관리 운영의 업무에 제도적으로 참여하도록
보장한 것, 엘리트·간부·지식인에게 그 각 기관에서 최
하 직종의 육체노동을 해야 할 의무의 제도화… 같은 것
이 그것이다. 그중에서도 가장 중요하고 모택동 사상의
핵심을 이루는 것은 '조반유리(造反有理)'이겠다. 모든

사람에게 상부의 지시·명령·권위에 대해 무조건 복종을 요구하는 것이 아니라 반드시 그 정당성·타당성·대중이익에의 부합, 인간 개인의 자주성, 창의력 발휘에의 기여 같은 고려 기준에 비추어서 검토·비판·합의를 거친 뒤에 그 복종·시행 여부를 결정하라는 것이다. 『우상과 이성』 159~60면

여기서 우리는 선후 관계의 혼란을 겪게 된다. '새로운 인간형'을 만들면 새로운 사회가 오는 것이 아니라, 새로운 사회란 '제도'의 변화 속에서 새로운 인간형이 등장하는 과정으로 이해되고 있다고 할 수 있다. 그리고 여기서 핵심은 그 '제도'를 작동시키는 민주적 권리를 아래로 '하방'하는 데 있다. 그런 점에서 그것은 '제도'로 해결될 문제가 아니지만, 제도와 무관한 문제도 아니다. 그래서 이런 경험을 총괄하며 리영희는 "한 공장노동자가 공장장, 소속 지방당 위원장은 물론 국가주석(원수)까지도 공개적으로 비판할 수 있다는 것은 서구식 민주주의 사상과도 일치한다"고 평가한다. 『전환시대의 논리』 190면 그러면 여기서 난점은 해소되는가? 그렇지 않다.

앞서가는 쟁점: '교육혁명'

더 나아가기에 앞서 잠시 여기서 마치 막간의 간주곡처

럼 매우 독특하고 흥미로운 강조점을 하나 지적해둘 필요
가 있다. 그것은 문화대혁명 시기에 등장한 '교육혁명'이
라는 실험에 관한 것이다. 리영희의 문화대혁명 이야기 중
가장 힘주어 강조되는 곳, 그리고 구체적 사례가 가장 많이
언급되는 곳이 여기다. 먼저 리영희의 소개를 들어보자.

중공의 대학은 이 양자가 각각 일면씩만을 강조하는
측면을 종합한 '지식교육·정치훈련·육체노동'의 3자를
통튼 형식과 기능이다. … 교육의 목적은 이론만 아는
인텔리나 이론적 전문가를 만드는 데 있지 않고, 정치적
실천자가 되고 대중과 유리되지 않고 노동을 통해서 노
동자와 인텔리의 사상적·계급적 차별을 해소하는 데 있
다고 그들은 주장한다. … '지식인은 노동자가 되고 노
동자는 지식인이 된다'는 것이 중공 교육의 구호다. 목
표와 목적은 지식인을 노동자의 수준으로 내리려는 것
이 아니라 노동자의 지적 수준을 끌어올림으로써 '두뇌
지식인'과 '육체노동자'를 정신적·사상적으로 융합하게
한다는 것이다. … 말하자면 등록금을 내고 강의실을 직
장으로 삼는 '직업적 학생'이라는 것은 존재하지 않고
대학생은 바로 노동자이고 대학은 바로 노동자의 고등
교육 역할을 한다는 뜻이다. 『전환시대의 논리』 107~09면

문화대혁명의 덜 두드러지지만 핵심적인 측면이 교육혁명에 있었다는 것은 중요한 지적이다. 무엇보다 그것은 문화대혁명이 전개된 두 영역인 학교와 공장을 잇는 쟁점이었고, 또 그것이 실패한 자리를 보여주는 것이기 때문이다. 이 교육이라는 쟁점은 매우 독특한 사유의 전통을 형성한다. 그것은 일찍이 맑스의 「포이어바흐 테제」 3번에서 시작해 엥겔스의 「반뒤링론」에서 육체노동과 학습을 결합함으로써 엘리트 교육체제를 지양하려는 사고를 계승한다. 중국의 문화대혁명과 같은 시기에 이른바 '68년'의 정세 아래 프랑스나 이탈리아 같은 곳에서 동일한 방식의 교육혁명의 사고가 분출한다는 것은 매우 상징적이다.

리영희가 해석하는 마오의 '교육사상'에 대해 다시 한번 들어보자.

그는 모든 사회·정치운동을 교육으로 보았다. 이것은 이론과 실천의 문제로 따로 제기되지만 문화대혁명은 바로 이 '대중의 실천을 통한 교육'으로 진행된 것이다.

모택동에게 학교교육이란 어느 사회에나 제한된 기회와 혜택일 수밖에 없는 것이기에 그 생산품은 중국적 관료, 소련식 기술 전문가(테크노크라트)일 수밖에 없었다. 관료와 테크노크라트는 그 자체가 지배세력화하거나 지배계급의 도구화할 필연적 존재로 그는 보았다. 『우상과 이성』

이 말은 '사상혁명'을 어떻게 해석할 것인가에 대해 리영희 자신에게 곤혹스러운 질문을 되던진다. 그것은 단지 무엇을 생각하는지만이 아니라 사상의 독점이 있는지, 누가 지시하는지, 지시와 수행은 분리되는지 등도 함께 질문한다. 즉 '사상' 또는 더 폭넓게 말하자면 '지식'을 생산하고 재생산하고, 소비하고, 점유하고, 독점하는, 그리고 그것과 다른 구조를 연결시키는 구조와 사회적 관계에 대한 질문, 그리고 그 관계의 급진적 전화에 대한 질문을 제기하는 것이다. 우리는 이제 그 질문을 다시 그런 유사한 방식으로 제기하기가 너무나 불가능해 보이는 대극점에 와 있는 듯하다.

문화대혁명의 모순

1991년 리영희는 사회주의권의 붕괴를 목도한 이후 고통스러운 자기고백을 통해 과거 자신의 입장을 비판한다. 「사회주의의 실패를 보는 한 지식인의 고민과 갈등」 「사회주의는 끝난 것인가? 자본주의는 이긴 것인가?」 「버리지 못하는 이기주의와 버릴 수 없는 사회주의적 휴머니즘」, 『새는 '좌·우'의 날개로 난다』(2006) 이런 입장 표명은 당시 상당히 논란이 되었고, 특히 1991년이라는 독특한 정세 속에 작동했다는 점에서 다시 검토가 필요하다. 이후 논란은 리영희 선생이 과거에 대해 평가하면서 제기한 인간성, 인간본성으로서 소유욕, 그리고 '인간주의적 맑스로 회귀' 등을 둘러싸고 전개되었다.

그런데 과거를 자기비판하는 리영희의 글이나 대담을 읽어보면 우리는 두가지 흥미로움을 발견하게 된다. 이 문제를 다루는 그의 곤혹감과 더불어 여기서도 제자리를 찾지 못하는 언어라는 문제가 발견된다.

첫번째로 그가 앞선 시기 "공학도적 엄밀성"을 추구하며 작업했던 것과 대비해 이 시기 사회주의 역사에 대해 평가하는 그의 방식의 차이를 지적할 수 있다. 이에 대해 그는 자신의 성찰을 "이론적 확신이라기보다는 … 지적 고민의 고백"『새는 '좌·우'의 날개로 난다』 214면 또는 "결론이나 단정을 내린 것이 아니라 … 그저 내 느낌"『새는 '좌·우'의 날개로 난다』 298~99면이라고 말한다.

두번째로 이 시기 사회주의 역사를 자기비판하면서 그가 사용하는 '구조결정론'이라는 표현의 모호함이 있다. 그는 사회주의의 문제를 "구조결정론의 파탄"으로 표현한다.『새는 '좌·우'의 날개로 난다』 216면 그런데 여기서 그가 사용하는 구조결정론이라는 표현은 행위자를 구조의 꼭두각시로 보는 일반적 의미와는 함의가 상당히 다르다. 이것이 당시 논쟁의 맥락에서 혼동을 불러일으킨 이유였던 것 같다. 그가 말하는 구조결정론은 "인간의 상대적 인식능력의 부정과 개인의 '선택적 주체성'의 상실의 시대"를 말하며, 여기서 구조란 "사회학적 용어로서의 '계급' 또는 계급관계 및 구속성의 구조라기보다는 앞서 말한 바와 같이 지식인의 온갖 기능과 능력 면에서 구조화되었던 현실"을 말한다.『새는 '좌·우'의 날개로 난다』 215면 그렇게 볼 때, 좌파가 극우의 구조결정주의의 반테제라고 해석할 수 있다는 그의 주장이 이해된다. 이렇게 설명한 구조결정론이란 '박제화한 사유능력' 또는 '냉전의 진영론적 사유체계'로 해석되어야 한다. 그렇게 보면 리영희는 '인간성 개조의 실패'라는 사회주의 붕괴의 효과와 그런 결과를 초래하는 데 작용한 '진영론적 사유체계'의 문제를 지적하고 거기서 "지식인집단의 '환경예측 능력' 상실"을 읽고 있지만, 그가 '구조'라고 말하면서 뒤로 숨겨놓은 진짜 '구조', 즉 사회주의 체계의 성격과 모순에 대해서는 정작 "공학도적 엄밀성"으로 이야기하지 않고 있음을 알게 된다. 그는 "이상주의적 인간형에 경도"『새는 '좌·우'의 날개로 난다』 227면되고 "포장된 사회주의적 선전을 상당한 정도 믿었던 탓"『새는 '좌·우'의 날개로 난다』 312면에서 자기 사유의 한계를 찾는다. 그러나 원인에 대한 진단은 인간성과 '욕구'라는 소략한 차원에 줄곧 멈춘다. 그것이 그가 "공학도적 엄밀성" 대신 "지적 고민의 고백"을 토로하는 이유이다.

다음 세번째로, 리영희의 자기비판 논리에 숨겨진 난점을 이야기해야 한다. 그리고 이 난점이 그가 문화대혁명을 분석하는 다층성을 잘 드러내줄 수 있다. 그의 문화대혁명 분석의 진전을 가로막는 난점은 그가 강하게 의탁한 탕산과 뉴욕의 대비라는 구도에서 역설적으로 발견된다. 이 강렬한 대비는 그의 '인간성 개조' 또는 물질주의 대 정신주의의 대비의 정점이다. 그런데 이 강렬함은 두가지 붕괴 가능성을 내포하고 있다. 하나는 그가 말하듯, '탕산이 자본주의를 만나면서 급격히 자기를 버릴 때'이고, 다른 하나는 "포장된 사회주의적 선전"의 꺼풀들이 벗겨질 때이다. 그가 '환멸' 속에 중국에 대한 관심을 포기하는 과정에서 이 두가지는 맞물려 작용했다. 그런데 이런 문제가 발생하는 이유를 살펴보면, 탕산 대 뉴욕이라는 이 강렬한 대비가 사실 그가 '구조결정론'이라고 부른 사유체계의 전형임을 이야기해야 한다. 그가 인식하지 않으면서 끝까지 붙잡으려 한 이 주춧돌이 사실은 그의 사유체계의 가장 취약한 고리였던 셈이다.

우리는 현재의 시점에서 문화대혁명의 결과 또는 '실패'와 관련된 핵심적 쟁점들, 특히 리영희의 사고에서 모호하게 나타나거나 드러나지 않은 쟁점들을 세가지 정도 생각해볼 수 있다.

관료주의의 연원과 사회주의의 모순이 첫번째이고, 조반파 내부의 갈등이나 마오와 조반파 사이의 갈등이 두번째이며, 마지막은 문화대혁명에서 나타나는 폭력의 악순환이다. '인간 개조'라는 질문 자체에 이런 질문들이 이미 잠재한다. '인간 개조'는 그 주체에 관한 질문을 제기하는데, 그것이 위에서 아래로의 개조라면 문화대혁명의 본질적 정신에 위배될 것이다. 지도자의 올바른 개조방향을 따른다는 것을 전제하기 때문이다. 이는 '하방'과 관련된 정책에서는 설명될 수 있더라도 그 이후 문화대혁명의 대중운동 과정을 설명하기 어려워진다. 그렇지 않고 아래에서 위로의 개조 또는 모든 사람이 스스로 개조의 주체라고 한다면 ① 그것이 어떻게 개시 가능하며, ② 서로 다른 개조의 방향의 수렴과 평가는 어떻게 가능할지, ③ 개조가 폭력적이지 않도록 어떻게 보증할 수 있는지 하는 질문이 다시 제기된다.

친일파·'친한파', 일본의 과거사 반성

/ 서중석

들어가면서

리영희의 글은 대부분이 그 글이 쓰인 시기의 현실을 '정확히' '바르게' 인식하게 하는 것에 초점이 맞춰져 있다. 그때까지 현실을 애매모호하고 부정확하게 알거나 잘 못 알고 있거나 거꾸로 알고 있는 경우가 아주 많았기 때문이다. 나아가 단순히 인지하는 데에 머무는 것이 아니라, 실천이나 행동으로 나아갈 것을 요구하는 경우가 많았다. 당시 베트남에 관한 탁월한 분석이나, 중국혁명에 관한 글들은 읽는 이들의 사상이나 사고의 전환 또는 변화를 요구했다. 그런 점에서 그의 글은 비록 외국에 관한 글이라고 하더라도 가장 '현실적'이었다.

리영희는 일본과 관련해서도 여러편의 글을 썼다. 한국인들이 일본에 대해서는 그 이전에 비판적인 글들을 많이 읽어서 그렇겠지만, 리영희의 글들이 비록 중국이나 베트남 글들에 비해 덜 충격적이고 혁명적인 사고의 전환까지 요구하지는 않는다 하더라도 그때까지 가지고 있었던 일본관이 얼마나 안이했는가를 깨닫게 하는 데 적절한 자극을 준다. 미처 잘 몰랐던 사실이 많고, 애매하고 부정확하게 알고 있었던 것도 많다는 것을 거듭 깨닫게 된다. 현실을 언급하려면 당연하기도 하지만, 리영희는 친일파에 관해서도 적지 않은 글을 남겼다.

친일파와 일본의 극우세력, 교과서 문제와 일본의 과거사 문제에 대해 이 글 저 글에서 조금씩 언급한 것도 있지만, 그것만 전문적으로 다룬 글도 있다. 임헌영이 편집한 『희망: 리영희 산문선』(2011)에는 따로 하나의 장을 설정해 친일파와 일본에 관한 글 네편을 수록했다. 1984년 또는 1985년에 발표한 것으로 보이는 「해방 40년의 반성과 민족의 내일」, 글 내용으로 봐서 1980년대 말이나 1990년대 초에 쓴 것 같은 「친일문학(인)의 마조히즘과 사디즘」, 1986년경에 쓴 것으로 보이는 「한국의 '친일파'들에게」, 1983년에 발표한 「다시 일본의 '교과서 문제'를 생각한다」가 그것이다.

위에서 언급한 네편의 글은 우선 짧지가 않다. 그 점에서

『희망』에 실린 다른 글들과도 차이가 난다. 네편 모두 원고지로 1백매가 넘을 것 같고, 두편은 200매 내외의 분량이다. 또 주를 달지 않아서 그렇지 논문과 다름없는 전문적 글이다. 이 글들은 당시로서는 다루기가 쉽지 않았던 친한파 문제, 나까소네 정책의 본질과 지향, 일본 역사교과서 문제의 배경과 성격을 고찰했고, 마지막 주제와 결부해 한국 역사교과서에 대해 문제를 제기한 점에서 무게감을 느끼게 한다.

리영희는 한국이 미국 다음으로 많은 병력을 파견했던 베트남전쟁에 대해 먼저 다루었고, 이어서 중국의 혁명에 대해 다루고, 그 다음에 일본과 친일파 문제를 다뤘다고 볼 수 있다. 베트남 문제와 중국혁명은 그 시기에 쉽게 접근할 수 있는 책이 드물었지만, 일본에 대해서는 그렇지 않았다. 1982년 일본의 역사교과서 문제로 동아시아가 아주 시끄러웠고, 1980년대 전반기 나까소네 정권에 와서 경제적 대국을 넘어서서 정치적 군사적 대국도 넘보았고, 우경화·군국주의화의 길을 걸으며 과거의 침략전쟁을 미화했기 때문에 관심을 끌어서였겠지만 1980년대 중후반에 여러 글과 책이 나왔다. 그러나 어느 것도 리영희 특유의 날카로움과 기지가 살아 있지 못하고, 대개는 나열식으로 쓰여졌다는 점에서도 리영희 글의 전문성과 거리가 있다. 사실 리영희의 위 네편은 지금 읽어도 처음 아는 사실이 많이 들어 있고, 새로운 맛이 그득하다는 점에서 고전적인 작품에 들어간다고 하겠다.

친일파 문제

친일행위자가 '최고위층'과 지배집단 상층부를 차지한 나라

리영희가 1949년에 친일파를 체포해 조사한 반민특위가 어떻게 무력하게 되었는가를 기술한 부분은 다른 사람들의 책과 글에서 아주 구체적이고 상세하게 썼기 때문에 따로 언급할 필요는 없을 것이다. 그러나 반민특위가 무력화됨으로써 한국 사회가 지배집단의 상층부, 나아가 최고위층까지 친일파로 되었다는 지적은 리영희만이 할 수 있는 직격탄 아닐까. 한걸음 더 나아가 리영희는 일제가 망언을 일삼고 식민지 시기에 한국인을 위해 교육 등을 베풀었다고 큰소리치는 것은 그러한 친일파 때문이 아니냐고 되물었다.

리영희는 왜 우리가 저들 왕년의 식민통치자들의 멸시를 해방 이후에도 계속 받게 되었는가를 따진다. 그러면서 맹자가 "무릇, 남이 나를 업신여길 때에는 나 자신이 떳떳치 못한 데가 있기 때문이다"라고 말한 바를 인용하면서, "혹시라도 우리 국가, 사회, 개인 내부에 그럴 만한 까닭이 있지는 않을까?"라고 묻는다. 우리는 일본에 대해 흥분 속에 감정적인 반발을 하면서도 자신에 대한 성찰의 노력은 거의 찾아볼 수 없는데, 냉정하게 우리 국가의 실태에 눈길을 돌려보자는 지적이다. 「다시 일본의 '교과서 문제'를 생각한다」, 『희망』 487면

해방 후 이 나라의 정치·행정·군대·경찰·경제·사회·문화·종교·교육·사법… 등 온갖 분야에서 그 최고위층과 지배집단의 상층부에 앉았던 '인물'들이 일제 식민통치 아래서 무엇을 한 사람들인가를 살펴보자. 식민통치의 분야마다에서 식민자의 교육을 받아 그들에게 적극적으로 자발적으로 봉사하고 그들의 식민통치를 방조한 인물은 아니었던가? 「다시 일본의 '교과서 문제'를 생각한다」, 『희망』 488면

'그 최고위층'이 누구인지 궁금하지 않은가? '그 최고위층'을 알고 싶으면 역시 임헌영이 편집한 『희망』에 수록된 「김구선생 암살범 안두희의 교훈」305면을 펼쳐보면 된다.

100여개가 넘는 나라 가운데 과거에 민족반역자 노릇을 한 자를 자기 나라의 대통령으로 모신 나라는 베트남과 한국밖에 없습니다. 일본이나 프랑스·미국의 지배를 받았던 아시아 대부분의 나라들의 국가원수는 독립운

동가 출신입니다. 심지어 자기 부인에게 3,000켤레의 구두를 장만케 하여 빈축을 샀던 필리핀의 마르코스조차도 과거에 독립운동을 했던 사람입니다.

'그 최고위층'은 한국 현대사의 가운데 토막에 해당하는 18년을 통치한 인물이었다. 그러니 맹자의 말대로 일본이 우리를 업신여겨 망언을 일삼고 너희들을 위해 식민통치를 했다고 큰소리치는 것은 우리 자신이 떳떳치 못한 데가 있었기 때문이다. 노재현 기자가 쓴 글에는 선우휘(鮮于輝)가 박정희와 술을 마시며 일본 천황의 교육칙어를 번갈아 외는 장면이 실려 있다. 선우휘는 리영희가 조선일보 기자로 비동맹국가들이 남북한을 유엔에 동시 가입시키려는 움직임이 있다는 해외공관 보고를 보도했다가 반공법 등으로 구속될 때, 편집국장으로 구속되었다가 불기소처분을 받은 바로 그 인물이다.

'임자, 아직도 칙어를 욀 줄 아나?'라고 물으셨지요. 내 형님(선우휘)이 먼저 외기 시작했어요. 교육칙어는 현재의 국민교육헌장보다 훨씬 긴 문장인데, 형님이 한동안 외면 대통령께서 그 뒷 문장을 받아 외고, 다시 또 형님이 받고 해서 두분이 끝까지 다 낭송하시더군요.노재현『청와대비서실』 2(중앙일보사 1993) 252면

5·16 쿠데타 전 박정희가 부산에서 군수기지사령관일 때 박정희는 대구사범 동기로 부산일보 주필이었던 황용주와 국제신문 주필 이병주(李炳注)를 만났다. 그때의 한 장면을 이병주가 써놓은 것이 있다. 박정희가 또 일제의 1936년 2·26 쿠데타를 일으킨 장교들에 대해 찬사를 늘어놓자 황용주가 충고한답시고 놈들은 천황절대주의자이고 국수주의자들이라고 비난했다. 그러자 박정희가 흥분했다.

일본의 군인이 천황 절대주의 하는 것이 왜 나쁜가. 그리고 국수주의가 어째서 나쁜가!이병주『대통령들의 초상』(서당 1991) 95면

이병주는 박정희가 2·26 쿠데타를 일으킨 일본의 국수주의 장교들에게 심취하고 있는 것으로 보였다고 기술했다. 박정희는 그때 선원들을 통해서밖에 구할 수 없는 일본에서 만든 정종을 즐겨 마셨다.

이러한 박정희가 20년 가까이, 그것도 유신시기에는 유일 지존의 절대적 영도자로서 지배했는데, 또 반민특위가 정부 수립 1년도 안 되어 박살 나고 나라의 온갖 분야 지배집단 상층부에 친일파들이 또아리를 틀고 있었는데도 일본의 극우세력이 망언을 하지 않고, 한반도 지배를 반성한다면 그것이 오히려 이상하지 않을까.

박정희는 평생 동안 군국주의 파시즘 또는 천황제 파시즘의 영향을 받았던 것으로 보인다. 박정희는 일제 때의 경력 때문에 국가의 지도자로 부적합했을 뿐만 아니라, 다른 군인들과도 달리 해방 후에도 그 군인정신을 청산하지 못했다는 점에서 지극히 부적합한 인물이었다. 더구나 그러한 인물이 유난히 자주성이나 자주정신을 강조하였고, 그것을 적지 않은 국민이 무비판적으로 받아들였다는 점도 친일파를 청산하지 못한 한국병의 뿌리가 얼마나 심대한가를 얘기해줄 따름이다.

해방을 맞았을 때 모두 다 뛸 듯이 기뻐한 것은 아니었다. 절망과 공포에 휩싸인 사람들도 있었다. 친일경찰이나 만주와 중국 각지에서 전쟁에 나섰던 친일군인들이 그러했다. 박정희는 나이가 들어 일본 천황에 대한 충성을 다짐하는 혈서를 쓰고 만주군관학교에 들어갔기 때문에(『만주신문』(1939. 3. 31.) 각별히 열성을 다해 교육을 받았다. 그래서 일본 육사까지 유학을 갈 수 있었고, 만주군에 배속된 뒤에도 모든 출세를 일제의 국운에 걸고 있었다. 타까기 마사오(高木正雄)보다 훨씬 더 일본색이 짙은, 완연히 일본인 이름인 오까모또 미노루(岡本實)로 이름을 바꾼 것도 그와 관계가 있을 것이다. 그렇기 때문에 일제가 패망했을 때 오까모또 미노루 중위는 여러 글에서 지적하듯 절망감이 컸을 것이다. 그것은 독립운동에 대한 반감에서도 엿볼 수 있다. 앞의 책에 이병주는 박정희의 이런 말도 남겼다.

독립운동을 합네 하고 모두들 당파싸움만 하고 있었던 거여. 그 습성이 해방 직후의 혼란으로 이어진 기라 말이다. 그런데도 민족의 체면을 유지했다고?이병주『대통령들의 초상』99면

친일파가 현대사에 끼친 해악

박정희가 쿠데타를 일으킨 뒤 쿠데타를 '공인'받기 위해 처음으로 케네디 미 대통령을 만나러 갈 때 일본에 들렀던 1961년 11월, 박정희는 이께다 하야또(池田勇人) 수상만 만난 것이 아니었다. 자신이 만주군관학교에 다닐 때 교장이었던 나구모 추우이찌(南雲忠一) 중장군관학교 교장 시절 계급도 만났다. 정보기관을 통해 알아낸 뒤 특별히 모신 것이었다. 물론 그 자리에는 만주국을 호령하던 키시 노부스께(岸信介) 전 수상 등 화려한 침략의 경력을 가졌던 만주인맥 몇 사람도 있었다. 한국의 최고 실력자인 국가재건최고회의 의장 박정희가 두번째나 세번째가 아니라 처음으로 일본에 가는 것인데 키시 등 만주인맥을 만난 것도 국가 자주성이나 대한민국 체면에 뭐가 되느냐는 말을 들을 수 있었지만, 교장일 때 만주에서 히로히또(裕仁) 천황 폐하를 위해 하시라도 옥쇄할 각오가 돼 있어야 한다며 군국

주의 파시즘이나 '대동아' 침략전쟁의 화신으로 생도들을 교육한 나구모를 모셔 특별히 예를 갖추었다는 것은 어떠한 이유를 붙이더라도 나라 꼴을 엉망으로 만들어놓은 것일 수밖에 없다.

한일회담 한일협정 반대시위가 1964, 65년 이태에 걸쳐 거세게 거국적으로 일어나다시피한 것은 박정희가 일본에 처음 들를 때부터 예상할 수 있었다. 평화선^{1952년 일본과의 어업} ^{분쟁 가능성을 방지하려는 등의 목적으로 설정된 해역선}은 회담이 열리기 전에 이미 산산이 부서져 허공에 둥둥 뜬 이름이 되었고, 독도를 폭파하자는 소리도 서슴지 않았다. 박 정권은 모든 것을 청구권 하나에만 매달렸는데, 그 결과는 '대한민국과 일본국 간의 재산 및 청구권에 관한 문제의 해결과 경제협력에 관한 협정'에서 '및'자 다음에 겨우 문구 하나가 들어가 있을 뿐이다. 그것도 일본이 주장한 '(일본과 일본인) 재산'이 먼저 들어 있고, 또 '경제협력에 관한 협정'이라는 문구와 병렬적으로 들어가 있다. 뿐만 아니라, 본문에서 일본이 '무상' 3억 달러 '장기저리차관' 2억 달러를 마치 시혜나 베풀듯이 경제 발전을 위하여 준다고만 되어 있지 청구권으로 3억 달러를 준다고 어디에도 쓰여 있지 않다. 그러고는 한국인이 일제의 만행이나 부당행위에 대해 배상이나 보상을 받기 어렵게 "완전히 그리고 최종적으로 해결된 것이 된다는 것을 확인한다"고 못 박았다.

유신체제는 일제 군국주의 파시즘이 '한국적 민주주의'라는 허울로 1970년대에 출현한, 오로지 박정희 한 사람만을 위해서 친위 쿠데타를 일으켜 만들어낸 박정희 1인독재체제다. 이거야말로 일제 잔재가 청산되기는커녕 일제 잔재의 정화(精華)로 이 땅에 피어난 것이다. 유신체제에서 모든 권력을 움켜쥔 인물은 리영희가 언급한바 '민족반역자 노릇을 한 베트남과 한국의 바로 그 대통령'이었다. 또 유신 쿠데타 이전에 임명되어 유신시기 대부분을, 그래서 10년 이상 대법원장을 지낸 인물도, 그 후임도, 국회의장을 맡은 두 인물도, 유정회 제1대, 제2대 회장을 맡은 사람도 친일행위자였다. 그중에는 A급 고위 친일파 아들로 1975년 인혁당재건위 사건에서 군법회의 판결 그대로 8명에게 사형을 선고한 대법원장 민복기와 만주국에서 박정희보다 훨씬 더 일제의 사랑을 받은 국회의장 정일권도 들어 있다. 인물 면면으로도 '친일파공화국' 아닐까?

이제 친일파가 남한 사회에 끼친 해독을 살펴보자.

우선 친일파는 민주주의를 멍들게 했다. 유신체제를 앞에서 언급했지만, 1950년대 한국을 경찰국가라고 많이 불렀다. 경찰을 풀어 독재를 했다는 비판이다. 리영희는 여러 글에서 반복해서 4월혁명 직후인 1960년 5월 통계로 경찰 간부 다수가 친일파였던 것을 지적하고 있는데, 이승만 독재정권에서 이들 친일경찰이 하수인 노릇을 했다. 그중에서도 특히 정보경찰인 사찰계(과) 형사들은 반공독재와 부정선거로 악명이 드높았는데, 그곳은 그야말로 친일파의 소굴이었다. 이승만이 반공 독재하는 데 3대 악질이 있다는 말을 하는 사람들이 있다. 특무대장 김창룡, 헌병총사령관 원용덕, 치안국장 김종원이 그 세 인물인데, 하나같이 친일행위자들이었다.

친일파가 자유민주주의의 초석인 선거를 얼마나 심각하게 파괴했는가는 1960년 3·15 선거를 보면 알 수 있다. 이 선거를 지휘한 자유당 간부의 경우 대통령후보 이승만, 부통령후보 이기붕 다음 순위인 이재학, 한희석, 임철호, 장경근 등이 모두 다 친일파다. 장관 11명 중 의료계에 있었던 두명을 제외하고는, 일제 기관에 근무했거나 친일파 보험회사 간부였다. 차관 12명의 경우 10명이 친일파거나 친일행위와 관련이 있었다. 부정선거를 일선에서 지휘한 시경국장, 도경국장은 한 사람이 토건업계에 근무했고 나머지는 모두 다 친일파였다. 이러니 이승만에게 맹종하여 3·15 선거를 치렀던 것이다.

다음으로 친일파는 분단을 고착화했다. 리영희는 "일제 통치 때부터 친일분자의 염원은 민족의 분열이었고, 독립 애국지사의 염원은 민족의 분열이 아니라 화해였음을 해방 40년의 날에 되새겨본다"라고 썼다. 「해방 40년의 반성과 민족의 내일」, 『희망』 412면 해방이 공포와 두려움이었던 친일파들은 이승만이 단정운동을 펴자 그것에 적극 호응해 앞장을 섰다. 그들에게 이승만은 분단세계에서 자신들의 살길을 밝혀준 구세주였다. 사실 친일파들은 1945년 12월 28, 29일부터 시작된 반탁투쟁에 적극 참여하였는데, 분열과 분단만이 살길이어서 장준하의 지적대로 김구 등 반탁운동세력과는 다른 목적을 갖고 반탁의 대열에 끼어든 것이었다.

1949년 안두희는 원용덕이 재판장인 법정에서 나는 대한민국을 위해서 김구 선생을 살해했다고 역설했고, 법정 안팎에서는 안두희를 대한민국에서 표창 주어야 한다고 외쳤다. 이 경우 대한민국 대신에 분단세력으로 바꾸는 것이 명확하고 정확할 것이다.

친일파를 주축으로 한 분단세력은 70년 동안 분단 공고화와 분단체제 굳히기에 열과 성을 다했다. 그들은 북의 극좌와 비슷하게 전쟁 불사를 쉴 새 없이 외쳤는데, 반공독재와 분단체제를 굳히기 위해서였다.

세번째로 친일파가 남긴 해독은 민족정기 국가대의에 직결되어 있는 가치관을 혼란시키고 전도하게 했다는 점이다. 리영희가 말한 대로 친일파가 온갖 분야에서 그 최고위층과 상층부를 장악하고 있는데 국가 기강이 잡힐 리 없었고, 가치관이 올바로 설 리가 없었다. 삼일절, 광복절 기념 단상에 친일파들이 거드름 피우고 앉아 있는데, 그 기념식장에 학생들을 데리고 간 교사가 어떻게 정의, 애국, 독립, 자주를 가르칠 수가 있겠는가.

리영희는 우리가 얼마나 의식이 전도된 가운데 살고 있는가를 족집게로 잡아내듯이 여러곳에서 제시하고 있다.

해마다 8월 15일이 되면 세종문화회관 같은 데서 광복절 기념식이 거행된다. 이 자리에서 진행되는 독립운동 유공자 수훈·표창을 나는 각별히 관심있게 지켜보아왔다.

일제의 모진 고문으로 손톱이 다 빠져버린 늙은 애국지사에게 훈장이나 표창장을 수여하는 높은 분은 으레 일본제국 황국군대의 육군 소위였거나 중위였던 사람이다. 해방된 나라에서는 오히려 멸시받고 배척당한 독립지사들을 줄세워놓고 높은 단 위에서 치하하는 분은 일본제국의 만주괴뢰국 군대의 장교였던 이라고도 한다.

「해방 40년의 반성과 민족의 내일」, 『희망』 380~81면

1982년 일본 교과서 문제로 반일 여론이 거세졌고 그것이 반 전두환 정권 움직임으로 흐르려 하자 전두환은 여론을 돌리기 위해 독립기념관을 짓는다고 나섰다. 10년 뒤 리영희는 이 일을 다음과 같이 회고한다.

그래 독립기념관건립준비위원회라는 것을 만들었는

데 … 그저 신문사 사장·총리·정당 당수 등 이름깨나 있
는 사람들이 명단에 올라가고 신문에 발표가 되었습니
다. 그런데 한자 한자 거들떠보니 거기에 과거 일제의
앞잡이 노릇을 하던 친일파 이름들이 즐비하게 나온 것
입니다. 이때 어떤 신문에서 이를 문제 삼는 논설이 나
오자 또 명단을 뽑는 한차례의 비극적인 소동이 벌어졌
습니다. 이처럼 애국의 이름으로, 극일의 이름으로 독
립기념관을 지은 것입니다. 투쟁으로 독립한 나라는 해
방이 되자마자 첫 사업으로 독립기념관을 짓습니다. 해
방 40년이 지나서야 … 그리고 늦었다 하더라도 이왕 지
을 바에야 그 절반은 민족반역의 관으로 할애하여 후손
들의 본보기로 삼을 수 있도록 해야 하는 것 아니겠습니
까? 우리 후손들이 과거를 보고 … 그런데 어디 그것을
지을 수 있었습니까? 친일파들이 독립기념관을 짓겠다
고 나선 판인데.「김구선생 암살범 안두희의 교훈」,『희망』308~09면

'친한파'

아들이나 다름없는 대통령의 취임식에 왔다는 '친한파'

역사의 도착현상, 역사인식의 전도현상은 박정희 집권
시기에 사용된 '친한파'라는 용어처럼 심한 것이 없다. 리

영희가 '친한파'라는 자들에 대해 각별히 관심을 쏟은 것은 너무나 당연하다. 그의 울분을 들어보자.

미국의 압력으로 한일국교정상화회담이 강행되었던 1960년대 초기에 구 식민국가와 구 피식민국가 간의 단절되었던 다리를 놓기 위해 비밀리에 오고 간 일본 측 인물이 야쓰기 가즈오, 고다마 요시오, 기시 노부스케 등이었다는 사실부터 문제된다. 이들은 지난날 일본제국 군국주의 식민지정책의 주역들이었다. 일본의 '대동아공영권'이라는 허무맹랑한 영토 팽창주의의 이름난 선봉장이거나 음흉한 모략·공작가들이었다는 것은 그 시대를 산 사람이면 모르는 사람이 없다. 어째서 하필이면 고르고 골라서 이런 성향의 인물들이 한일관계의 '교량역할'을 맡게 된 것일까. 여기서부터 오늘의 한일관계의 성격이 결정되었다고 해도 크게 틀리지 않는다.「해방 40년의 반성과 민족의 내일」,『희망』391~92면

나구모와 키시를 처음 만났을 때 박정희는 깍듯이 예를 차렸다고 하는데, 만주국 최고 실력자였던 키시에게 만주군 중위였던 박정희가 예를 갖추어 인사했을 때 형언하기 어려운 그 무엇이 있지 않았을까? 대일본제국에의 향수병을 앓고 있었던 친일파와 친한파는 '일심동체' 같기도 했

고 쌍생아 같기도 했다. 그들의 끈끈한 검은 유착은 박정희 정권 때부터 시작되었다. 1982년 교과서 파동과 관련해 리영희는 이렇게도 썼다.

기시 노부스케(전 수상)가 교과서 논쟁이 한창일 때 '만주 낙토(樂土)' 기념비 건설을 추진한 것은 무척이나 상징적이다. 그런데 그 기시를 비롯한 왕년의 '식민지 낙토주의자'들이 교과서 왜곡정책의 주동자들이고…「친일문학(인)의 마조히즘과 사디즘」, 『희망』 490면

야쯔기 카즈오(矢次一夫)는 만주침략 때부터 군부의 배후에서 암약한 '쇼오와(昭和) 최대의 괴물'로 1958년 키시 수상의 개인특사로 한국에 온 한일관계의 배후 인물이었다. 1970년 서울에서 열린 제2차 한일경제협력위원회 총회에서 야쯔기는 값싼 한국의 노동력과 땅을 이용해 섬유 등 노동집약적 산업과 철강·조선·석유화학·전자산업 등 사양산업을 이전시켜 일본의 관서(關西)경제권과 포항 이남 공업지대를 연결할 것을 제안하고 합작회사에 대해 노동쟁의를 금지시켜줄 것을 요구했다.

코다마 요시오(児玉譽士夫)는 패전 후 키시와 함께 A급 전범 중 최연소자로 스가모(巢鴨) 형무소에서 복역했는데, 5·16 쿠데타 이후에는 여러번 한국에 왕래해 박정희, 김종

필 등과 만나며 막후에서 한일관계를 조종했다. 1971년 박 정권으로부터 2등 수교훈장도 받았으나 1976년 타나까 카 꾸에이(田中角栄) 정권을 붕괴시킨 록히드뇌물사건으로 몰락했다.

물론 친한파들이 남한의 권력과 연결된 끈을 그냥 놔두 지는 않았다. 챙길 것을 챙겼다. 키시 선, 코다마 선 등이 그것이다. 키시 선은 포항종합제철소, 서울지하철 건설, 한 일 대륙붕석유공동개발 등 한일 간에 있었던 거대 프로젝 트의 이권에 닿아 있었다.

키시, 야쯔기, 코다마 외에도 군국주의 침략의 수괴급 친한파가 여럿 있지만, 한국인에게 낯익은 두 인물만 더 들어보자.

한 사람은 한일협정 체결 시 일본 외상이었던 시이나 에 쯔사부로오(椎名悅三郎)다. 그는 키시가 만주괴뢰국 산업부 차장, 총무처 차장일 때 그 밑에서 일했고, 1941년 토오조 오(東條) 내각에서 키시가 군수차관을 거쳐 통산성 대신일 때 차관이었다. 시이나는 한일협정 체결 2년 전인 1963년 에 "대만을 경영하고 조선을 합방하고 만주에 오족협화의 이상을 기탁한 것이 일본 제국주의라면 그것은 영광의 제 국주의다"라고 역설했다.

박정희가 1963년 대통령에 취임할 때 크게 화제가 된 인 물이 자민당 부총재였던 오오노 반보꾸(大野伴睦)였다. 한

때 함경도에서 어장을 경영했던 그는 과거에는 '반한적'이었다고 한다. 패전 당시 한국인에게 몰매를 맞았던 것이다. 오오노는 1963년 12월 17일 박정희 대통령 취임식에 일본 측 대표로 참석하게 되었는데, 그때 흉허물 없이 자연스럽게 얘기한 것이 한국인의 비위를 몹시 거슬러 갑자기 유명인사가 되었다. 오오노는 "나와 박정희 대통령은 부자 사이 같은 관계로서 아들의 경축을 보러 가는 것이 기쁘다"라고 말했다. 군국주의자들로서는 박정희가 대통령이 되었으니 오죽 기뻤겠는가. 또 그들에게는 박정희가 만주군 중위 오까모또 미노루로 머릿속에 들어 있는 것도 어찌 보면 당연하다 할 것이다. 그렇지만 박정희는 어쨌든 한국의 대통령이었다. 그런데 박정희가 아들 같다고 했으니 국민이 분노하는 것 또한 당연했다. 그렇지만 당시 신문을 아무리 뒤적여봐도 성질이 급하고 화도 잘 낸다는 박정희가 오오노에게 항의했다는 기사가 나오지 않았다. 그러면 한국 정부라도 항의했어야 할 터인데 그것도 못 찾았다. 왜 동족에게는 호랑이가 '친한파'에게는 뼈 없는 인물처럼 굴었을까?

리영희는 오오노와 인연이 깊었다. 오오노가 박정희와 만나고 가면서 옛 조선호텔에서 기자회견을 가졌다. 그때 조선일보 정치부 기자로 외교 문제를 맡았던 리영희는 오오노가 '새로운 시대'니 '두 국민의 위대한 역사적 화해'

니 하며 거창하게 늘어놓는 구호를 기록하고 있었다. 그러나 "부자 사이" 운운은 도저히 그대로 넘겨버릴 수 없었다. 그래서 "부자지간이라는 관계를 좀더 자세히 설명해줄 수 없을까요?"라고 물었다. (나는 리영희의 글을 읽을 때까지 이 질문을 한 기자가 리영희인 줄은 전혀 몰랐다.) 오오노는 리영희의 질문에 흠칫하더니 "아… 나의 표현이 적절치 않았군. 부자지간이라기보다 '형제지간'이라 해야겠군"이라고 응대했다. 「해방 40년의 반성과 민족의 내일」, 『희망』 392면

'친한파' '반한파'가 말해주는 박정희 정권의 속성

지금까지 '친한파' 이야기를 했는데, '친한파'가 있으면 '반한파'가 있어야 하지 않을까? '반한파'들에 대해 리영희는 이렇게 썼다.

> 일본 내부에서 과거 일본의 범죄 사실을 그대로 2세 국민에게 가르치고, 교과서의 군국주의 미화정책에 반대하는 세력이… 「친일문학(인)의 마조히즘과 사디즘」, 『희망』 491면

일제의 침략전쟁과 만행, 부당한 행위를 비판, 반성하고, 한국 등의 피해자와 피해국가에 대해 사과하고 박정희 유신체제를 비판하고 김지하 구속과 김대중 납치사건에 대해 항의한 사람들을 박정희 때는 '반한파'라고 불렀다. 이

상하지 않은가? '친한파'와 '반한파'가 거꾸로 사용된 것이 아닌가. 이러니 이 사회에 도착적 증세가 일어나지 않을 수 있을까! 하지만 '친한파' '반한파'의 호칭은 박정희 정권의 성격을 그대로 보여준다는 점에서 역사적 의미가 없지 않다.

박정희와 키시 사이는 다른 '친일파' '친한파'와의 관계를 훨씬 넘어선 관계였다. 박정희가 두번째로 '통대'^{통일주체} ^{국민회의 대의원}에서 99.9퍼센트 '득표'로 체육관대통령에 당선되어 1978년 12월 27일 유신 2기 대통령 취임식을 가졌을 때, 이날을 임시공휴일로 하고 통금도 없애고 고궁 등을 무료 개방하는 등 요란한 경축행사를 벌였지만, 쓸쓸하다 못해 을씨년스러운 취임식이 된 것은 어쩔 수 없었다. 겨울 날씨 때문만이 아니었다. 미국에서 축하사절이 오지 않은 것은 카터 대통령 때니까 그렇다 하더라도, 그렇게 가까운 것 같았던 자유중국^{당시 호칭, 대만}에서도 또 일본에서도 정부 사절단이 오지 않았다. 해외에서 온 축하사절은 비록 민간인 자격이었지만 키시가 이끌고 온 12명밖에 없었다. 키시로서는 만주국에서 반쯤 실현시킨 쇼오와유신을 본보기로 삼은 박정희 유신체제에 대해 남다른 감회가 있었을 터이고, 그래서 김대중 납치사건 등 여러 문제가 발생했을 때 도와주는 등 유신체제를 수호하기 위해 남다른 마음을 쏟았기 때문에도 그 경축식에 참석하지 않는다는 것은 있을 수 없었다.

키시는 유신 제2기 체육관대통령 취임식에서 박정희를 만난 것이 마지막이 될 줄은 생각지 못했을 것이다. 한 일본인이 '대일본제국 최후의 군인이 죽었다'고 말했다지만, 박정희는 10·26으로 키시와 유명을 달리하게 되었다. 1979년 11월 3일 박정희 영결식이 있을 때에도 키시는 왔다. 그러나 안개 때문에 김포공항에서 되돌아갔다가 다시오는 바람에 애달프게도 영결식장에 참석하지는 못했다. 박정희가 측근에 의해 비명에 간 것에 키시 등 '친한파'들은 몹시 가슴이 아팠을 것이다. 그러나 그들로서는 다행스럽게도 바로 박정희 유신잔당 속에서 대행자를 찾아낼 수 있었다.

일본의 강상중, 현무암 두 교수가 쓴 책이 『기시 노부스케와 박정희』라는 제목으로 번역된 바 있다. 나도 이 책을 읽었지만, 『한겨레』 서평에 나오는 것으로 이 책의 요지를 옮기고자 한다. 두 교수는 키시가 만주국에서 실시한 경제정책과 박정희의 경제정책 등 많은 면에서 두 인물이 한 일이 비슷한 점을 조목조목 지적하고 분석했다. 두 교수는 박정희와 키시 두 인물을 작가 시바 료오따로오(司馬遼太郎)가 만들었다는 조어를 빌어 '제국주의의 귀태(鬼胎)'라고 지적한다. 귀태는 융모막 조직이 포도송이 모양으로 이상증식하는 것을 가리키는 의학용어라는데, '태어나서는 안 될' '불길한' 같은 뉘앙스가 들어 있는 말이라고 한다.

전후 일본 정계에서 키시가 이끈 만주인맥은 영향력이 컸는데, 혈육들도 막강한 위치에 있었다. 한일협정 체결 당시 수상으로 장기간 수상직에 있었던 사또오 에이사꾸(佐藤栄作)는 통산성장관이었던 1962년에 '팔굉일우를 침략주의로 보는 사람도 있지만, 세계 일가나 인류애 사상과 연결되는 숭고한 생각이 아닌가 생각한다'고 말했다. 키시의 동생다운 발언이었다. 일본 의회에서 한일협정을 비준할 때 그는 1910년 합병조약은 '대등한 입장에서 그리고 한국인의 자유의사에 토대해서 체결되었다'고 강변했다.

키시는 외손자가 수상이 되는 것을 보지 못하고 죽었지만, 아베 신조오(安倍晋三)는 그의 외할아버지가 걸어온 길을 구현시키기 위해 혼신의 노력을 기울이고 있다. 또한 사또오와 함께 최장수 수상이 될지도 모른다는 얘기를 듣기도 한다. 키시는 박정희의 딸이 그의 외손자와 같은 시기에 한국의 대통령이 될 것이라고는 꿈에도 생각지 못했을 것이다. 더구나 자신과 박정희의 관계와는 다르게 한때 외손자와 박정희 딸이 서먹서먹한 관계를 가졌다는 것도 상상치 못했을 것이다. 그렇지만 2015년 12월 한일 간 최대의 쟁점이었던 일본군 성노예-위안부 문제를 아베 측 주장에 따라 합의했고, 그것도 청구권이라는 말이 제목에만 부분적으로 들어가 있는 그 협정처럼 위안부 문제가

"최종적이고 불가역적으로" 해결되었다고 명시한 것에 지하에서 환한 웃음을 짓지 않았을까.

일본의 과거사 반성

리영희는 '친한파'들이 어떠한 과거를 가진 자들이고, 어떠한 일본을 만들려고 하고 있으며, 그 일환으로 한국의 권력과 야합하여 어떠한 행위를 벌여왔는가를 주목하고 분석하는 데 많은 노력을 기울였다. 그와 함께 리영희는 일본이 과거사 문제에 대해 어떠한 태도를 보이는가를 교과서 문제, 우경화-군국주의화-군사대국화와 긴밀히 연결지어 분석했다. 여기서 주요한 방법으로 등장한 것이 서독과의 비교였다. 당시 독일은 아직 통일되기 전이었는데, 그 방법은 당시에 독자들의 이해를 크게 도왔다.

리영희는 일본의 경우 전쟁범죄자를 자국민의 의지로 처단한 경우는 한명도 없다는 점에 주목했다. 다시 말하면 일본 재판소의 손으로 일본인이 범한 범죄, 타국민의 생명·신체·재산에 불법으로 가한 범죄의 책임을 추궁한 일은 없었다는 점「한국의 '친일파'들에게」, 『희망』 461면을 주시한 것이다. 토오꾜오 재판은 말할 나위도 없고, B급과 C급 전쟁범죄자의 처벌도 모두 외국 법정에서 이루어져, 미국·영국·

오스트레일리아·네덜란드·중국·프랑스·필리핀 정부의
개별적 재판정에서 총 5,423명이 재판을 받고 그중 920명
이 사형당했다. 그 반면 서독에서는 뉘른베르크 재판 이후
에도 다른 유럽 나라들에서 행해진 개별적 처벌과 별도로
자국 국민의 의지에 의해서 패전일로부터 1982년 말일까
지의 37년 동안 총 88,587명이 기소되고 6,456명이 유죄판
결을 받았다.「한국의 '친일파'들에게」, 『희망』 453면 리영희의 글보다
늦게 출판된 타까하시 테쯔야(高橋哲哉)의 『일본의 전후
책임을 묻는다』에는 독일 정부가 10만건 이상의 전범 용의
자를 수사했고, 6천건 이상 유죄판결을 받은 것으로 쓰여
있다. 그뿐 아니라 서독 국회(연방의회)는 그것으로도 부
족하여 1979년 그때까지 범죄 추궁을 받지 않은 자들에 대
해 시효를 적용하지 않는다는 형법개정안을 가결했는데,
「한국의 '친일파'들에게」, 『희망』 453면 리영희의 논평을 들어보자.

전쟁과 범죄행위가 끝난 지 40년이 지난 지금도 독일
국민이 세계 도처에 도피·잠복해 사는 나치 범죄자들을
기어이 찾아내 처벌하고 있는 원칙적 정신구조는 일본
국민과는 비교조차 할 수 없다.「한국의 '친일파'들에게」, 『희망』 454면

그런데 일본은 전범재판을 전혀 하지 않았을 뿐만 아니
라 연합군의 토오꾜오 전범재판으로 처형된 토오조오 총

리대신 등 A급 전범 14명이 합사되어 있는 야스꾸니 신사를 총리가 참배하는 나라였다. 나까소네 야스히로(中曽根康弘) 수상은 1983년 4월 21일 야스꾸니 신사를 참배하고, 참배자 방명록에 '내각 총리대신 나까소네 야스히로'라고 썼다. 「다시 일본의 '교과서 문제'를 생각한다」, 『희망』 463면

일본 극우들의 뻔뻔스러움은 21세기 벽두에 들어와 더 노골화되었다. 코이즈미 준이찌로오(小泉純一郎)는 수상이 된 이후 매년 야스꾸니 신사를 참배했다. 그는 A급 전범이 합사된 것에 저항감을 느끼지 않는다며, 한국과 중국에서 비판하자 "자기 나라 전몰자를 추모하는데 왜 외국인이 반대하는지 도대체 이상해서 견딜 수 없다"고 말했다. 수상이라는 사람이 왜 한국과 일본에서 반대하는지 모른다니 도대체 이상해서 견딜 수 없는 발언이었다. 그는 일본 후꾸오까 지방재판소에서 수상의 야스꾸니 신사 참배가 헌법의 정교분리에 위반된다고 판결하자 "어째서 헌법 위반인지 모르겠다"며 "앞으로도 참배하겠다"라고 밝혔다.

최근 아베 정권에 이르러서는 일본의 일각에서 그간 있었던, 토오꾜오 전범재판은 잘못된 재판이라는 주장이 공공연히 나온 것으로 보도된 바 있다. 또한 집단적 자위권을 공포해 한반도 문제에 개입하고 북을 선제공격할 수 있다고 공언했다. 미국 오바마(B. Obama)의 지지, 지원을 받으며 아베는 의석만 확보하면 평화헌법 제9조 1항을 고쳐

전쟁헌법으로 만들겠다고 발언하기도 했다.

리영희는 일본의 과거사 문제를 청구권협정과 연결지어 비판했다.

> 사할린에 남아 있는 교포가 귀국하지 못하는 것도 애당초 패전시에 일본 정부가 일본인만을 송환시키고, 그후 그들에 대해서는 청구권에 의한 3억 달러를 지불했으니 책임없다는 태도 때문이다.
>
> 히로시마·나가사키의 원자탄 피해자에 대해 일본 국민에게는 보상 치료 조치를 하고 있다. 그러나 강제로 일본 국민이 되었던 한국(조선)인 피해자의 치료는 청구권 지불로 책임이 없다는 태도다. 「한국의 '친일파'들에게」, 『희망』 460면

전범처리 문제와 함께 독일(서독)과 일본이 크게 대조적인 것이 배상·보상 문제다. 일본은 한국에 '무상'으로 제공한 경제 발전 기금 1,080억 엔(3억 달러)을 준배상 항목에 포함시키고 있는데, 1954년부터 버마 등 28개국에 배상 3,643억여 엔, 준배상 2,711억여 엔, 각종 청구권 자금 210억여 엔 등 6,565억 엔을 치른 것으로 나와 있다. 그런데 이 보상·배상 자금은 대개 수출 곤란한 플랜트류나 종래 수출되지 않은 자본재 등을 용역제공과 함께 생산물 형태로 공여하는 것이어서 일본의 경제 발전 및 해외 경제 진출에

발판이 되었다. 하여튼 이 6,565억 엔에 일본의 재외 재산 상실 등 '중간 배상'을 합치면 1990년까지 약 1조 엔이 된다고 한다. 이 1조 엔은 일본 정부가 1945년부터 1990년까지 자국민을 대상으로 군인 은급, 전쟁희생자 원호비, 전몰자 유족 연금 등으로 지불한 31조 엔과 대조를 이룬다.

독일(서독)은 국가 차원의 배상과 피해자 개인에 대한 보상을 별도로 추진해 1993년 1월 1일 현재 905억 마르크에 이르렀다. 『아사히신문』은 1993년 8월 1988년까지 독일의 전후 배상·보상액을 국민 1인당 부담액으로 환산해 비교할 경우 일본의 65배가 넘는다고 보도했다.

독일 의회는 2000년 7월 약 120만명에 이르는 나치 강제노역피해자 보상법안을 만장일치로 통과시켰다. 한국인 강제노역자들의 경우 한국 정부는 무책임으로 일관했고, 일본은 무책임하거나 기만적인 것을 넘어선 이상한 짓을 했다. 한일회담에서 한국 정부가 징용 등의 강제연행에 대해 보상을 요구하자, 자신들이 가지고 있는 명단을 내놓기는커녕 알려주지도 않고 구체적인 자료를 제출하라고 윽박질렀다. 일본 정부는 군인·군속으로 끌려간 24만여명 중 11만여명의 급여를 공탁해놓았지만, 수령자에게 이 사실을 통보하지 않아도 되게끔 특례조항을 만들어놓았다. 한국인은 강제연행자에 대한 보상은 말할 것도 없고, 급여나 저축금도 제대로 받지 못했다.

영국이나 프랑스, 네덜란드, 미국의 인도·동남아 지배에 비해 일제의 지배는 훨씬 더 가혹했다. 뿐만 아니라 여러가지 요인 때문에 대만이나 만주보다 더 가혹하고 억압적이고 수탈적인 지배를 받았던 한국에 대한 일본의 사과와 중국에 대한 사과가 큰 차이가 나는 것에 리영희는 개탄해 마지않았다. 먼저 중국에 대해 타나까 일본 수상이 어떻게 말했는지 리영희의 글을 읽어보자.

1972년 중공과의 공동선언에서는 일본의 다나카 수상이 '과거에 일본국이 전쟁을 통해서 중국 인민에게 중대한 손해를 입힌 사실에 대하여 그 책임을 통감하고 깊이 반성한다'라고 말한다.「다시 일본의 '교과서 문제'를 생각한다」, 『희망』 486면

1965년 한일기본조약을 가조인할 때 이동원 장관이 "과거의 어느 기간에 양 국민에게 불행한 관계에 놓여 있었을 뿐 아니라 아직도 국교정상화가 안 된 것은 심히 불행한 일"이라고 말했다. 이 말에 대해 리영희는 이렇게 지적한다.

불행했던 일이 무엇인지 알 수 없는 모호한 표현이다. 사과를 요구한 것도 아니다. 뭔가를 설명했을 뿐이다.「다시 일본의 '교과서 문제'를 생각한다」, 『희망』 486면

그야말로 궁색하고 창피하고 낯간지러운 이동원의 말이 끝나자 시이나 일본 외상이 "한일 양국의 오랜 역사 가운데 불행한 기간이 있었던 것은 참으로 유감스러운 일로서 깊이 반성하는 바이다"라고 답사를 했다. '불행한 기간'이 어느 시기를 가리키는지 모호하고 또 '불행한'의 주체도 일본인지 한국인지 모호하다.

시이나는 일제의 지배에 대해서 직접 언급하지 않았고, 손해를 입힌 사실도 전혀 언급하지 않았으며, 책임을 통감한다는 말도 없었다. 리영희는 이렇게 비판했다.

일본이 중국에 대해서처럼 먼저 분명하게, 자발적으로 사과한 것이 아니라 한국 외상의 설명에 대한 답변형식이다. 반성을 표명한 직위도 수상과 외상으로 다르고, 반성의 농도도 다르다.「다시 일본의 '교과서 문제'를 생각한다」, 『희망』 487면

리영희는 이러한 지적에 이어 일본 측이 이렇게 나온 것은 한국 측에도 책임이 있다는 점을 분명히 했다. 앞에서 언급한 대로, 해방 후 온갖 분야에서 최고위층과 지배집단의 상층부에 앉아서는 안 될 사람이 앉아 있었기 때문이었다.

이승만 정권에서나 박정희 정권에서나 한일회담에서 일본 측 대표는 일제 지배가 한국에 유익했다고 말하여 한국인의 분노를 산 적은 있어도 사과를 한 적은 없었다. 위

의 시이나 언사는 그래도 박정희 18년 동안 일본 정부 인사가 일제의 한국 지배에 대해서 다른 일본 측 대표와 다르게 발언을 한 셈이다. 그러한 점은 그 이후에도 한동안 지속되었다. 1983년에 나까소네가 방한하여 40억 달러 차관을 주었는데, 1984년 전두환이 방일했을 때 히로히또는 "금세기의 한 시기 동안 양국 사이에 불행한 과거가 존재" 한 것이 유감이라고 말했다. 이제는 전쟁의 최고 책임자이자 일제 후기에 한국을 19년간 지배한 인물로부터 박정희처럼 업신여김을 받은 것이다. 1990년 노태우가 갔을 때는 아끼히또(明仁)가 그 이전보다는 나은 발언을 했지만, "통석의 염을 금치 못합니다"라는 발언 때문에 비판을 받아야 했다. 일본 정부가 사과를 표명한 것은 한국에서 군인들이 물러나고 민간인 대통령이 출현한 이후였다.

리영희는 패전 40주년을 맞은 서독과 일본의 지도자가 한 발언을 깊이있고 자세하게 분석했다. 일본의 성격을 너무나 잘 보여주는 '사건'이었기 때문이었다. 이 글에서는 간단히 해당 부분을 소개한다.

바이츠제커(Richard von Weizsäcker) 서독 대통령은 독일이 항복한 5월 8일에 긴 참회의 기념사를 독일인에게 영원히 기억하자고 하면서 남겼다.

참회와 속죄 없이는 구제가 없다는 것을 명심해야 한

다. … 과거를 기억함은 역사를 통한 하나님의 증언이다.
「한국의 '친일파'들에게」, 『희망』 457면

일제 말 해군 중위였던 나까소네의 기념사를 들어보자.

전쟁에 이기건 지건 국가다. 오욕을 털어버리고 영광
을 추구해서 매진하는 것이 국가이며 국민의 모습이어
야 한다. … 지금이야말로 국민의 아이덴티티를 확립할
필요가 있다.「한국의 '친일파'들에게」, 『희망』 459면

전쟁을 체험한 세대만 일본과 독일이 다른 것이 아니었
다. 일본인 대다수를 차지하고 있는 종전 이후 세대의 태
도를 리영희는 이렇게 정리했다.

과거지사는 역사에 묻어버립시다. 설사 그렇다 하더
라도 우리 종전 이후 세대에 무슨 책임이 있단 말이오.
그것은 할아버지·아버지·형들이 한 짓이지 우리가 알
게 뭐란 말이오.「한국의 '친일파'들에게」, 『희망』 447면

바이츠제커는 위의 기념사에서 "그들의 선친은 그들에
게 극악한 유죄를 물려주었다. 오늘을 사는 우리는 누구나
가 다 그 결과적 사실의 멍에를 져야 하며 그 책임을 져야

한다."라고 말했다.「한국의 '친일파'들에게」,『희망』456면 그리고 독일
의 68세대와 그 이후 세대는 나치 시기의 성인이었던 부모
세대의 자기합리화를 비난하면서 '기억' '회개'와 관련된
성찰을 하고, 과거를 반성하기 위한 진지한 활동을 계속해
왔다. 일본과 달라도 너무나 달랐다.

이와 같이 일본이 자기반성의 기미조차 보이지 않는 주
요 원인은 전후 미국의 일본점령 정책 때문이었다.「다시 일본
의 '교과서 문제'를 생각한다」,『희망』468면 미국은 키시, 코다마 등의 A
급 전범을 포함해 전범들을 풀어주어 공직 활동을 하게 했
고, 공직 추방을 당했던 각 분야에서의 주모자급도 모두
해제, 복직되었다. 일본의 정치·경제·군사·문화의 모든 분
야에서 왕년의 '전쟁범죄자'들이 최고권력을 다시 잡게
되었다. 그후 그들의 얼굴을 우리는 소위 '친한파' 명단과
일본 교과서 문제에서 다시 보게 되었다.「다시 일본의 '교과서 문제'
를 생각한다」,『희망』471면

미국은 일본의 배상·보상 문제에도 간여했다. 최대의 배
상을 요구할 수 있었던 '자유중국'은 미국의 압력으로 배
상을 포기하고 일본과 국교정상화를 했다. 중국이 1972년
일본과 국교정상화를 할 때도 배상을 요구하지 않았다.
1950년대에 일본이 동남아 각국에 대해 배상·보상을 할
때 미국은 일본의 경제 발전에 불리하지 않은 범위에서 배
상·보상 문제를 타결하도록 배후에서 작용했다.

전쟁범죄자들이 다시 권력을 장악하고, 타국에 엄청난 피해를 입히고 패망했는데도 배상·보상을 안 해도 되거나 조금만 해도 되게 된 국민들이 식민지 지배나 전쟁에 대해 반성을 할 리가 만무했다.

끝내며

리영희는 '친한파'나 일본의 교과서 왜곡을 준열히, 예리하게 분석하고 비판했지만, 언제나 초점은 우리 자신에게 있었다. 일본 역사교과서 왜곡의 주범은 '친한파'인데, 문제는 그들이 그렇게 한 것이 한국의 반공주의를 지원하기 위해서라고 말하는 데 있다는 것이다.「한국의 '친일파'들에게」, 『희망』 451면 그 반공주의가 친일파와 직결되어 있음은 말할 나위가 없다. 그러면서 리영희는 일본의 교과서 문제 못지 않게 우리의 교과서 문제를 심각하게 살펴봐야 한다는 무서운 충고를 아끼지 않았다. 독립기념관 건립 문제에도 왜 우리는 독립 후 37년이 지나도록 세우지 못했느냐고 반문하면서, 그 기념관에 친일파들의 행적을 전시할 것을 제안했다.

리영희가 박정희의 딸이 대통령이 되는 것을 보았더라면 얼마나 큰 충격을 받았을까. 그 딸이 박정희 출생 100년에 맞춰 역사교과서의 국정화라는, 역사를 정면으로 유신 시기, 극우반공시기로 되돌리려는 조치를 취한 것을 알았 더라면, 결과적으로 그러한 조치가 실패로 돌아간 셈이고 대통령 직위도 탄핵으로 물러나고 말았지만, 어떠한 심정 이었을까. 또 있다. 리영희는 심혈을 기울여 북녘 바로보 기 활동을 하였으며, 남북관계가 순리적으로 풀리도록 마 음을 쏟았고, 박정희가 분단을 이용해 유신체제를 만들고, 또 그 분단을 이용해 유신체제를 수호한 것을 비판했다. 그런데 6월항쟁 이후의 남북관계 개선이 박정희의 딸에 의해 하루 아침에 파탄 나는 것을 목도했을 때 어떠한 생 각이 들었을까.

함께 읽을거리

강상중·현무암, 이목 옮김 『기시 노부스케와 박정희: 다카키 마사오, 박정희에게 만주국이란 무엇이었는가』, 책과함께 2012.

노재현 『청와대비서실』 2, 중앙일보사 1993.

다카하시 데츠야, 이규수 옮김 『일본의 전후 책임을 묻는다: 기억의 정치, 망각의 윤리』, 역사비평사 2000.

이병주 『대통령들의 초상: 우리의 역사를 위한 변명』, 서당 1991.

/ 3부

삶을

읽다

김정남

최영묵

김효순

리영희 선생과의 50년

/ 김정남

　나와 리영희 선생과의 인연을 말하자면 상당히 길다. 내가 리영희 선생을 처음 만난 것은 1964년 11월, '현저동 101번지'(그때는 그렇게 불렸지) 서대문 구치소에서였다. 당시 나는 한일 굴욕외교 반대투쟁, 이른바 6·3 사태의 배후로 몰려 서대문 구치소 8사(舍) 상(上) 36방에 독거수(獨居囚)로 수감되어 있었다. 어느 날 조선일보사 기자가 들어왔다고 해서 알아봤더니 리영희 선생이었다. 리영희 선생은 8사 하 22방에 역시 독거수로 수감되어 있었는데, 접견과 운동 때 등 드나들며 그 방을 들여다보면 리영희 선생은 언제나 이불을 뒤집어쓰고 그 속에서 책을 읽고 있었다. 서울대학교 문리대 불문학과 이휘영 교수가 쓴 붉은 표지의 얇은 불어사전이 있는 것으로 보아 아마도 불어 공부를 하고 있지 않았나 싶다.

어느 날 밤 낯선 사람이 감방에 들어오면, 그 소식이 아침이면 감옥 안 온 사동(舍棟)에 다 퍼진다. 죄명이 거창할수록, 또 거물일수록 그 소문은 빨리, 또 널리 퍼진다. 리 선생도 신문사 기자에 빨간딱지(반공법 위반)였으니 그 소문이 금방 퍼질 수밖에 없었다. 아주 당연하게 먼저 들어와 있는 사람이 요령껏 찾아가 인사를 건넨다. 그때 서대문 구치소에는 또 한 사람의 기자가 들어와 있었다. 경향신문의 추영현(秋泳炫) 기자였다. 1964년, 그해 여름에 한발이 극심했는데 호남지방에 취재를 나갔다가, 논이 거북이 등처럼 갈라지고, 농민들이 먹을 것이 없어 늘어진 모습을 보다 못해, 북한에서 준다는 식량이라도 얻어, 이 가뭄을 견뎌냈으면 하는 소망을 담아 기사를 썼는데, 그것이 반공법 위반으로 문제가 되어 들어오게 된 것이다.

감옥에 새로운 사람이 들어오면, 오래된 죄수들이 감방 안에서 살아가는 방법에 대해 가르쳐준다. 감옥 안에서의 섭생부터, 법정에 나가서 취할 태도에 이르기까지 조언을 해주는 것이다. 그때 들은 말 중에 지금까지 기억나는 것은 "감옥 안에서는 건강이 이찌방〔제일〕, 법정에서는 부인(否認)이 이찌방"이라는 말이다. 또 정치범 등 감옥살이를 오래할 것처럼 보이는 사람들에게는 냉수마찰을 권한다. 그해 겨울, 나는 그들이 가르쳐주는 대로 냉수마찰을 시작했다. 부드러운 수건 대신 거칠고 껄끄러운 광목을 잘라 쓰는데, 이는 마찰의 강도를 높이기 위함이다. 낮에 받아 둔 물이 밤에는 꽁꽁 언다. 새벽에 일어나 그 주전자의 얼음을 깨서 수건에 담아 손으로 녹이면서 냉수마찰을 한다. 냉수마찰은 심장에서 가장 먼 곳에서부터 시작해 심장을 향해서 올라온다. 발끝과 손끝에서 심장 가까운 쪽으로 옮겨갈 즈음이면, 온몸에서 열이 나서 내 몸이 김에 싸여 보이지 않게 된다. 냉수마찰을 마무리할 때쯤이면 인왕산에 겨울의 아침해가 떠오른다. 겨울 해는 여름과 달라 먼동이 트는가 하면 둥글고 붉은 해가 금방 떠오른다. 그 아침해를 볼 때의 기분은 언제나 벅차다. 오늘은 뭔가 좋은 일이 있을 듯싶고, 무언가 기분이 좋아지고, 비굴하지 않게 떳떳하게 희망을 갖고 살자고 다짐 같은 것을 하게 된다.

이러한 냉수마찰의 전통은 사형수에서 사형수로 이어져 내려왔다. 그때 서대문 구치소에는 수십명의 사형수가 있었다. 사형수들은 기결감(旣決監)으로 보내지 않고 미결감에 남겨두는데, 서대문 구치소 1관구 해방 이후에 지은 감방에는 거의 한 방 건너 한 사람씩 있었다. 역대 법무부 장관들이 가능하면 자신의 재임 중에 사형을 집행하지 않으려 했기 때문에 사형수들이 계속 불어났던 것이다. 내가 1970년대 초에 다시 감옥에 들어갔을 때는 이 사형수들이 많이 줄어든 뒤였다. 민복기라는 사람이 법무부 장관을 하면서 대량으로 형을 집행했다는 것이다. 따라서 이때는 감옥 안에서 냉수마찰을 하는 사람이 없었다. 감방생활의 전통을 지켜주고 이어줄 사람들이 모두 다 죽어 나갔기 때문이었다.

리영희 선생은 냉수마찰 한번 해보지 못하고, 겨울이 깊어지기 전에 나갔다. 리영희 선생은 자신이 정치부 기자로 "아시아·아프리카회의가 남북한을 함께 초청하고, 유엔에 동시가입을 추진키로 했다"는 기사를 쓴 것이 문제가 되어 감옥에 들어왔다고 했다. 아시아·아프리카회의는 1955년 인도네시아 반둥에서 첫 회의를 열었는데 이와 비슷한 제2차 비동맹회의가 1961년 베오그라드에서 개최되었다. 제2차 아시아·아프리카회의는 1965년 6월 알제리에서 개최될 예정이었다. 이때 예정된 의제 가운데 하나가 남북한을 동시에 회의에 초청한다는 것과 유엔에 동시 가입하는 문제를 토의한다는 것이었다.

리영희 선생에 의하면 기자가 기사를 쓰는 데는 세가지 유형이 있는데, 하나는 자신이 발로 뛰어서 취재한 내용을 기사로 쓰는 기자이고, 두번째는 남의 기사를 모아서 제 것으로 편집해 쓰는 기자이며, 세번째는 자신이 다루고자 하는 안건을 설정하고 그에 대한 연구를 통해서 기사를 쓰는 기자라는 것이다. 내가 알기로 리영희 선생은 세번째 부류에 속하는 기자로, 아시아·아프리카 및 비동맹 회의에 관심을 가지고 연구하고 추적하여 이러한 기사를 작성했을 것이다. 이 기사와 관련, 리영희 기자는 1964년 11월 23일 밤 11시에 중앙정보부 중구 저동 안가(安家)로 연행되었다. 중앙정보부는 예나 이제나 반공을 전가의 보도로 삼고 있는 만큼, 이 기사를 반공법 위반으로 몰아갔다. 함께 송치되었던 편집국장 선우휘는 구속적부심을 통해 일찌감치 빠져나갔고, 결국 신문 편집의 책임을 집필 기자였던 리영희 선생이 혼자 지게 된 것이다.

그러나 리영희 선생의 첫 감옥생활은 길지 않았다. 한달 남짓이나 되었을까, 그해 12월 리영희 선생은 출소했다. 그러나 아직 본격적인 겨울이 시작되지 않았는데도 영하 14도를 오르내리는 추위를 감방 안에서 견뎌야 했다. 당시 감옥 안에는 조선일보로 옮겨오기 전 합동통신에서 함께 근무했던 정도영(鄭道永)이 제1차 인민혁명당 사건으로 구속되어 있었다. 두 사람은 감옥 안에 있으면서도 서로 해후하지 못하고 인편을 통해서만 서로 안부를 전하고, 또 서로를 격려했던 것으로 알고 있다. 리영희 선생은 이 사건과 관련해 1심에서 집행유예를, 2심에서 선고유예를 받아 징역은 면했으나, 그에게 첫 시련을 안겨준 사건으로 리영희 선생의 일생에서 중대한 의미를 지니고 있다. 진실을 말하는 선지자는 고향에서 박해를 받는다는 사실을 일러준 최초의 사건이었기 때문이다.

리영희 선생은 석방된 후 처음에는 조선일보사로부터

특별한, 또는 보복적인 불이익이나 대우를 받지는 않았다. 기대되고 인정받는 기자였고 다만 외신부장으로 옮겨 앉았을 뿐 신문사 안에서 따돌림을 받거나 배척되는 분위기는 아니었던 것 같다. 이듬해 나 역시 감옥에서 나와 조선일보사로 리영희 선생을 찾아갔을 때, 리영희 선생은 아주 반갑게 나를 맞아주었고, 사직동 대머리집에서 경향신문의 추영현 기자와 함께 어울리기도 했다. 또 이 무렵에는 나의 대학 동기나 선배들이 조선일보사에 입사하여 병아리 기자로 일할 때였다. 정태기, 백기범, 신홍범 등은 리영희 부장 밑에서 외신기자 수련을 받았거나 받고 있었다. 이들이 전하는 바에 의하면 외신부장으로서 리영희 선생은 상당히 엄격했던 듯하다. 외신기자들은 번갈아 야근을 하며 해외에서 일어난 일을 텔레타이프를 통해 기사로 수신하는데, 리영희 부장은 기자들로 하여금 외신기사 11개를 뉴스 가치에 따라 순서대로 써 내게 했다고 한다. 일종의 외신기자 훈련인 셈인데, 이들은 이때의 훈련이 자신들의 기자생활에 커다란 도움이 되었다는 얘기를 내게 했다. 세계 뉴스를 보는 눈, 기사의 가치와 우선순위를 보는 눈을 키워준 것이다.

리영희 선생은 1957년 합동통신에 입사한 이래, 주로 정치부와 외신부에서 일했지만, 외무부 출입을 할 때는 국무총리와 외무장관이 인정하는 우수한 기자였다. 특히 외신분야에서는 독보적인 존재였다. 밤새 들어온 외신을 선별해 기사로 내보내는 수준을 벗어나지 못하는 것이 당시 한국 외신의 수준이었다. 야근을 하는 외신기자를 3D업종 종사자 비슷하게 취급하는 것이 당시 상황이었다. 세계를 보는 눈, 세계가 어떻게 변하고 어떻게 움직이고 있는지에 대해 깜깜했고, 그것을 당연하게 생각했다. 이런 한국 외신의 수준을 한 단계 끌어올린 일단의 사람들이 리영희, 이활수, 고명식, 그보다 조금 늦지만 서동구 같은 사람들이었다. 리영희 선생은 변화하는 세계, 특히 제3세계에 관심이 높았다. 그는 당시의 자신에 대해 이렇게 말한다. "전 세계 피압박 민중의 서구 자본주의에 대한 투쟁들에 나는 열정적인 공감을 느꼈다. 그런 전 지구적이고, 전 인류적인 세계사적인 대변혁에 관한 뉴스를 만들고, 알리고 하는 외신기자로서의 역할에 완전히 몰두했다."『대화』(2005) 193면

『전환시대의 논리』와 베트남전쟁

리영희 선생이 이런 방향으로 보다 깊게 파고들면서, 리 선생에 대한 조선일보 쪽의 태도도 조금씩 달라지기 시작했다. 외신부장으로 갈 때까지는 그래도 따돌림이라는 측면보다는 잠깐 거기 가서 쉬게 한다는 의미가 컸지만, 조

사부장으로, 또다시 밀려 심의부장으로 가게 되었다. 리영희 선생도 이제 자신이 조선일보를 떠날 때가 되었다고 느끼고 있었던지, 그 무렵 리영희 선생은 심정적으로 쫓기는 기분이었고 많이 시니컬해져 있었다. 그러나 이렇게 조선일보사에서 한직으로 밀려나 있던 기간이 리영희 선생에게는 연구하고 글 쓰는 데 크게 도움이 되는 시간이었다. 다행히 그때 『창작과비평』이라는 계간지가 백낙청에 의해 발행되었고, 또 엄민영이 하던 『정경연구』가 보다 넓은 시각에서 세상을 본다고 정치평론·경제평론 외에 국제정세와 국제정치에 관한 글을 싣기 시작했다. 『정경연구』는 당시 안인학이 편집을 맡고 있었는데, 친정부적인 성격을 띤 잡지였음에도 불구하고 발행인 자신(엄민영)이 학자 출신이었던 탓인지 개방적이었다. 리영희 선생의 글이 두 잡지에 실리기 시작했는데, 정확한 계기는 기억이 나지 않지만, 내가 그 중간에서 역할을 했다. 아마도 이들 잡지에 넓은 시야, 차원 높은 글을 쓰는 일이 그 시기 리영희 선생에게 다소의 위안이 되지 않았을까 생각한다.

또 하나 이 시기에 기억나는 것은, 리영희 선생이 한국의 반정부 민주세력의 움직임이나 그 메시지를 일본 언론에 전달하는 중간 역할을 한 일이다. 그때 일본의 쿄오도오(共同)통신은 한국의 합동통신인가 동양통신사에 사무실을 두고 있었는데, 그 선후나 한자 이름은 명확하지 않지만 에꾸찌, 히시끼라고 불렸던 주한 특파원들과 리영희 선생이 자주 어울렸다. 때로는 전옥숙(全玉淑)이라는 여자도 중간에 끼어 있었는데, 말하자면 일본 특파원들에게 한국 사회, 특히 민주화 세력의 경향과 움직임에 대해 그들의 시각을 바로잡아 주는 역할을 했다. 김지하의 「오적(五賊)」 사건 이후에는 김지하와 그들을 만나게 해주는 역할도 리영희 선생이 맡았다. 나의 기억으로 그들 특파원은 리영희 선생을 선배 언론인 또는 한국 현실 인식에 대한 안내인으로 깍듯이 존경했고 리영희 선생의 충고를 충실히 따랐다. 최근에 내가 듣기로는 그 가운데 에꾸찌 히로시가 별세했을 때 리영희 선생이 일본에까지 찾아가 조문했다고 한다. 이처럼 그들과의 교유는 그들의 특파원 시절은 물론, 그들이 본사로 돌아가고 뒷날 중국이나 북한에 특파원으로 다녀올 때까지도 여전히 계속되었다.

이렇게 1960년대 말에서 70년대 초까지 쓴 글이 1974년 6월에 창작과비평사에서 『전환시대의 논리』라는 이름으로 출판되었다. '전환시대'라는 말과 관련해서는 해방공간에서 신남철(申南澈)이라는 월북 역사철학자가 쓴 『전환시대의 이론』이라는 책이 있었다. 이기백의 『한국사신론』에 참고문헌으로 그 책 이름이 나오는데, 내가 그 책의 내용을 기억하는 부분은 '사대주의론'이다. 사대주의라는 것은 반드시 이웃에 강대한 세력이 있어서만이 아니라, 우리 안에 분열이 있을 때 비로소 사대주의가 발생한다는 것이다. 내부의 분열과 주변에 이쪽을 노리는 강대한 세력이 있을 때, 이 두개가 결합할 때 사대주의가 생긴다는 것이다. 책의 제목을 논의할 때, 신남철의 책 이름도 함께 참작되었다는 것이 나의 기억이다. 또 책의 출판기념회를 다동의 경양식집에서 했던 것으로 기억하는데, 그때 나는 붓으로 쓴 출판기념회 안내 벽보를 전봇대 등에 붙이고 다녔다. 그러나 그렇게 출판한 『전환시대의 논리』가 그렇게 큰 반향을 두고두고 불러일으키리라고는 아무도 미처 생각하지 못했다. 유홍준은 감옥 안에서 이 책을 읽고 세상을 보는 눈을 떴으며 누구는 이들 책 때문에 사물을 제 모습, 제 색깔로 보는 것이 얼마나 두려운 형벌인지 체감하고 있다고 고백했다. 아마도 이 책이 독자들에게 충격을 준 것은 '베트남전쟁'에 대한 진실을 비로소 깨닫게 한 것이 아닐까 싶다. 미국에서 대학생의 75퍼센트가 베트남전쟁의 소집장을 거부하고, 베트남전쟁 기간 중 37만명의 미국인 청년과 대학생이 징집을 피했으며, 무단탈영하거나 도주한 병사가 8만 4천명이나 되고, 미국 안에서는 물론 세계적으로 반전운동이 폭넓게 일어났지만 우리만 까맣게 몰랐던 것이 베트남전쟁의 진실이었다. 베트남전쟁을 자유민주주의를 수호하기 위한 성전(聖戰)으로 미화했던 것이 대한민국이었다. 1975년 4월 30일, 사이공이 함락되고 월남이 패망했지만 한국에서는 거꾸로 그것이 긴급조치 9호 발동의 계기와 빌미가 되었다.

베트남전쟁의 원인과 배경, 베트콩과 호찌민, 그리고 자유베트남 정부라고 미국이 원조하고 지원했던 응오딘지엠(吳廷琰)의 사이공 정권의 본질을 국내에서 최초로 갈파하고 소개한 것이 리영희 선생이었다. 그는 베트남전쟁 기간 동안 아무리 바빠도 그리고 아무리 취했어도 고통받는 베트남인들을 생각하면서 분노하고, 그들을 위해 기도하지 않고 잠자리에 든 날이 단 하루도 없었다. 그렇게 고심하면서 그가 있는 힘을 다해 펜으로 밝힌 것이 베트남전쟁의 진실, 바로 그것이었다.

리영희 선생이 베트남전쟁의 진실을 한국 사회에 알린 것에 대한 감사의 표시로, 통일 베트남과 국교정상화가 이루어지고 난 뒤 첫번째 맞은 10월 1일, 주한 베트남 대사관에서 리영희 선생을 그들의 축하연에 귀빈으로 정중히 초대해 영접했다. 비록 늦었지만 베트남의 진실을 알리기 위해 노력한, 그리하여 감옥까지도 갔다 온 한국의 지성, 리영희 선생에 대한 감사와 존경의 뜻을 표한 것이다. 어떻게 보면 리영희 선생의 딸 미정이 '하노이의 아침'이라는 베트남 음식점을 운영하고 있는 것은 결코 우연이 아니라고 할 수가 있다. 대를 이은 베트남에 대한 사랑과 우의의 표현이라 할까.

동굴 속의 독백인가, 광야의 외침인가

리영희 선생이 1970~80년대 한국의 많은 뜻있는 젊은이들에게 '사상의 은사'였다면 리영희 선생에게 '사상의 은사'는 중국의 노신(魯迅)이었다. 그는 굳이 '루쉰'이 아니라 '노신'이라고 했다. 리영희 선생은 자신과 노신의 유사성을 평소에도 유난히 강조했다. 우선 학교 편력에서도 유사성을 찾는다. 노신은 중국 개화기에 이공계 학교 등을 편력한 뒤 중국인의 미신과 신체적 병을 치유해야 한다는 생각 때문에 일본 센다이(仙臺) 의학전문학교에 유학을 간다. 그러나 청일전쟁, 러일전쟁 등에서 중국 민족의 한심한 꼴을 뼈저리게 목격한 노신은 '육체가 아무리 건장해도 정신이 썩은 민족은 앞날이 없다'는 확신을 갖게 된다. 진정 민족을 살리는 길은 정신을 개조하는 수단과 방법인 글쓰기임을 깨닫고 의학의 길을 포기하고 작가의 길을 걷는다. 리영희 선생도 그와 비슷한 길을 걸었다고 할 수 있다.

리영희 선생이 노신에게 감동받은 것은 비단 학교나 사상의 편력만이 아니다. 노신의 글 또한 그에게 감명을 안겨주었다. 1960년대 중국어사전을 찾아가며 읽어가던 중 그의 가슴에 와 닿는 구절을 만났다. 노신이 소설집 『외침』의 서문에서 「광인일기」를 쓰게 된 동기를 설명하는 대목이다. "가령 말일세, 강철로 된 방이 있다고 하자. 창문은 하나도 없고, 여간해서 부술 수도 없는 거야. 안에는 많은 사람들이 숨이 막히고 깊이 잠들어 있어. 오래잖아 괴로워하며 죽을 것이다. 그런데도 그들은 혼수상태이기 때문에 죽음으로 이르는 과정에 놓여 있으면서도 죽음의 비애를 느끼지 못한다. 이때 자네가 큰 소리를 질러서, 그들 중에서 다소 의식이 또렷한 사람을 깨워 일으킨다고 하자. 그러면 불행한 이 몇 사람에게 살아날 가망도 없는 임종의 고통만을 주게 될 것인데, 그래도 자네는 미안하다고 생각하지 않는가. 그래도 몇 사람이 정신을 차린다면 그 쇠로 된 방을 부술 수 있는 희망이 전혀 없다고는 말할 수 없지 않은가."

대담 형식의 이 구절은 두말할 필요도 없이 중국의 군벌 통치와 장 제스(蔣介石) 총통 시대의 중국 사회를 풍자한 글이다. 노신의 글 중에서 뒷날 가장 많이 인용되는 구절 가운데 하나이기도 하다. 이 구절을 읽는 순간 그 구절은 무덤에서 노신이 자신을 타이르는 소리같이 들렸다. 그는 눈을 뜨고 정신을 번쩍 차렸다. 그가 해야 할 일이 무엇인가를 비로소 깨달았다. 그리고 결심했다. 그 순간 그의 삶의 내용과 방향과 목적이 결정되었다. 한국 민중을 잠에서 깨어나게 하여 의식을 바로잡아 주는 일이 그의 삶의 목적이자 전부가 된 것이다.

여기서 얘기가 잠깐 빗나가지만, 노신에서 가장 많이 인용되는 이 구절과 유사한 말이 전태일에게서도 나온다. 내가 생각하기로 전태일은 노신을 읽어보거나, 노신에 대해서 달리 아는 것도 없었을 것이다. 1970년 11월 13일, 오후 1시 30분경 "우리는 기계가 아니다" "근로기준법 준수하라"고 외치면서 분신자살을 시도한 뒤, 병원에 옮겨진 전태일이 숯검댕이 몸이 되어 어머니에게 마지막으로 남긴 말이 이런 것이었다. "나는 왜 죽는고 하면, 나는 더이상 볼 수 없어요. 가냘픈 생명체가 병들어가니까. 하루하루 병들어가는 걸 그냥 볼 수 없어서, 안 보이는 벽살이 우리를 가두고 옥죄고 있어서, 그 단단한 벽을 허물기 위해 나는 작은, 아주 작은 바늘구멍이라도 내기 위해 죽는 것입니다. 그 작은 구멍을 자꾸 키워 가난한 사람, 근로자를 어두운 곳에 가두어 옭아매는 벽을 허물어야 합니다. 그래야 없는 사람도 살고, 근로자도 살 수 있는 것입니다. 그렇기 때문에 내 죽음을 서러워하거나 원망을 해서는 안 됩니다."

기왕 말이 나온 김에 전태일 얘기를 더하자면, 전태일은 대학생 친구를 갖고 싶어 했다. 당시의 법률책은 대개가 한문으로 쓰인 것이었기 때문에 가방끈이 짧은 전태일이 읽기는 힘들었다. 특히 전태일이 보고 있던 근로기준법은 한문투성이였다. 그래서 대학생 친구가 있으면, 모르는 한자를 읽어달라고도 하고, 자신들 노동자의 고충도 호소해보고 싶었다. 전태일의 어머니 이소선 선생은 성모병원에서 전태일의 시신을 끌어안고 내놓질 않았다. 당시의 노동관계부처나 경찰 등은 전태일의 시신을 한시 바삐 화장해서 없애고 싶어 했으나 전태일 어머니가 한사코 시신을 내놓지 않는 것이었다. 맨 먼저 달려간 대학생이 장기표(張琪杓)였다. 그리고 장기표로부터 전태일 얘기를 전해 들은 조영래(趙英來)도 합류한다. 장기표와 조영래는 장례 기간 중에는 물론 장례가 끝난 뒤에도 어머니로부터 전태일의 일생, 특히 평화시장 노동운동과 관련한 얘기를 듣고 또 집에 남겨진 전태일의 일기와 기록 등을 가져다『전태일평전』을 쓰기 시작했다. 자료수집은 주로 장기표가 하고, 쓰는 작업은 조영래가 했다. 그것이 대충 완성된 것이 1978년이었다. 쓰기는 썼지만 그것을 국내에서는 발표할 길이 없었다. 그때 조영래는 민청학련 사건의 배후조종자로 몰려 수배 중이었다. 뒤에 결혼한 이옥경과 함께 홍은 동 산자락 절 아랫동네에서 도피생활을 하면서, 번역 또는 민주화운동과 관련한 글을 썼다. 어느 날 조영래가 자신이 쓴『전태일평전』을 내게 가져왔다. 나는 우연하게도 이 책 최초의 독자가 될 수밖에 없었다. 국내에서는 어차피 발행할 수가 없으니 일본에 보내 출판케 하자는 데 의견이 모아졌다. 나는 그 원고를 당시 나와 연락을 유지하고 있었던 일본 가톨릭 정의평화협의회(김지하의 양심선언을 여기서 발표했다)의 송영순(바오로) 선생에게 보내 출판을 상의했다. 이렇게 해서 일본에서 전태일 평전이 처음으로 출판되었는데 제목은 『불꽃이여, 나를 감싸라』에 부제는 "어느 한국 노동자의 삶과 죽음"이었다. 저자는 김영기(金英琪)로 김정남의 김(金), 조영래의 영(英), 장기표의 기(琪)를 조합한 이름이었다. 일본 역시 근대화 과정에 여공애사(女工哀史)를 겪었기 때문에 그들에게도 전태일 평전은 울림이 컸다. 출판의 연장선상에서 전태일과 관련된 최초의 영화 〈어머니〉도 그 무렵에 일본에서 나왔다.

리영희 선생은 『우상과 이성』의 첫머리에서 "빛도 공기도 들어오지 않는 단단한 방 속에 갇혀서 죽음의 시간을 기다리는 사람에게 벽에 구멍을 뚫어 밝은 빛과 맑은 공기를 넣어주는 것이 옳은 일인지 아닌지를 궁리하는" 노신의 고민을 인용하며 그에 대한 헌사를 대신했다. 그는 "내가 글을 쓰는 유일한 목적은 진실을 촉구하는 오직 그것에서 시작하여 그것에서 끝난다"라고 했다. 임금의 귀가 당나귀 귀인 것을 알게 된 이솝 이야기의 그 불쌍하고 힘없는 이발사처럼 동굴에 들어가서 "임금의 귀는 당나귀 귀라고 외친 것이나 다름없지만, 그러나 자신은 그렇게 계속 외치지 않을 수 없었다"라고 회갑 기념문집 『동굴 속의 독백』에서 말하고 있다.

동굴 속의 독백과도 같은 이 외침 때문에 리영희 선생은 언론계에서 두번 퇴직당하고, 교수직에서 두번 해직되며,

아홉번 연행에, 다섯번 감옥에 가고 세번이나 형사재판을 받는다. 철저하게 노신을 사사하고 노신을 따르고자 하는 신념이 리영희 선생을 그렇게 만든 것이다. 리영희 선생이 글을 쓰게 된 목적뿐만 아니라, 글을 쓰는 정신, 글 쓰는 기법조차도 철저하게 노신으로부터 배운 것이다. 그는 "나의 글 쓰는 정신이랄까, 마음이랄까 하는 것은 바로 노신의 그것이다. 글 쓰는 기법, 문장의 아름다움, 속에서 타는 분노를 억누르면서 때로는 정공법으로, 때로는 비유, 은유, 풍자, 해학, 익살로 상대방을 공격하는 세련된 문장 작법, 무엇보다 쉽게 쓰는 법을 그에게서 배웠다"『대화』 678면라고 말한다.

글자 수가 똑같은 공소장과 판결문

리영희 선생의 책이 대학가에서 필독서로 읽히고, 의식화된 학생들의 책가방에서 발견되면서 그의 수난은 예정된 것이나 다름없었다. 유신정권하의 공안세력은 어떻게 하면 리영희 선생을 엮어 감옥에 격리시킬 수 있을까 음모를 꾀하기 시작했고, 그들은 마침내 『우상과 이성』『8억인과의 대화』에서 그 빌미를 찾아 음모를 진행했다. 1977년 11월 23일(공교롭게도 1964년 그가 처음 구속될 때와 같은 날이었다), 리영희 선생은 동네 이발소에서 이발하고 나오다가 수사관을 자칭하는 괴한들에 의해 치안본부 남영동 대공분실로 연행되고 가택은 수색당했다. 26일에는 『8억인과의 대화』의 발행인 백낙청이 연행되었다. 11월 30일, 리영희 선생과 백낙청은 반공법 위반 혐의로 기소되었다. 연행에서 기소까지의 과정이 그토록 신속했던 것은 그들이 그만큼 철저하게 준비해왔다는 얘기일 것이다.

그들은 『우상과 이성』에 실린 22편의 평론, 에세이, 수필 중에서 몇편의 글을, 또한 『8억인과의 대화』에 실린 번역글을 반공법상의 국외공산계열 찬양으로 몰아 문제 삼았다. 『우상과 이성』에서는 「농사꾼 임군에게 띄우는 편지」를 특히 물고 늘어졌는데 그들이 문제 삼은 구절들을 보자.

나는 농민이 좀더 정치적 감각과 사회에 관한 문제의식을 가져주기를 바라는 마음 간절하네. 생각한다는 것은, 더욱이 생각한 결과를 말한다는 것은 이 사회에서는 자신에게 형벌을 가하는 일이 될 듯싶네. 그러나 정치는 내가 할 테니 너희는 농사만 지으면 된다는 말이야 성립될 수 없지 않는가. 우리 농민은 너무도 오랫동안 복종과 순종만을 해온 것 같아. 생각하고 저항할 줄 아는 농민을 보고 싶은 마음 간절하네. 「농사꾼 임군에게 띄우는 편지」

북한 대표가 처음으로 유엔총회에서의 연설을 우리말로 했다는 것이 작년 겨울 한때 화제가 되었지만 긴 눈으로 높은 차원의 효능을 생각할 때, 이데올로기니 정치니를 떠나서 같은 민족으로서 좋은 일이라고 생각했다. 본인의 직접 경험으로도 약소국, 특히 식민지였던 민족의 대표가 유엔총회에서 구식민 모국의 외교관보다도 더 유창한 외국어로 연설하는 것보다 차라리 서툴기는 하지만 긍지를 지키면서 하는 연설에 외교관들이 찬사와 경의를 보내는 것을 목격한 일이 있다.「다나까 망언에 생각한다」

(모택동은 말하길) 만약 당신은 대중이 당신을 이해해주길 바라거나 대중의 한 사람이 되고자 하거든, 오랜 기간 그리고 심지어 뼈를 깎는 듯한 고통스러운 자기개조의 과정을 겪어야 한다. … 진정코 추한 자는 개조되지 않은 인텔리라는 사실, 노동자와 농민의 손에는 흙이 묻고 발에는 소똥이 묻었어도 궁극적으로 깨끗한 것은 그들이라는 것을 알게 되었다.「농사꾼 임군에게 띄우는 편지」

'농사꾼 임 군'은 구체적으로 당신을 찾아와 처음으로 주례를 서달라고 했던 학생운동 출신 서울대학교 농대생 임수대를 가리킨다. 그때 임수대는 마산 근처의 진동이라는 농촌에서 계몽운동을 하며 농사를 짓고 있었는데, 그

임 군에게 보내는 편지 형식의 글이었다. 그리고 이 글은 『우상과 이성』에 실리기 전에 이미 '가나안 농군학교'에서 펴내는 잡지에 실린 바 있다.

이들 글에 대한 검찰의 공소장을 보자. 『우상과 이성』에 대해서는 앞서 말한 바와 같이 「농사꾼 임군에게 띄우는 편지」를 문제 삼아 이렇게 공소사실을 적시하고 있다. "결국 노동자·농민·영세민 등이 자기들을 위한 정치사회제도를 가지기 위해서는 우리나라의 현 정치사회제도를 유지하고 있는 정치인, 기업가 등 지식인을 타도할 수밖에 없다는, 즉 노동자·농민·영세민을 주축으로 하는 공산혁명을 해야 한다고 선동함과 동시에 농민중심의 마오 쩌둥의 공산혁명사상을 은연중 찬양, 고무하여 반국가단체인 북한공산집단 및 국외공산계열인 중공의 활동을 찬양, 고무 또는 동조하는 등으로 이들 단체를 이롭게 했다."

『8억인과의 대화』에 대해서는 번역, 소개된 글 중에 "역사라는 저울에 걸 때, 모택동 체제는 저울 한쪽에 그 헤라클레스적 위업을 자랑스럽게 올려놓을 수 있을 것이다. 인구 1천2백만 상해시는 4백24개의 병원에 4만 4천개의 입원환자 수용능력과 1만 1천5백명의 의사가 있어 뉴욕시의 주민들보다도 더 나은 의료서비스를 받고 있다"라는 내용 등을 적시하면서 이렇게 공소를 제기했다. "중국 대륙에서 공산혁명의 필연성 내지는 정당성을 인정하고, 중화인민공화국의 활동을 찬양, 고무, 동조하는 부분도 있으므로, 그 부분을 삭제하거나, 어떠한 이유로 그 부분은 잘못 평가된 것이라는 번역자(리영희)의 의견을 삽입하여야 할 것임에도 불구하고, 그대로 번역 출판하여 국외공산계열인 중공의 활동을 찬양, 고무, 동조하는 등으로 중공을 이롭게 했다."

이 사건을 담당한 재판장은 유경희 판사였다. 그리고 담당검사는 황상구였다. 여기 황상구는 리영희 선생의 수필 「D검사와 이 교수의 하루」에 나오는 그 D검사다. 그는 리영희 선생을 심문하는 과정에서 『자본』이라는 책이 어떤 책인지, 그 책을 누가 썼는지조차 모르는 무식을 드러낸다. 대한민국 공안검사의 수준이 어떠한가를 단적으로 드러내는 이야기다. 판사 유경희는 전라남도 순천 출신으로 작가 김승옥과 순천고교 동문이고 절친했기 때문에 대학 시절 나와도 상당한 교분이 있었다. 또 실제로 이 사건에 김승옥이 모처럼 이쪽저쪽을 왔다 갔다 하면서 나름으로는 힘든 역할을 스스로 맡아서 겼다.

이 사건과 관련해서 재판 준비도 열심히 했다. 리영희 선생을 격리시키고, 리영희 선생이 낸 책들을 불온서적으로 만들어 학생과 지식인들로 하여금 리영희 선생의 책을 읽지 못하게 하려는 것이 저들의 목적이었으므로 사실 이 사건은 피고인 자신을 변호하기 위한 재판 준비라는 것이

별로 필요 없는 성격의 정치적 사건이었다. 그러나 리영희 선생은 감옥 안에서 열심히 공부했다. 한국의 대외의존적 산업화 과정에서 농업, 노동자와 농민이 희생되고 있다는 사실을 이론과 수치(數値)로 밝히고, 그렇기 때문에 농민의 각성을 촉구하는 자신의 주장이 옳다는 것을 법정에서 당신의 입으로 변소하고 싶어 했다. 그래서 관련서적의 차입을 요청했고, 나는 공식, 비공식으로 감옥 안의 리영희 선생에게 책을 차입하거나 자료와 메시지를 끊임없이 전했다. 나와 리영희 선생을 이어주는 역할은 교도관 전병용이 했다. 나는 물론 이전에도 리영희 선생의 학문과 지식에 대한 성실성을 익히 보아왔지만, 이때의 재판 과정에서도 리영희 선생은 당신의 지식과 언어로 재판을 받겠다는 의지와 그 성실성을 유감없이 보여주었다.

재판은 비교적 순조롭게 진행되었다. 여기서 순조로웠다는 얘기는 재판부와 피고인 측이 커다란 마찰이나 충돌 없이 진행되었다는 얘기다. 대개의 경우, 검찰의 증거 또는 증인 신청은 무조건 받아들이면서도 변호인 측의 증거 신청이나 증인 요청은 묵살하는 것이 당시 같은 유형의 사건에서의 관행이었다. 김승옥이 왔다 갔다 한 것이 효험을 봤는지 어쨌든 재판부는 피고인(변호인) 측의 증인 신청도 거의 모두 선선히 받아들였다. 송건호 전 동아일보 편집국장, 가나안 농군학교의 김기석 편집장이 증인으로 나와 피고인에게 유리한 증언을 했다.

변호인단도 단단하게 꾸렸다. 이돈명, 조준희, 황인철, 홍성우 변호사 등 인권변호사 4인방 외에 김강영, 박두환, 정춘용 변호사 등이 합류했다. 김강영 변호사는 백낙청 교수의 고등학교 동기동창이라는 이유로 자청했고, 정춘용 변호사는 시인 신경림 선생의 고등학교 때 은사로 그의 간곡한 요청으로 합류하였다. 그들은 나름으로 열심히 변론 준비를 했다. 여기에 학계, 언론계, 문화계, 그리고 외국의 지성과 언론인 등 많은 사람들이 연명으로 리영희 선생의 저술에 대한 변소와 함께 그의 석방을 요구하는 진정서도 제출하였다.

법정의 분위기도 좋았다. 115호 법정에서 열렸는데, 어떤 때는 리영희 선생이 '재판'을 '강의'로 착각, "지난 시간에는…"으로 진술을 시작해서 법정을 웃음바다로 만들기도 했다. 검사의 직접신문이나 변호인의 반대신문에서 리영희 선생의 명쾌한 답변은 그대로 대학 강의실의 명강의를 방불케 했다. 『8억인과의 대화』에서 중공을 찬양한 부분에 대해, 검사의 주장처럼 왜 빼거나 번역자의 견해를 주(註)로 달지 않았느냐고 변호인이 묻자 리영희 선생은 "학자의 가장 비열한 행동은 남의 글을 도용하는 것이다. 그보다 더 비열한 짓은 남의 글을 마음대로 삭제하는 행위다. 국가권력이 남의 글을 삭제하라고 요구하는 것은 도저히 이해할 수 없는 일"이라고 명쾌하게 답변했다.

그러나 이 재판에 관여했거나 참여했던 사람들의 기대나 희망과는 달리 재판 결과는 허망했다. 리영희 선생의 부인 윤영자 여사는 잘하면 남편이 나올 수 있지 않을까 하는 기대감에 목욕물을 끓여놓고 김치까지 담가놓고 법정에 나왔다. 11번에 걸친 재판 과정이 그런 기대와 희망을 갖게 했던 것이다. 선고공판에서 재판장 유경희는 "이 사건은 그 성격이 김지하 사건, 한승헌 사건과 같아서 대법원이 이미 유죄를 판결하고 있으므로, 그 판례에 따라 유죄를 선고하니 두 분은 앞으로 항소해서 잘되도록 하라"는 어처구니없는 멘트와 함께 징역 3년을 선고했다. 그가 그나마 재판절차에서 비교적 우호적이었던 것은 자신이 해줄 수 있는 것이 이것뿐이라는 고백에 다름 아니었던 것이다. 더욱 기가 막힌 것은 판결문이 검사의 공소장을 그대로 차용했다는 사실이다. 이와 같은 사실은 리영희 선생의 상고이유서가 잘 밝혀주고 있다. 제1심 판결문이라는 것이 기소장에 쓰여 있는 검사 이름을 지우고 그 자리에 판사 이름을 써 넣은 것밖에는 기소장과 판결문이 글자 한자 다르지 않았다.

검사의 기소장은 길이가 14매, 자수로서 8,268자의 장문입니다. … 그런데 웃지 못할 일은 제1심 판결문의 '판결이유' 부분의 길이가 어쩌면 그렇게도 정확하게 14매, 자수로서 8,268자입니다. 십수회의 공판에서 7명의 변호인과 2명의 피고인이 변호하고, 6개월간의 법정투쟁에서 피고인 측이 자신에게 유리한 단 한가지의 사실도 제시하지 못했다는 말입니까. … 법정 안에 있는 무생물을 묘사하라 해도 검사와 판사의 글짓기는 길이, 표현, 자수가 꼭 같을 수가 없을 겁니다. 그런데 판결이유는 검사의 기소장과 글자 하나, 구두점 하나, 말 순서 하나 틀림없이 정확히 일치합니다. 진실로 경이적인 솜씨가 아닐 수 없습니다. 8,268자의 그 복잡하고 많은 내용의 기소장을 한자의 고침도 없이 제럭스 복사한 것입니다.

얼마 전 홍성우 변호사가 서울대 법대 한인섭 교수와 함께 『인권변론 한 시대』(경인문화사 2011)를 펴낼 때, 실제로 기소장과 판결문을 놓고 나와 셋이서 한장 한장 확인한 적이 있었다. 이때 우리가 거듭 확인한바 『8억인과의 대화』에 나오는 저자 이름, 즉 괄호 안의 영문 글씨까지 똑같았다. 그렇다면 판결문은 법관의 명에 따라 법원의 타이피스트가 타이핑한 것이 아니라, 검찰 측에서 판결문 자체를 타이핑하고 알파벳 영문 이름까지 다 써서 건네준 것이 분명한 것이다. 공소장의 모두사실, 백낙청의 인적 사항에 '하버드 대학원 졸업'이라고 되어 있는 것을 '하버드 대학

리영희 선생과의 50년 **287**

원'을 지우고 '브라운 대학원'으로 고친 것까지 꼭 같았다. 이는 유신시대 당시 재판이 어떠했는지를 알려주는 중요한 증거자료다.

이 사건이 갖는 특이점은 이것만이 아니다. 우리는 흔히 1970년대를 긴조시대, 즉 긴급조치 시대라고 말하고, 1980년대 전두환 시대를 국보시대, 그리고 노태우 정부 시절을 집시시대라고 부른다. 정부에 반대하거나 비판하는 세력에 대해 주로 적용했던 법률이 1970년대에는 긴급조치 9호였고 전두환 시대에는 국가보안법, 노태우 정부 때는 집회 및 시위에 관한 법률이었기 때문에 시대별로 그런 이름이 붙여졌다. 그러나 '리영희·백낙청 사건'에는 긴급조치 대신 국가보안법, 반공법이 적용되었다는 점에서 1970년대의 다른 공안사건과는 궤적을 달리한다. 1970년대 주요 공안사건의 경우 중앙정보부에서 조사 또는 지휘하는 것이 관례였는데, 리영희·백낙청 사건의 경우 중앙정보부가 아닌 남영동 치안본부 대공분실에서 조사한 것도 특이하다. 왜 그렇게 되었는지 궁금했는데, 최근에야 우연히 그 전후 사정을 비로소 이해하게 되었다.

리영희 선생이 1983년 기독교사회문제연구소 사건에 관련해서 또다시 구속됐을 때(이때는 국보시대였다), 한번은 남영동 대공분실 박처원 처장이 리영희 선생을 불러 "70년대 사건의 재판 때 당신은 석방될 수 있거나 집행유예가 될 수도 있었고, 모친이 돌아가셨을 때 최소한 분향이라도 하게끔 잠시 나갈 수도 있었지만, 자신이 그 모든 일을 막았노라"면서 자신의 경력을 자랑하더라는 것이다. 그 부분을 그대로 인용한다.

덩치도 크고 단도직입적으로 자기의 행위를 윤색하지 않은 언어로 자랑해요. 모든 대공 관계사건은 정부의 5개 부처 합동으로 최종 결정을 내리는데, 사실 중앙정보부에서는 『전환시대의 논리』 『8억인과의 대화』 『우상과 이성』, 이 세 권의 책을 가지고는 반공법으로 공소를 유지하기가 어렵다는 이야기가 나왔다는 거요. 학자가 쓴 중국혁명 관계의 객관적 내용이라는 이야기가 나왔다는 거요. 학자가 쓴 중국혁명 관계의 내용이라는 일치된 평가였는데, 자기가 고집해서 뒤집어 놓았다고 자랑하더군. 그 사람의 표현을 빌리면 『전환시대의 논리』로 '젊은 애새끼'들이 전부 '빨갱이'가 된다며, 또 이런 책이 나오면 '우리가 해방 후 40년 동안 공들여 세운 반공국가의 토대가 송두리째 무너지게 생겼다, 그것을 확신하기 때문에 정보부에서 그 따위의 얘기가 강력하게 나오고, 나에게도 견제가 들어왔지만, 만약 리영희를 잡아넣지 않으면 대한민국 대공 사찰의 기둥인 나를 잡아넣으라고 했다'는 거야. 자기가 청와대로 직접 올라갔대요.

'리영희는 이번 기회에 유죄 판결하고 뽄때를 보여주지 않으면 앞으로 사상통제를 할 수 없다. 그리고 내 부하들이 조서를 꾸밀 수가 없다. 여하간 법률적인 것과 관계없이 무슨 방법을 써서라도 유죄 판결을 내려야 하고 징역을 살려야 한다. 그렇게 해서 유사한 일들이 앞으로 나오면 반공법 위반으로 때려잡도록 전례를 남겨야 한다'고 주장했다고 단호한 어조로 말하더군.『대화』 489면

'리영희를 반드시 잡아넣어야 한다'는 유신정권 차원의 덫에 걸린 것이다. 유경희 판사가 판결문 대신 법정에서 했다는 말도 자신으로서는 어쩔 수 없었다는 자기고백이라 할 수 있다. 그 살벌했던 유신시대에 관계기관 대책회의에서 결정해서 밀어붙이는 '어떻게 하든 리영희는 잡아넣으라'는 결정을 판사 혼자 막아내기에는 역부족이었을 것이다. 공소장과 판결문이 글자 한자 다르지 않았던 이유도, 판사 유경희의 멘트도 이제야 이해가 되는 것이다. 그러나 이 사건과 얽힌 리영희 선생의 궂은 인연은 여기서 끝나지 않는다.

불효자는 웁니다

화불단행(禍不單行)이라 했던가. 이 사건이 진행되는 과정에서 리영희 선생은 또 하나의 불행을 맞는다. 1977년 12월 27일은 공교롭게도 리영희와 백낙청, 두 사람이 기소된 날이다. 리영희 선생은 바로 그날 검찰청에서 아내로부터 새벽에 있었던 어머니의 별세 소식을 들었다. 리영희 선생이 끌려갈 때 어머니는 병석에 누워계셨고, 그는 어머니께 하직 인사를 드리지 못한 채 끌려갔던 것이다. 어머니는 "아들이 어디로 갔느냐, 왜 돌아오지 않느냐"는 말만 되뇌다가 돌아가셨다. 아내는 "학생들과 제주도에 갔다가 풍랑을 만나 못 온다"고 둘러댔다.

집에서 장례식이 거행되는 시간에 맞추어 그는 먹지 않고 남겨둔 시커먼 아침 가다밥과 오경찬_{감옥에서 나오는 반찬}, 그리고 다 식은 콩나물국, 사과 한알, 그리고 그날 저녁 수감 중인 김지하가 몰래 보내온 알사탕 한봉지를 놓고 제사를 지냈다. 집이 있는 동쪽으로 방향을 잡아 제상을 차리고 영원한 불효자, 죄인이 되어 제사를 올렸다. 그리고 아는 교도관이 순찰을 왔을 때, 들어갈 때 끊었던 담배 한대를 달라고 부탁했다. 그처럼 뭐라 말할 수 없는 심정이었다.

어머니의 발인 전에 배달되기를 염원하면서 써 보낸 엽서는 2년 뒤 출옥해서 보니, 발인 뒤인 12월 30일자 광화문

우체국 소인이 찍혀 있었다. 배달된 엽서에는 여기저기 눈물 자국이 있었다. 그때 보낸 그의 편지는 이렇다.

　어머님 영전에 바칩니다.
　평소에 불효자식이더니 끝내 어머니가 세상을 떠나는 자리에서 임종도 못 한 죄인이 되었으니 한(恨)만이 앞섭니다. 어디로 간다고 말씀도 드리지 못한 채 집을 나와, 지금 이곳 몸의 자유를 잃고 있는 그동안, 늘 어머니가 아들을 찾는 소리를 듣고, 몸부림을 치고만 있습니다. 좁은 (감)방 안에 지금, 주어진 음식과 과일을 괴어놓고 멀리서 하루 세번 어머니의 명복을 비오니, 부디 극락 가셔서 먼저 가신 아버지를 만나 영원히 행복하옵소서.
　죄 많은 불효자 영희 드림

　하나뿐인 상주가 없는 장례식은 화양동 리영희 선생의 자택에서 치러졌다. 리영희 선생이 구속, 부재중인데도 문상객들이 구름처럼 몰렸다. 장례기간 내내 사람이 끊이지 않았다. 호상(護喪)을 맡은 임재경 선생을 비롯해 많은 사람들이 장례 일을 자진해서 맡거나 거들었다. 서로 선성(先聲)만 높이 듣고 있었던 박윤배 선생과 방동규(배추) 선생이 문상객으로 와서는 내가 더 세다고 서로 으르렁거리던 모습도 나는 거기서 봤다. 리영희 선생이 그 자리에 없었던 것을 빼고는 아주 그런대로, 떠들썩하고도 정중하게 장례는 치러졌다. 그러나 상주 없이 치러진 어머니의 장례는 리영희 선생에게 죽을 때까지 불효자의 죄책감을 안겨 주었다.

리영희 선생은 해방 전에 이미 서울에서 중학교 과정을 다니고 있었고, 아버지와 식구들이 남쪽으로 내려온 것은 1947년이었다. 크게 해방 직후에 내려온 사람들을 월남 1세대라 하고, 6·25 전후에 내려온 사람들을 월남 2세대라 한다면, 리영희 선생의 가족들은 월남 1세대에 해당한다. 그러나 리영희 선생은 자신을 실향민이라고는 생각했지만 월남인이라고 생각하지는 않고 살았다. 특히 반공을 내세우며 자기 존재를 과시하는 그런 월남인의 범주에 자신이 끼는 것을 단호히 거부했다. 그런 분위기 속에서 리영희 선생은 자신의 정체성을 놓고 적지 않은 고민을 했을 것으로 보인다. 또 생각과 글은 진보적이지만, 남쪽의 혁신 인맥과의 연계 같은 것은 없었다. 이런 점에서 그는 남북, 좌우, 그 어느 쪽으로부터도 적극적인 연대나 우호를 받지못한 외톨이였다.

리영희 선생은 어릴 적에 고향에서 장준하(張俊河, 1918~75) 선생의 아버지 장석인 목사가 세운 유치원에 다녔다. 리영희 선생은 그 사실을 1970년대 초에야 비로소 알게 되었지만, 장준하 선생과의 특별한 교유는 생전에 없었다.

리영희 선생의 모친이 1970년대에 신경성위경련을 앓았는데, 지난날 장준하 선생의 국회의원 선거를 도와주던 사람들이 불개미술을 담가 장준하 선생에게 가져온 것을 내가 리영희 선생 모친에게 가져다 드린 일이 있다. 다행히 그불개미술을 드시고 위경련이 덜해지셨다는 얘기를 들었는데, 간접적이나마 이것이 장준하 선생과 리영희 선생이 교류한 전부가 아닌가 싶다.

리영희 선생 모친은 태생부터가 기질이 강한 분이었다. 리영희 선생이 부인한테 잘해주는 꼴도 보지 않으려 했다고 한다. 그 사이에서 리영희 선생의 마음 고생이 많았다. 『대화』에는 이런 얘기가 나온다.

어머니는 일자무식이었고, 그러면서도 평안도 벽동군 제일 부자의 딸로 태어났다는 것과 시집올 때 엄청난 예장을 가져왔다는 것을 평생을 두고 자랑하던 분이에요. 그런데 내가 결혼했을 때가 1956년 6·25 직후의 군대 시절이고, 그야말로 무일푼의 가난한 장교로서 알몸으로 결혼했고, 아내는 그 혼란한 시기 별다른 예장 없이 시집왔어요. 그 난리통 시기에는 대부분이 그런 식으로 결혼을 했어. 그런데 어머니는 그것이 두고두고 못마땅했던 거야. 지난 날의 부유했던 시절을 넋두리처럼 되뇌일 때는 며느리에 대해서 안 좋은 감정을 노골적으로 드러내곤 했어. 사실 그 사이에서 나는 꽤나 마음 고생을 했어요. 그러니 아내는 얼마나 고생했겠어. 그러던 어느 날 또 일이 터졌던 모양이지. 그래서 참다 못해 내가 어머니에게 내 감정을 말없이 표현하기 위해서 합동통신사 숙직실에서 일주일 동안 집에 안 들어갔어. 우리 세대의 결혼생활에서 거의 예외 없이 누구나 감내해야 했던 괴로움이었지.『대화』381면

리영희 선생은 고난을 당할 때마다 고난도 고난이지만, 늘 가족들에게 미안했다. 특히 아내에게 그랬다. 신문사와 대학에서 쫓겨나기를 거듭할 때 아내는 말했다. "여보, 당장에 먹고살 문제도 그렇거니와 아이들 교육문제를 생각해서라도 제발 평범하게 삽시다. 이렇게 쪼들려서야 지조고 양심이고 다 뭐하는 거요? 식구가 살고 나서 국가도 민주주의도 있는 거지, 이렇게 시달리면서 민족이니 사회정의니 해본들 무슨 소용이 있소? … 당신의 고집 때문에 식구들이 끝내 햇빛을 못 보고 살게 될 게요. 알아서 하세요."

그러던 아내 윤영자 여사는 1977년 리영희 선생이 감옥에 들어갔다 1980년에 나왔을 때는 완전히 다른 사람이 되어 있었다. 어느새 이 나라 정치의 폭력화, 민주주의의 위기와 인권탄압, 억눌린 자의 권익 같은 문제들에까지 그 인식을 넓히고, 구속자 가족들과 함께 경찰과 몸싸움도 불

사하는 투사가 되어 있었다. 긴급조치가 기승을 부리고 있던 그 시대, 윤 여사는 이 나라 인권탄압을 묵인 방조하던 미국의 대통령 카터의 방한에 반대하는 항의 시위를 미국 대사관 앞에서 벌이기도 했다. 이제는 형사들이 따라붙는 요시찰 대상 인물이 되어 있었고, 한번은 20일간이나 구류를 산 적도 있었다.

윤 여사의 오른손 셋째 손가락 끝은 경찰의 우악스러운 손에 의해 부러진 채 지금도 구부러져 있다. 국가권력의 폭력이 윤 여사의 신체에 남겨놓은, 민주주의를 향한 투쟁의 흔적이다. 남편에 대한 존경과 사랑이 그를 투사로 만들었던 것이다. 리영희 선생은 그런 아내가 한편으로 대견하고 고마웠지만, 다른 한편으로는 안쓰럽고 미안하기 짝이 없었다. 1989년, 마지막으로 구속되어 재판을 받을 때, 리영희 선생은 재판정에서 아내를 향해 "정말 당신에게 미안하오"라는 말을 공개적으로 했다. 그 말의 진정성이 아내와 방청객은 물론 그 이야기를 보고 들은 많은 사람들의 심금을 울렸다.

리영희 선생의 마지막 저서라 할 『대화』 첫머리에서 리영희 선생은 아내에게 이런 헌사를 바쳤다.

긴 세월에 걸친 문필가로서의 나의 인생의 마지막 저술이 될 이 자서전을, 결혼 이후 50년 동안 자신을 희생

하며 오로지 사랑하는 자식들과 못난 남편을 위해서 온
갖 어려움을 힘겹게 극복하고, 굳건한 의지로 헤쳐온,
존경하는 아내 윤영자에게 바친다. 『대화』 5면

릴리 대사와의 공개 논쟁

리영희 선생과 관련해서 결코 빼놓을 수 없는 일이 하
나 있다. 1988년, 내가 편집책임을 맡고 있던 『평화신문』을
통해 당시 주한미국대사였던 릴리와 논쟁을 벌인 일이다.
『동아일보』 1988년 5월 27일자에 릴리는 광주항쟁과 관련
해 미국의 책임을 회피하면서 한국 대학생들의 미국 공보
원 도서관 점거(1988. 2. 24.) 사건을 비난하는 글을 쓴 데 대
해, 리영희 선생은 반박하는 글을 썼고, 그에 대한 릴리의
반론과, 다시 그것을 논박하는 리영희 선생의 글 전문을
『평화신문』에 실었다.

릴리 대사의 글은 한국 대학생들의 미국 공보원 도서관
점거행위, 반미시위, 분신자살 등이 세상의 이목을 끌어
세계의 반미여론을 악화시키려는 정치적 의도에서 나온
비열한 행위라고 비난하는 내용이었다. 여기에 대해 리영
희 선생은 학생들을 변호하면서, 세계 각지, 특히 약소국
에서 전개되고 있는 미국의 패권주의적 행태를 학자의 입

장에서 통렬하게 비판하는 항의의 글을 썼다. 그 글의 첫
머리는 이렇게 시작한다.

반미 행동으로 나온 학생들이나 미국을 비난하는 유
서를 남기고 분신 자살한 조성만 학생 등 분신한 한국의
학생들 모두가 20대의 청춘입니다. 그러기에 그들은 지
금 60세인 릴리 씨가 자기 목숨을 아끼는 것에 못지않게
자신의 목숨을 아끼는 사람들입니다. 릴리 씨 연령까지
살려면 40년 이상의 시간이 있는 이 대학생들의 그 아까
운 목숨을 던지는 것이 대사가 주장하는 것처럼 단순히
세상의 이목을 끌기 위해서였을까요? 만약 당신과 미국
정부가 한국 학생들의 행위를 이렇게 이해한다면 그것
은 학생들의 진의를 전혀 이해하지 못한 겁니다. 이 대
학생들은 국민적 긍지와 자존심을 지닌 새로운 세대로
서 지난 40여년 동안 어떠한 비판도 한국에서는 허용되
지 않았던 미합중국에 대해 의견을 정정당당하게 표현
하려는 세대입니다. 그들은 반미(Anti-America)가 아니
라 '애국자'들입니다. 『대화』 649면

또한 릴리 대사가 한국 학생들이 '히트 앤드 런'(치고
빠지기) 식의 비겁한 수법을 쓰고 있다는 비난에 대해서
이렇게 답하고 있다.

사실인즉 대학생들은 '히트 앤드 런'만 한 것이 아닙니다. 그들은 미국의 국가건물을 점거하고 미국에 대해 자기들의 견해를 공식적으로 전달하고자 노력했습니다. 한국 대학생들이 '히트 앤드 런'으로 상대방을 대하는 것을 비겁하다고 비난할 때 아마도 미국 서부 활극에서 등 뒤에서 쏘는 것을 금기로 삼는다는 소위 미국의 '영화윤리강령'을 말씀하시는 것 같습니다. 하지만 한국 대학생들은 미국인들이 서부를 점령, 통치하던 시기에 (인디언들에 대해서) 결코 공정하지도, 정정당당하지도 않았다는 사실을 잘 알고 있습니다. …

　미합중국은 강대국입니다. 그렇기 때문에 미국은 상대방을 '히트'하고 나서 '런'할 필요가 없습니다. 하지만 '런'하는 사람들을 모멸적인 시선으로 비난하는 것은 강한 자의 논리입니다. 대사께서 한번 생각해 보십시오. 어째서 지구상에서 그렇게 많은 테러가 미국과 미국인에 대해서 끊임없이 행해지고 있는지 대사께서 조금이라도 진지하게 생각하신다면, 지금 한국 사태에 대한 올바른 판단을 내리는 데 도움이 될 것입니다. 세계 도처에서 그렇게 하는 사람들의 투쟁방식은 '히트 앤드 런'입니다. 미국은 그들의 방식을 비난하지만, 미국이 후진국 국민들이나 약소국 국민들에 대해서 공평하고 정의롭게 행동한다면 미국인들에 대한 테러 행위는 자취를 감출 것입니다.『평화신문』(1988. 7. 3~9.)

리영희 선생의 글이『평화신문』을 통해 나가자, 그날이 일요일인데도 불구하고, 대사관 정치담당 미국인들과 한국 직원 번역반이 전원 긴급 동원되었고 번역된 글은 서둘러 워싱턴에 보고했다고 한다. 리영희 선생은 이 논쟁을 통하여 릴리 대사에게 다시 "왜 광주 민주화운동 관련한 질문에는 답변하지 못하는가" 하고 물으면서 살인·고문 정권을 부추기는 미국이야말로 더 큰 폭력을 휘두르고 있다고 질타했다. 그러면서 리영희 선생은 릴리 대사에게 재반박을 할 때에는 신문지상에서 하지 말고 한국 국민 모두가 들을 수 있도록 공개적으로 맞둘이 토론할 것을 제의했다.

릴리 대사와 리영희 선생과의 공개적인 논쟁은 당시로서는 비상한 내외의 관심은 물론, 상당한 반향을 일으켰고, 또 한국 현대 정치사에서도 중요한 의미를 갖는다. 광주 민주화운동을 총칼로 탄압한 것과 관련, 미국은 아무런 책임이 없다는 미국 측 주장에 대해 한국의 지식인이자 학자로서 공개적으로 학살의 책임을 물은 것은 리영희 선생이 아니면 엄두도 낼 수 없는 일이었다. 또 리영희 선생의 반론이었기 때문에 릴리 대사로서도 감히 무책임한 답변을 더이상 할 수 없었을 것이다. 어쨌든 리영희 선생은 책임 있는 정부 또는 정당 관계자가 아니었음에도, 한국·한국인이 이유 없이 폄훼당할 때면, 한국의 학자로서, 지식인으로서 한국을 대표하여 스스로 반론 또는 변소의 일을 떠맡았던 것이다. 그때 『평화신문』에 리영희 선생의 글을 실으면서, 마음속으로 쾌재를 불렀던 기억이 지금도 새삼스럽다.

무미건조했던 아버지

잦은 외출(연행과 구속) 탓도 있었겠지만 리영희 선생은 결코 따뜻한 아버지는 아니었을 것이다. 그렇다고 완고한 엄부도 아니었을 것이다. 사랑은 하되 사랑한다는 감정 표현은 하지 못하고, 먼 빛으로 서로 연민하는 그런 관계가 아니었을까 싶다. 큰 아들 건일이는 심정적으로 아버지를 멀리했을 뿐만 아니라 심지어 무서워하고 싫어하기까지 했다고 언젠가 고백한 일도 있었다.

리영희 선생은 딸 미정이가 머리가 비상하게 좋아 훌륭한 과학자가 되기를 바랐지만 미정이는 1981년에 연세대학교 생화학과에 입학한 뒤, 이른바 운동권에서 활동했다. 아마 1982년도쯤이 아니었을까 싶은데, 윤영자 여사를 이돈명 변호사 사무실에서 만났다. 딸 미정이 구속됐다는 것이다. 당시 미정이의 혐의는 연세대 학원시위 중 유인물을 받아 다른 쪽에 운반한 것이 전부였다. 윤 여사는 딸의 구속이 남편의 구속보다 더 가슴 아프고 안타깝다고 하면서, 어떻게 하면 딸을 풀어낼 수 있을까를 상의하러 온 것이다. 전두환 군부의 5공 정권 초기, 곳곳에서 국보시대를 연출하고 있던 그 시기에 시위사건으로 구속된 미정이를 풀어낸다는 것은 언감생심 꿈도 못 꿀 일이었다. 그렇지만 딸을 감옥에 둔 그 어머니의 심정을 외면할 수도 없었다.

그때 생각난 것이 당시 보건사회부장관 김정례였다. 그는 1974년, 나와 민주회복국민회의를 함께 결성했던 옛날의 동지였다. 그가 전두환 군부정권에 참여하면서 그와의 관계를 끊고 있었지만, 미정이의 구명을 위해서는 체면 내려놓고 그의 힘을 빌려야 되겠다는 생각이 앞섰다. 김정례 장관은 자신에게 탄원서를 써서 가져오면 더욱 좋겠다는 의견을 제시했다. 누구의 부탁을 받고 그것을 들어주려면 나중에 반드시 그에 대해 해명할 증거가 필요한 것이 당시 관가의 관행이라는 것을 안 것은 그뒤의 일이다. 나는 리영희 선생이나 사모님께 탄원서를 쓰라고 하는 일은 너무도 잔인한 노릇인 것 같아서 내가 사모님 이름으로 대신 탄원서를 쓰고 사모님 도장을 새겨 찍었다. 김정례 장관은 꽤 적극적인 사람이어서, 탄원서를 들고 검찰총장, 법무장관을 찾아 다니며 미정이의 석방을 그야말로 탄원했다. 그 결과인지 다행히 미정이가 기소 과정에서 나올 수 있었다.

이 과정에서 리영희 선생도 경찰서와 공안검사실에 미정이를 설득해달라는 부탁을 받고 나갔지만, 리영희 선생은 미정이에게 "네가 무슨 일을 하든 네 행위에 대해서 반드시 책임을 지는 자세를 견지해라. … 어떠한 어려움에 처하더라도 함께 일하는 동지에게 책임을 전가하는 따위의 비열한 행위는 하지 마라" 하고 공자 같은 말씀만 했다.

리영희 선생은 그뒤에도 미정이가 영등포와 구로동 일대의 공장지대에서 위장취업을 하면서 대학에서 두번 제적을 당하고 두번 복적을 하면서 12년 만에 대학을 졸업한 것에 대해 아련한 연민을 가지고 있었다. 구로동의 봉제공장에서 시다로 일하면서 하루 11시간 일하고, 일당을 2,800원 받는다는 얘기를 들었지만, 대놓고 미정이를 위로하거나 사랑하는 감정표현을 하지 못했다. 1984년 11월 1일, 리영희 선생의 일기 중 일부를 옮겨본다.

장인의 생일날, 미정이도 왔다. 불고기 한접시를 다 먹고 밥과 국을 거듭한다. 집을 나간 이후 라면이나 삶아먹었을 터이니 허기진 것이 분명하다. 내가 딸을 본 것이 2년 만인가? … 내 접시의 불고기를 넘겨주니 사양하지 않고 받아 먹는다. 측은해진다. … 신촌으로 가겠다고 일어나 어둠 속을 정류장 쪽으로 사라졌다. 아마도 자기 어머니가 보고 싶으니까 왔던 거겠지. 나는 그

애가 방안에 들어왔을 때도 다만 미소로 맞았고, 헤어져 가는데도 의식적으로 '날이 차니 조심해 가라'는 말밖에는 하지 않았다.『대화』305면

2015년 겨울, 리영희 선생을 회고하는 일련의 문제를 논의하기 위해 미정이가 하는 '하노이의 아침'에 갔다가 돌아오는데 미정이가 차를 태워줬다. 그날 미정이가 운전석에서 내게 "한마디로 아버지는 어떤 사람이었어요?" 하고 묻길래, 얼결에 나는 "아버지는 칼칼한 사람이었지"라고 대답을 하면서, 사실은 리영희 선생은 딸인 너를 애틋하게 생각했고 한켠으로는 자랑스럽게 생각했었다고 말해줬다. 미정이는 "그게 사실이냐"고 놀라면서, 자신은 아버지로부터 단 한번도 따뜻하거나 애정 어린 손길을 받아보지 못했다고 했다. 그런 점에서 리영희 선생은 가정 안에서 무미건조한 아버지가 아니었나 싶다. 그것은 다른 사람에게도 마찬가지였을 것이다. 그러나 그가 마음속으로 가지고 있던 본심이랄까 애정은, 그의 마지막 저술이라 할『대화』에 비교적 솔직히 표현되어 있다.

꼿꼿하고 칼칼하게 산 인생

앞서 미정이한테 아버지는 칼칼한 사람이었다고 말했지만, 과연 리영희 선생은 칼칼한 사람이었다. 조선일보사에서 쫓겨났을 때 육체노동자 또는 양계장이나 영업용 택시운전을 생각하다가, 자청해서 소설가 이병주(李炳注)가 하던 출판사의 외판사원 노릇을 한 것도 그렇고, 그의 일생은 그가 칼칼했기 때문에 더욱 고달픈 것이 되었던 것도 사실이다. 리영희 선생은 윷, 화투, 짓고땡, 고스톱, 투전, 카드놀이, 바둑, 트럼프, 마작, 골프 같은 것을 전혀 몰랐다. 잡기를 전혀 못할 뿐 아니라 오락마저도 외면했다. 뒷날 어디서 회고한 걸 보니까, 악기 하나쯤 다뤘으면 좋겠다는 생각을 했는데 결국 그걸 하지 못하고 간다고 했다.

리영희 선생은 누구보다 깊이 중국과 중국의 혁명을 연구했지만 중국 인민의 삶을 단 하루도 떠날 수 없어서 해외여행을 삼갔던 마오 쩌둥을 존경했고, 그의 사후 덩 샤오핑(鄧小平)이 개혁, 개방을 하면서 중국이 자본주의 사회 쪽으로 이동하자 더이상의 중국 연구를 포기한다. 내 생각에는 덩 샤오핑의 중국에 대한 연구를 중단한 데에는 덩 샤오핑에 대한 개인적인 호오의 감정도 한몫하고 있지 않나 생각된다. 덩 샤오핑이 일찍이 프랑스 유학을 한 것도 못마땅한데(마오 쩌둥에 견주어서), 거기다 유학 중에 브

릿지 게임에 몰두하여 그 명수가 되었다는 사실에 리영희
선생은 적잖은 경멸과 분노의 감정까지 가지고 있었다. 이
처럼 리영희 선생의 덩 샤오핑에 대한 평가는 매우 인색한
데, 여기에는 사치와 낭비, 방탕을 연상케 하는 노름이나
게임 같은 것에 대한 거부감이 작용하고 있다고 본다.

　내가 알기로 리영희 선생이 생전에 참여하고 있던 모임
이 두개 있다. 하나는 '으악새 클럽'이다. 1974년 말, 유신
정권에 의해 투옥되었던 김상현(金相賢)이 석방된 뒤, 그의
석방을 환영, 축하하면서 자연스럽게 형성된 모임으로 한
승헌, 이상두, 윤형두, 윤현, 장을병, 임헌영 등이 그 구성원
이었다. 이 모임에서 어느 날 회식을 하러 비싼 술집으로 가
게 되자 리영희 선생이 "이런 부르주아식 음식 먹는 일에는
참여하지 않겠다"고 완강히 거부의사를 표현한 것도 어쩌
면 리영희 선생의 그 칼칼한 성격의 일면이라 할 것이다.

　나도 비슷한 경험을 한 적이 있다. 1974년 4월, 민청학
련 사건이 터졌다. 박정희 유신정권의 긴급조치 서슬이 하
도 시퍼래서 아무래도 무슨 일이 나는 것 아니냐 싶을 때
인데, 김지하한테 변호인을 붙여줘야겠다고 하여 홍국탄
광의 박윤배(그는 시대의 대협大俠이었다) 선생이 강신옥
변호사를 선임했다. 여러 사람이 강신옥 변호사를 찾아가
담소를 하고 이어서 술판이 벌어졌다. 1차를 끝내고 2차로
강신옥 변호사 자택으로 몰려갔다. 그때 참여한 면면은 박

윤배, 이선휘, 백낙청, 리영희, 임재경 제씨 등이었는데 서교동 강 변호사의 집은 그때로는 꽤 넓은 잔디 마당에 2층 집이었고, 2층에서는 오디오로 성가가 흘러나왔다. 함께 집에 들어갔던 리영희 선생이 "나는 이런 부르주아 집에서 술 먹고 노는 것은 못하겠다"며 뿌리치고 나와 같이 갔던 사람들을 난감하게 한 일이 있었다.

리영희 선생이 1980년, 감옥에서 나온 이후 돌아가기까지 계속한 모임이 '거시기 산우회'다. '거시기 산우회'는 이돈명 변호사와 감옥에 갔다 온 분들이, 특히 이 변호사의 법률적 조력을 받았던 분들이 한분 한분 참여를 하기 시작해, 저절로 만들어진 세상에 꽤 널리 알려진 산악회다. 참여한 시기는 다소의 시차가 있지만, 그 멤버들로는 이돈명, 변형윤, 리영희, 송건호, 박현채, 이호철, 백낙청, 박중기, 김영덕(화가), 조태일, 박석무 등이 있었다. 보다 조직적인 모습을 갖추고 정치적 목적을 수행했던 김영삼의 민주산악회에 견주어 참여한 면면들로 하여 '재야 민주산악회'라 할 수 있는 모임이었다. 이돈명 변호사가 대장 격이었다면, 나는 만년 졸자, 총무 역할을 했다. 사람들이 바뀌기는 했지만 지금까지도 그 명맥은 유지되어오고 있는데 유사한 산악회로는 신경림, 정희성, 유시춘 등이 참여하는 '무명산악', 홍성우 변호사, 이부영, 유인태, 전병용, 이창우 등이 만든 '바가지 산악회' 등이 있다.

'거시기'라는 이름은 산우회의 구성원 가운데 진주 출신의 배상희 씨가 말끝마다 '거시기, 거시기' 소리를 한 데서 생겼다. 매주 일요일 세검정 삼거리에서 만나는데 처음에는 아침 일찍 만나 대남문, 태고사, 위문을 거쳐 우이동으로 내려가는 꽤 긴 코스를 다니다가 점점 산행 거리가 줄어 보현봉 아래 대밭까지 가더니, 최근에는 상명여대 뒤 능선으로 올라 비봉샘까지 가서 점심을 먹고 하산한다. 점심 때는 각자 가져온 반찬으로 진수성찬이 되는데, 또 각자 가져온 술로 반주에 취하기 마련이었다. 점심 때 이런저런 얘기들이 오가는데, 리영희 선생이 항상 자랑하는 것으로는 자신이 권총의 명사수였다는 것, 그리고 위스키의 술맛을 알아맞힐 수 있을 만큼 양주에 익숙하다는 것이었다. 발렌타인 30년짜리인지, 21년 또는 17년짜리인지 술맛을 보고 알아맞힐 수 있다는 것이다.

그때는 산에서 점심밥을 지어먹었는데, 리영희 선생은 신김치와 간장게장을 특별히 좋아했고, 감옥에서 먹었던 오경찬이란 것을 만들어서 가져온 일도 있었다. 언젠가 한번은 지리산을 종주하고 나서 그 아래 산장에서 웃통을 벗고 근육질의 팔과 몸뼈를 자랑하면서 다 함께 천왕봉 등정을 자축했던 기억도 새롭다. 널리 회자되지는 않았지만, 리영희 선생의 별명 중의 하나가 '말갈'이었다. 아마도 고향을 연상해서 그런 별명이 나왔지 싶은데, 리영희 선생은

'말갈'이라는 말 속에 '문명하지 못한'이라는 뜻이 있다고
보고 그것에 대해서는 완강한 반론을 펴곤 했다. 당신이
태어나서 자란 지역이 바로 수풍댐 밑이기 때문에, 1934년
에 이미 전기가 들어왔다는 것을 강조하곤 했다.

자신에게 엄격했던 글쓰기

리영희 선생은 진실을 말하기 위해서 일생 동안 끊임없
이 연구하고 노력했으며, 바로 그 진실을 말한다는 것 때
문에 박해와 수난을 거듭 당해야 했다. 그가 밝힌 진실로
이 땅의 많은 젊은이들이 깨우쳐 새로운 길을 걷기 시작
했으며 그 과정에서 어떤 사람은 인생이 달라지기도 했다.
차라리 몰랐더라면 좋았을 것을, 리영희 선생이 말하는 진
실을 알았기 때문에 자신의 일생이 망했노라고 고백하는
사람도 있었다. NLL, 그리고 북한 핵의 진실을 처음으로
밝힌 것도 리영희 선생이었다. 리영희 선생이 밝힌 진실
때문에 얼마나 많은 후폭풍이 이 나라에서 일어났던가.

그러나 리영희 선생도 그 글을 쓰기 위하여, 얼마나 피
나는 각고의 노력을 했는지 모른다. 그는 글을 쓰거나 책
을 내면서 그때마다 비장했다. 리영희 선생은 짧은 글이나
긴 글이나 활자화시켜놓고는 그때마다 밤에 옷을 입고 잤

다. 혹시 자신을 잡으러 방에 들어온 사람들한테, 벌거벗은 모습을 보여주거나 그런 상태에서 끌려간다는 것이 싫었기 때문이다. 그 긴 세월, 그에게 글 쓰는 것이 얼마나 큰 짐이고 고역이었을까. 그러나 리영희 선생은 글 쓰는 것을 자신에게 주어진 일생의 소명으로 알았다.

거듭 말하지만 리영희 선생의 글은 결코 쉽게 써지지 않았다. 쓰는 주제 하나하나에 자신의 모든 것을 다 불어넣어야 했을 뿐만 아니라, 문장 하나하나에도 무척 신경을 썼다. 원고를 읽고 또 읽고 고치는 일을 수없이 반복했다. 겨울 한밤중에도 팬티바람으로 뛰어가서 한줄 고쳐 넣고, 또 아침에 한번 더 고치기를 거듭했다. 읽는 사람에게 쉽게 쓴다는 것은 쓰는 사람으로서는 매우 어렵게 썼다는 이야기가 된다. 그의 글 한편이 갖는 무게는 그래서 천근이 넘는다. 2005년 3월 20일, 『프레시안』과의 인터뷰 기사는 리영희 선생이 글 한편을 쓰는 데 얼마만큼 주의와 정성을 기울이고 있는지를 말해준다. 글 쓰는 것이 모름지기 이래야 한다는 본보기를 그의 글은 보여주고 있는 것이다.

나는 내 글이 문학은 아니지만, 글을 쓸 때 아름답고 정확한 문장을 쓰도록 노력해왔다. 그래서 200자 원고지에 혹 같은 낱말이 들어 있으면 다른 낱말로 대체하고, 한 문장의 길이가 200자 원고지 세줄 정도를 넘지 않도록 신경을 써왔다. 문장은 가능하면 짧게 하고, 긴 문장이 나온 뒤에는 짧은 문장이 두세개쯤 나와서 독자가 한숨 돌릴 수 있도록 구성을 하고, 별로 중요하지 않은 내용은 긴 문장을 쓰고, 핵심을 담고 있는 문장은 짧게 끊어서 쓰곤 했다. 문장이 길면 사람의 호흡이 가쁘고, 앞뒤 의미의 연결에 혼란이 올 수 있다는 생각에서다.

리영희 선생의 일생은 외롭고 고달픈 수난의 연속이었다. 그런 리영희 선생의 삶을 50년 가까이 지켜보아야 했던 것은 때에 따라 적지 않은 고역이자 안타까움이었다. 그러나 다행히 그 덕분에 우리는 세상을 조금은 더 알게 되었고, 지식인의 삶이 어떠해야 하는지를 어렴풋하게나마 깨닫게 되었다. 리영희 선생에게 감사하게 생각하면서도, 당신이 받았던 수난과 고통을 생각하면 리영희 선생에 대한 아련한 연민을 어쩔 수 없다. 나에게 리영희 선생의 영상은 '고생만 하다가 가신' 분이다.

내가 리영희 선생을 살아생전에 마지막으로 만난 것은 2010년 여름 박형규 목사의 자서전이자 평전이라 할 『나의 믿음은 길 위에 있다』(창비 2010)의 출판기념회 날이었다. 나는 거기서 그 책의 서평을 하기로 되어 있어서, 기념회장으로 가는 길에 백병원에 입원해 계신 리영희 선생을 방문했다. 복수로 배가 불러 있었는데도 리영희 선생의 얼굴은 화기로 온화했으며, 말씀 또한 "병원에 들어올 때는 마음이 약했지만, 내 이제 반드시 이 병을 이겨내고 말겠노라"하며 투병에 대한 의지가 대단했다. 저런 분이라면 어떠한 병환도 이겨내고 나올 것이라는 기대와 믿음을 가지고 나왔다.

내 기억으로는 리영희 선생의 생일이 12월 2일이다. 그해 12월 2일, 당신의 81회 생신을 넘기고 12월 5일 새벽에 운명하셨다는 소식을 들었다. 내 여식의 결혼식에 참석하기 위해 몸소 차를 몰고 오다가 교통사고를 당한 일도 있었고, 돌이켜보면 리영희 선생과 나 사이에 사연이 많다면 많다. 해가 바뀔 때마다 리영희 선생이 엽서에 만년필로 써서 보내주신 연하장이 꽤 여러장 내게 남아 있다. 그 육필이 지금도 당신의 사랑과 온기를 내게 전해주고 있는데, 리영희 선생과의 50년을 돌아보면 굽이굽이 사연들이 아련하기만 하다.

함께 읽을거리

김정남 『이 사람을 보라 1: 인물로 보는 한국 민주화운동사』, 두레 2016.

_____『진실, 광장에 서다: 민주화운동 30년의 역정』, 창비 2005.

『전환시대의 논리』부터 『대화』까지

/ 최영묵

'권력·우상'과 펜으로 싸운 한평생

리영희는 한국 현대사에서 글을 통해 큰 영향력을 행사한 사람 가운데 하나다. 그는 냉전과 분단체제, 군사독재정권, 베트남전쟁과 중국 사회주의, 미 제국주의와 일본의 군국주의, 핵문제와 인류평화에 이르기까지 다양한 글을 남겼다. 처음 발표한 본격적인 평론은 1971년 『문학과지성』 가을호에 실린 「강요된 권위와 언론자유」로, 베트남전쟁을 둘러싼 미국 언론과 권력의 추악한 유착을 정면으로 비판한 글이다. 리영희라는 지식인을 대표하는 첫 저서 『전환시대의 논리』는 1974년 창작과비평사에서 출간되었다.

리영희의 삶은 외견상 학생(1929~50), 군인(1950~57), 기자(1957~71), 교수(1972~95), 시민(1995~2010) 등 다섯 시기로 구분할 수 있다. 그는 1957년 소령으로 예편한 후 통신사 기자가 됐다. 1960년대에는 주로 외신부 기자로 근무했다. 당시 베트남전쟁과 한국군 파병은 뜨거운 이슈였고 중국 사회주의 혁명은 기자 초년병 시절부터 리영희를 들뜨게 한 주제였다. 기자 시절에는 여러 나라의 정보원을 활용해 국내에 잘 소개되지 않던 차원이 다른 뉴스를 전했다. 동시에 박정희와 케네디 회담, 한일 국교정상화, 남북한 유엔 동시가입 문제 등을 깊숙하게 검토·분석하여 역사적 특종기사를 내기도 했다.

리영희는 1971년 조선일보에서 해직된 후 1972년 한양대학교 교수로 부임한다. 이후 본격적으로 긴 호흡의 글을 쓰고 책을 펴내기 시작했다. 1970년대에는 미 제국주의와 베트남전쟁의 본질, 중국 사회주의 이해, 권력과 언론의 야합, 청년 계몽과 의식의 개조 등에 관한 글을 다수 발표했다. 반공법 위반으로 2년여의 감옥살이를 마치고 1980년 출소한 뒤에는 주로 중국과 제3세계 관련 문서를 번역·소개한다. 권력에 의해 평론과 같은 글쓰기가 금지되었기 때문이다. 1984년 이후로는 일본 역사교과서와 우경화 문제, 군사독재권력 비판, 국가보안법과 남북관계, 핵무기의 위험, 냉전체제 이후의 국제관계 등에 관한 글을 발표한다. 1990년대 사회주의 '붕괴' 이후에는 한반도 핵·미사일 문제, 남북 통일의 의미 등 한국 사회의 가장 첨예한 문제와 씨름했다.

리영희는 열두권의 저서를 비롯해 편역(저)서, 공저서 등 모두 합쳐 스무권이 넘는 책을 남겼다. 『전환시대의 논리』 『우상과 이성』 같은 종합 시사·사회평론집, 『8억인과의 대화』 『80년대 국제정세와 한반도』 등 외국 논저를 소개한 편저서, 『역정』 같은 자서전류, 『인간만사 새옹지마』 같은 산문선집으로 구분할 수 있다. 2006년에는 번역서 등을 제외한 모든 저서를 모은 리영희저작집(전 12권)이 나왔다.

리영희는 자서전 『역정』(1988)과 회고록 성격의 대담집 『대화』(2005)를 남겼다. 『역정』은 1929년 출생에서 1961년 합동통신사 외신부 기자 시절 '박정희 의장'의 방미 동반 취재 '파동'까지 다루고 있다. 식민지 소년 리영희가 지식인이 되어가는 과정을 구체적으로 기술하고 있다. 『대화』는 『역정』의 후속작업이라 할 수 있다. 2000년 말 이후 투병 중이던 리영희는 2003년 무렵 건강이 다소 호전되었지만 글을 쓸 수는 없었다. 그는 대담자와 6개월 이상 대화를 나누고 녹취자료를 수차례 교정하여 구술회고록을 완성했다. 이 책은 리영희가 평생 맞닥뜨렸던 주요 사건과 그 사건에 얽힌 뒷이야기, 당시 내면의 풍경을 잘 보여준다.

리영희는 국내 정치와 한반도 문제, 세계평화에 관한 것부터 사적인 이야기까지 광범위하게 글을 썼다. 1993년 한 인터뷰에서 그는 그때까지 자신이 써온 글의 성격을 이렇게 규정했다.

당시 나는 ① 자유롭게 생각하고 판단하는 재량을 지니는 자율적인 인간의 창조를 위하여 ② 당시 사회를 지배했던 광신적 반공주의에 대해 저항적 입장에서 ③ 군인통치의 야만성·반문화성·반지성을 고발하기 위하여 ④ 시대정신과 반제·반식민지·제3세계 등에 대한 폭넓고 공정한 이해를 위하여 ⑤ 남북 민족 간의 증오심을 조장하는 사회 현실에 반발하면서 두 체제 간의 평화적 통일을 위한다는 입장에서 글을 썼다.『새는 '좌·우'의 날개로 난다』(1994) 439면

글을 쓴 목적은 자율적 인간 창조이며, 글의 주제는 광신적 반공주의 비판, 군인통치의 야만성 고발, 제3세계 반제·반식민 투쟁의 공정한 소개, 남북한의 화해와 평화통일 전망 제시 등이라고 할 수 있다. 2000년 제4회 만해상을 받았을 때 수상소감에서도 자신이 평생 한 일을, 분단된 민족 간의 편견과 증오와 적대감정, 전쟁을 부추기는 국가체제·정권·정책, 그런 권력집단과 개인, 민주적 자유와 권리를 억압하는 사상에 대항해 일관되게 싸워온 것뿐이라고 밝혔다.『21세기 아침의 사색』(2006) 75면

『전환시대의 논리』『우상과 이성』『8억인과의 대화』, 한국 사회를 강타하다

리영희의 사회적·역사적 문제의식과 이에 대한 글쓰기는 1950년대 말 언론계에 투신한 이후 2010년 작고하기 직전까지 계속된다. 한반도와 반공우상, 국제정세와 제3세계 해방, 민족과 평화통일 등이 핵심 주제였다. 지식인 리영희의 삶에서 변곡점이 된 '사건'은 1974년 6월 5일 『전환시대의 논리』라는 책을 출간한 일이다. 여기서 '전환시대'란 1960년대에 들어 냉전시대가 끝나고 세계적으로 '냉전 해소' 및 '군사적 양극화와 정치적 다원화' 시대로 접어든 상황을 의미한다.『전환시대의 논리』(1974) 177면 세상이 이렇게 변하고 있는데, 반공을 유일한 국가생존 이데올로기로 내세우며 미국과의 혈맹관계가 지속될 것이라고 여기는 한국인의 '순진무구'에 경종을 울리는 것이 책을 펴낸 이유였다.

당시는 유신 암흑시대였고 『전환시대의 논리』는 유신 반공주의체제에 대한 돌파구 역할을 한다. 이 책은 한국인의 의식을 바꿔놓았을 뿐 아니라 리영희 자신의 삶에도 큰 영향을 끼쳤다. 『전환시대의 논리』는 발간과 동시에 사회과학 도서로서는 경이적으로 베스트셀러 목록에 오르는 등 대학생의 필독 교양서가 됐다. 1980년대 초 중앙정보부에서 대학생에게 영향력이 큰 책을 조사한 적이 있는데, 1위가 『전환시대의 논리』, 2위가 『8억인과의 대화』, 5위가 『우상과 이성』이었다. 검찰이 민청학련 사건 등 여러 시국사건 관련자를 조사하는 과정에도 이구동성으로 『전환시대의 논리』 이야기가 나왔다고 한다.

리영희의 「베트남전쟁(Ⅲ)」을 실은 『창작과비평』 1975년 여름호가 판매금지를 당했음에도 『전환시대의 논리』는 한동안 잘 버텼다. 그러나 출간한 지 5년이 되던 1979년 3월 30일 '11판'을 찍은 뒤, 리영희의 2년형이 확정되면서 판매금지 처분을 받는다. 판금조치는 제5공화국 후반인 1986년 무렵에야 해제된다. 전두환 정권은 1985년 6월 14일 이념서적에 대한 대대적인 단속을 벌인 후, 정밀심의를 거쳐 『전환시대의 논리』 등 17종의 도서를 영장발부 대상에서 제외한다. 하지만 창작과비평사가 1985년 12월 출판사 등록 취소되었다가 1987년에야 '창작사'라는 이름으로 되살아나기 때문에 이 책이 다시 빛을 보게 되는 것도 이 무렵이다. 해금 이후에도 이 책은 교양서적으로 꾸준히 사랑을 받았고, 1999년에는 한글전용판으로 재출간되었다. 40년이 지나도록 지금까지 한 글자도 수정된 적이 없는 『전환시대의 논리』를 여전히 한국의 독자들이 읽고 있다.

『우상과 이성』은 1977년 11월 1일 초판 출간되었다. 당시 동아일보에서 해직되어 출판사를 차린 한길사의 김언호 사장이 『전환시대의 논리』 이후의 글을 모아 출판을 '종용'

해, 저자의 예상보다 빨리 세상에 나오게 된 책이다.『역설의
변증』(1987) 275면 리영희는 「불효자의 변」이라는 글과 함께 서
문을 새로 추가했다. 서문에서 그는 자신이 글을 쓰는 이
유가 오직 진실을 추구하고 그것을 널리 알리는 것이라고
전제한 후 그것이 우상에 도전하는 이성의 행위라고 했다.
이런 글쓰기에는 고통이 따르지만 그 괴로움 없이 인간 해
방이나 진보가 있을 수 없기에 책 제목을 『우상과 이성』으
로 한다는 비장한 출사표를 서문으로 던진 것이다.

　『우상과 이성』은 1977년 11월 23일 리영희가 구속되는
바람에 출간한 지 불과 20여일 만에 사망선고를 받는다.
리영희는 감옥에서 '우상' 박정희의 피격사망 소식을 접
한 후 1980년 1월 9일 광주교도소에서 만기 출소한다.『전
환시대의 논리』보다 더한 수난을 당했던『우상과 이성』은
리영희가 출소한 직후인 1980년 3월 10일 곧바로 증보판,
실제로는 많은 내용이 변경되거나 삭제된 '검열삭제판'으
로 부활한다. 그것이 가능했던 것은 우선 그가 1980년 2월
29일 복권된 덕분이었다. 최규하 대통령은 1980년 2월 29일
오전 10시를 기해 윤보선 전 대통령, 김대중 전 대통령후보,
함석헌과 지학순 주교를 포함한 긴급조치위반자 687명을
복권시켰다. 이날 복권된 사람은 대체로 긴급조치 1호, 4
호, 9호 위반자들이었다. 리영희와 백낙청 등은 반공법 위
반자였지만 정부의 학원자유화 조치의 일환으로 복권되었

다. 리영희는 1986년에 쓴 「『우상과 이성』 일대기」에 이렇게 적었다.

『우상과 이성』은 정사생(丁巳生)이다. 1977년의 해가 저물어가는 11월 1일을 생일로 하여 세상에 태어나, 11월 23일 사형선고를 받은 단명하고도 단명한 인생을 살았다. 그러나 그 짧은 인생에는 백년의 인생에 해당하는 많은 사연이 얽혀 있다. … 어느 날 새벽, 하늘에 천둥이 울리고 번개가 치더니 천년왕국을 꿈꾸던 우상숭배자들에게 하늘의 벌이 내렸다. 그 덕택으로 이 아이는 죽음에서 다시 소생하여 백성들 속에 돌아올 수 있었다.『역설의 변증』 269면

하필이면 『8억인과의 대화』가 1977년 8월 26일 출판되어 수난을 겪다 판매금지 처분을 받은 바로 그날, 11월 1일에 『우상과 이성』이 나왔다. 결국 리영희는 『8억인과의 대화』와 『우상과 이성』이 함께 문제가 되어 1977년 11월 23일 남영동에 있는 치안본부 대공분실로 연행되었다가 12월 27일 '반공법 제4조 23항' 위반 혐의로 기소된다. 지금 돌이켜봐도 책 제목으로서는 상당히 어려운 '우상'과 '이성'이라는 이름부터 검찰의 시빗거리였다.

1978년 3월 11일 공판에서 변호인이 책 제목의 의미가

뭐냐고 묻자, 이 사회에서 진실이 아닌 것을 진실인 것처럼 강요당하고 있는 것을 '우상'으로 보고 이에 대한 사실과 진실의 추구라는 측면에서 『우상과 이성』이라고 지었다고 답한다.『역설의 변증』337면 당시 검찰이 문제 삼았던 글은 「다나까 망언에 생각한다」「모택동의 교육사상」「농사꾼 임군에게 띄우는 편지」이 세편은 1977년 초판에 실려 문제가 되자 1980년 증보판을 낼 때 삭제되었다.「농사꾼 임군에게 띄우는 편지」는 그후 1984년 출간된 『분단을 넘어서』에 「어느 젊은 농사꾼에게」라는 제목으로 수정 게재된다 「크리스찬 박군에게」 등이었다.「다나까 망언에 생각한다」의 경우가 친일파의 심기를 건드린 것이라면 「모택동의 교육사상」은 적성국가 수괴와 제도에 대한 고무찬양 혐의를 들씌우기 위한 것이었다고 볼 수 있다.「다나까 망언에 생각한다」에서 검찰이 반공법 위반이라고 주장한 부분은 언어상의 '식민잔재'를 비판한 부분이다.

북한 대표가 처음으로 유엔총회에서의 연설을 우리말로 했다는 것이 작년 겨울 한때의 화제가 되었지만, 긴 눈으로 높은 차원의 효능을 생각할 때, 이데올로기니 정치니를 떠나서 같은 민족으로서 이것은 좋은 일이라고 생각했다. 본인의 직접 경험으로도 약소국, 특히 식민지였던 민족의 대표가 유엔총회에서 구 식민모국 외교관보다도 더 '유창'한 외국어로 연설하는 것보다 차라리 서툴기는 하지만 긍지를 지키면서 하는 연설에 대국 외교관들이 찬사와 경의를 보내는 것을 목격한 일이 있다.『우상과 이성』(1977) 35면

「모택동의 교육사상」은 월간『대화』1976년 12월호에 기고한 것을『우상과 이성』에 다시 실은 것이다. 이 글에서는 리영희가『중국의 붉은 별』로 유명한 에드거 스노우(Edgar Snow, 1905~72)의 마오 쩌둥에 대한 평가를 인용한 부분을 '고무찬양'의 근거라고 주장했다.

『8억인과의 대화』(1977)는 리영희와 백낙청, 그리고 창작과비평사에 큰 시련을 안겨준 책이다. 리영희는 이른바 '중공' 문제를 다루는 것의 위험성을 충분히 인식하고 있었기 때문에 편역자 서문에서 글과 책의 성격을 명확하게 밝힌다. "이데올로기, 권력, 정치, 혁명, 선전 등에 관한 것이나 특히 '이론'이라는 것은 하나도 없다"고 전제하고 "이른바 '친중공적' 편견을 가졌다고 알려진 개인이거나 사회주의권의 원전은 일체 배제한다"고 명백하게 선을 그었다. 사실『8억인과의 대화』는 그 선별의 엄정성이나 번역의 철저함으로 봤을 때, 한국의 사회과학 번역에서 하나의 금자탑이라고 할 만하다. 하지만 나온 지 두달도 되지 않아 금서가 되었고,『우상과 이성』과 함께 반공법의 '심판'을 받는다.

『8억인과의 대화』에서 검찰이 문제 삼은 글은 뻬르피뜨 (Alain Peyrefitte, 1925~99)의 「피의 대가(代價)」(31~50면), 힌턴(William Hinton, 1919~2004)의 「'열매'의 분배」(62~75면), 갤브레이스(John Kenneth Galbraith, 1908~2006)의 「내가 본 중공경제」(126~43면) 세편이다. 중국사회주의 혁명의 양면성을 다룬 「피의 대가」는 『창작과비평』 1977년 여름호에, 세계적 경제학자 갤브레이스의 중국방문기인 「내가 본 중공경제」는 『세대』 1977년 5월호에 각각 게재했던 것이다. 「'열매'의 분배」는 에드거 스노우의 『중국의 붉은 별』과 함께 중국혁명 시기 3대 기록문학작품 중 하나로 꼽히는 『번신(飜身)』의 15장을 번역한 글이다.

검찰은 『8억인과의 대화』와 관련해 반공법 위반 혐의로 리영희를 기소하며 "사실을 사실대로 말해도 반공법에 위반된다"는 억지논리를 폈다. 검찰 주장에 대한 변호인 심문에서 리영희는 사실을 사실대로 말하는 것은 보호될 줄 알았다고 답한다. 이어 검찰이 공소장에서 중공에 유익한 부분은 삭제하거나 잘못 평가될 염려가 있는 부분에는 주를 달았어야 하는데 그러지 않아 유죄라고 주장하자 리영희는 다음과 같은 반론을 편다.

학자의 가장 비열한 행동은 남의 글을 도용하는 것이다. 그러나 그보다 더 비열한 것은 남의 글을 마음대로 삭제하는 행위다. 국가권력인 법의 대행자가 남의 글을 삭제하라고 한 것은 도저히 이해할 수 없는 일이다. 다음, 번역자의 견해를 넣어야 한다고 하는데 내가 번역한 글의 저자들은 세계적으로 권위를 가진 학자들이다. 그들의 글을 내가 평가할 수 없다.^{박원순 『국가보안법연구 2』(역사비평}
사 1997) 199~200면

명백한 학문의 자유 침해사건이고 무리한 기소였음에도, 10여차례 공판 끝에 리영희는 고등법원에서 징역 2년을 선고받는다. 재판정은 변호인단과 피고인들을 통해 수준 높은 이론이 전개되는 '민주주의 학습의 장'이 되었다. 변호인단은 반공법 적용의 문제점을 지적하는 장문의 상고이유서를 법원에 제출했고, 리영희도 1978년 11월 26일 200자 원고지 218매에 달하는 「상고이유서」를 제출한다. 하지만 고등법원은 검찰의 기소장을 그대로 받아들여 징역 2년, 자격정지 2년을 선고했고 대법원은 상고를 기각해 리영희는 만 2년의 징역살이를 하게 된다.

1957년 기자가 된 이래 리영희는 기사와 저술의 반공법 위반 혐의 등으로 아홉차례 연행되고 다섯차례 구속됐다. 첫 필화사건은 1964년 조선일보 외신부 기자 때다. 남북한 유엔 동시가입 관련 기사 보도로 11월 21일 구속되어 27일 만에 풀려난다. 1977년 12월 27일에는 저서 『우상과 이성』

과 편역서『8억인과의 대화』의 내용이 반공법 위반이라는 이유로 2차 구속되었고 2년형을 마친 뒤 1980년 1월 9일 만기 출소했다. 1980년 5월 17일 '광주소요 배후 주동자'의 한 사람으로 다시 구속되었고 두달 만에 석방된다. 1984년 1월 10일에는 기독교사회문제연구소가 주관하는 '각급 학교 교과서 반통일적 내용 시정연구회' 지도 사건으로 반공법 위반 혐의로 구속되었다가 35일 만에 석방되었다. 1989년 4월 14일 한겨레신문 창간기념 취재기자단 방북취재기획건의 국가보안법 위반 혐의로 안기부에 구속, 160일 만에 석방되었다. 리영희가 수감되어 있던 기간을 다 합하면 1,012일에 이른다.

　　그는 직장이던 언론사와 대학에서도 네차례 해직됐다. 1969년 조선일보 외신부장으로 재직하던 중 사실상 강제 해직된 후 월부책장사 등으로 전전하다가 합동통신사에 재입사했지만, 1971년 10월 박정희 정권에서 위수령을 내리는 등 대학 탄압에 나서자 각계 인사들과 학원 탄압에 반대하는 '긴급선언문'을 발표한 후 다시 해직된다. 1972년 한양대학교에 부임한 후 1976년 '교수재임용제' 시행으로 1차 해직되었다. 1980년 '서울의 봄'으로 복직되었으나 5·18 이후 다시 해직되어 4년간 실업자로 지내다가 1984년 복직하게 된다.

지금도 울리는 리영희의 '사자후'

1980년 프랑스의 『르몽드』(*Le Monde*)지는 리영희를 한국 젊은이들의 '사상의 은사'라고 칭했다. 1987년 경향신문에서 각계 인사 74명을 대상으로 한국 민주화에 가장 큰 영향을 준 인물과 저술을 조사한 결과, 인물로는 백낙청과 리영희가, 저술로는 『해방전후사의 인식』과 『전환시대의 논리』가 꼽혔다. 개인으로서도 저술로서도 리영희의 영향력이 압도적이었음을 알 수 있다.

리영희의 글이 1970년대 이후 우리 사회에 끼친 영향은 컸다. 그의 글은 젊은이들에게 '하늘이 무너지는 듯한 충격'과 함께 큰 해방감을 주었다. 유시민은 "리영희 선생은 나에게 철학적 개안의 경험을 안겨준 사상의 은사이며, 『전환시대의 논리』는 품위 있는 지식인의 삶이 어떠해야 하는지 가르쳐준 인생의 교과서"라고 말했다. 조희연은 유신 교육 아래서 이미 자신의 일부가 되어버린 냉전의식과 사고의 깊은 중독상태에서 벗어나는 '지적 해방의 단비'를 『전환시대의 논리』에서 맛보았다며 이렇게 덧붙인다. "80년대라는 정치적 홍역기를 거치면서 이제 외로운 선구자처럼 외치던 저자의 주장들은 상당부분 상식이 되었다. 그러나 그 상식이 대중의 상식으로, 권력의 상식으로 되지 못하고 있는 현실, 바로 그 현실 속에서 우리는 살고 있다.』『새는 '좌·우'의 날개로 난다』 442면 강준만은 "남한체제는 그 자유를 누리려는 사람들을 가혹하게 탄압했지만 완전히 말살할 수 없는 체제였다. 남한에는 리영희가 있었지만, 북한에는 리영희가 존재할 수 없었던 것이다"라고 평가했다.

1995년 『월간중앙』 신년호에 따르면, 리영희는 '광복 50년 한국을 바꾼 100인' 조사에서 40위권에 이름을 올렸다. 지식인으로서 그보다 높은 순위를 차지한 인물은 함석헌 정도였다. 리영희는 냉전의식을 비롯한 사회적 도그마가 결코 유령이 아니며, 그 도그마로 기득권을 유지하고 이익을 누리는 사회집단의 실체가 있음을 설득력 있게 지적했다. 그의 글을 통한 '전투적 계몽'은 20세기 한국 민족민주운동 발전 과정에 지대한 영향을 끼쳤다.

리영희는 한반도 평화와 통일, 그리고 한국인의 자유 확장을 위해 평생을 고민하며 살았다. 한때 새로운 시대가 열리는 듯 보이기도 했지만 권력은 파시즘체제로 회귀했고, 대다수 한국인은 '지옥'이 되어가는 대한민국에서 하루하루를 힘겹게 버티며 지낸다. 한반도를 둘러싼 국제정세 또한 냉전시대로 회귀하고 있다. 한국 정부는 사실상 '꼭두각시'가 되었고 미·중·일·러는 자국의 이익을 극대화하기 위해 한반도를 약탈하고 있는 형국이다. 사드(THAAD)고고도 미사일 방어체계 배치 논란에서 미국 제국주의의 핵 볼모가 된 한반도, 위안부·역사교과서·자위대 문제에서 드러난 일본의 우경화와 재무장, 북한이 1990년대 이후 지속적으로 핵개발에 매달릴 수밖에 없는 이유, 이명박-박근혜 정권으로 이어지는 한국 수구세력의 반민족성, 경주의 지진과 이어지는 여진으로 대한민국을 공포의 도가니로 몰아넣고 있는 핵발전소 문제, 약탈자본주의의 만성화와 미래를 잃은 청년세대 문제 등 한치 앞을 알 수 없는 시대가 이어지고 있다. 리영희는 1960년대 후반 이후 한국 사회의 아킬레스건이라 할 수 있는 이런 문제들에 대해 구체적 대안이 포함된 평론을 발표하며 한국 사회를 계몽하고자 했다. 리영희의 '사자후'는 지금도 울리고 있다.

함께 읽을거리

강준만 엮음 『한국 현대사의 길잡이 리영희』, 개마고원 2004.

김언호 『책의 탄생 II: 저자와 독자와 출판인, 그리고 시대정신』, 한길사 1997.

박원순 『국가보안법연구 2: 국가보안법적용사』, 역사비평사 1997.

백승종 『금서, 시대를 읽다: 문화투쟁으로 보는 한국 근현대사』, 산처럼 2012.

최영묵 『비판과 정명: 리영희의 언론 사상』, 한울아카데미 2015.

리영희와 저널리즘

/ 김효순

'기자' 리영희의 시작

우리 현대 지성사에서 리영희만큼 동시대인들에게 영향을 끼친 인물은 찾기가 쉽지 않다. 저작의 내용이나 형식도 다양해 베트남전쟁, 중국혁명, 한미관계 등 국제문제에 대한 논문·시사해설·평론은 말할 것도 없고 꽁트·수필·소설에까지 손을 댔다. 그를 포괄적으로 규정하는 호칭은 존경의 뜻을 담은 '선생'이나 '은사' 또는 깎아내리려는 의도가 담긴 '원흉' 등의 표현을 제외하면 '리영희 기자'와 '리영희 교수' 두가지로 정리할 수 있다. 그는 세상을 떠나기 1년 7개월 전 한 인터뷰에서 기자와 교수 어느 쪽으로 기억되길 원하느냐는 물음에 "60퍼센트는 저널리스트고, 40퍼센트는 대학교수"라고 답했다.『한겨레』(2008.
5. 15.) 스스로의 정체성을 따져 기자 쪽에 무게중심이 기운
것이다. 실제로 그가 교수로 채용된 뒤 해직과 복직을 반
복하면서 쓴 전문적 글들은 대체로 기자 시절 갖고 있던
문제의식의 연장선상에서 나온 것이라 할 수 있다.

기자로서 리영희의 삶을 들여다보면 수수께끼 같은 구
석이 적지 않다. 그의 회고록이라든지 자서전 격인『역정』
이나『대화』를 보면 청소년 시절에 저널리스트를 동경했
다는 흔적은 전혀 없다. 경성공업학교와 해양대학교에서
주로 이과적 소양을 쌓았고 한국전쟁이 터지자 통역장교
를 지원해 무려 7년 동안이나 군대생활을 했다. 군에서 탈
출하기 위한 경로를 외무고시에서 찾으려 했던 그가 기자
의 길에 들어선 계기는 화장실에서 신문 쪼가리에 실린 합
동통신사의 외신기자 채용 공고를 우연히 본 것이다. 그는
1957년 현역 장교복 차림으로 서울에 급히 올라가 응시해
합격했는데 이때만 해도 그가 기자직에서 어떤 매력을 느
꼈는지 분명하지 않다.

'기자 리영희'의 원형질이 형성되는 이 시기의 모습
을 객관적으로 보여주는 증언은 드물다. 리영희가『대화』
에서 선배이자 평생의 친구로 묘사했던 정도영(鄭道永,
1926~99)합동통신 외신부장·출판국장, 상공회의소 조사 출판담당 이사를 지냄의
기억이 흥미롭다. 당시 합동통신 외신부 차장으로 있던 정

도영이 리영희를 처음 봤을 때의 인상은 서북청년단의 일원인 듯한 모습이었다. 고향이 평안도인데다 군복 차림으로 나타났으니 그런 연상을 한 것으로 보인다. 영어 실력이 워낙 출중해 뽑혔지만 원고지를 쓰는 법도 몰랐다고 한다. 리영희를 제외한 다른 합격자는 모두 서울대 출신이었다. 기자로서의 출발선부터 비주류였던 셈이다.

리영희가 사회 복귀 후 첫 직장으로 합동통신사를 선택한 것은 그의 인생경로에서 주요한 전환점이 된다. 합동통신은 일제 시절 국책통신사였던 도메이(同盟)통신 조선지부의 계보를 잇는 대표적 통신사였다. 자유당 정권 말기인 1950년대 중반 남한에서 국제정세의 흐름을 바로 접할 수 있는 통로는 극히 제한돼 있었다. 합동통신은 그 무렵 이승만 정권에 비협조적이라는 이유로 견제를 받아 수세에 몰리기는 했지만, 여러 외국 통신사와 계약을 맺고 있어 국제정세의 변동을 시시각각 전하는 외신이 끊임없이 들어왔다. 두산그룹의 초대회장인 박두병(朴斗秉)이 합동통신의 경영권을 장악한 것이 4·19 혁명 이후인 1961년 1월이니 합동이 아직 대기업 산하로 들어가기 전이다.

리영희는 새내기 기자로 첫 담금질을 당한 외신부에서 삶의 새로운 의미를 찾았다. 반식민지·민족해방투쟁과 신중국의 혁명 등 국제정세의 '지각변동'이 일어났던 시기다. 그는 "전 지구적이고 전 인류적인 세계사적 대변혁에 관한 뉴스를 만들고 알리고 하는 외신기자로서의 역할에 완전히 몰두했고 희열을 느꼈다"고 한다.『대화』193면 일반 기자들에게 외신부는 별로 선호되는 부서가 아니었지만, 폐쇄적 반공체제에 갇혀 나라 밖 소식에 목말라 하던 사람에게 외신부 근무는 비록 처우 수준이 낮기는 했어도 일종의 해방구였다. 리영희가 '촌지'가 없고 취재원과의 '유착' 가능성이 아주 낮은 외신부에 안착한 것은 '체제 내 기자'로 타락하는 길을 차단하는 작용도 했다. 그는 외신부 직무에 매혹된 이유에 대해 지식과 시야를 넓히는 공부 욕구 외에도 취재기자에 맞지 않는 자신의 비사교적 성격과 학연·지연에 따른 인적 연고관계의 부족을 꼽았다.『역정』(1988) 389면

리영희의 평생 화두 중 하나는 정명(正名)이다. 사물에 올바른 이름을 붙여야 잘못된 것을 바로잡을 수 있다는 것이다. 그가 평생 '우상'과 싸워왔다거나 오직 '진실'을 추구하기 위해 몸부림쳤다고 자부하는 것은 이런 의식의 발로이다. 리영희가 정도영과 함께 평생 친구로 지목한 이왈수(李曰洙, 1931~)코리아타임스·동화통신·합동통신·한국경제신문 등에서 주로 외신부장과 논설위원으로 재직의 증언에 따르면 리영희는 기자 초년병 시절부터 정명을 시작했다. 외신은 오랜 기간 남한과 북한의 영문 호칭을 정식 국호 대신 South Korea와 North Korea라는 약칭으로 써왔다. 통일 이전의 동독과 서독을 East Germany, West Germany로 표기한 것과 같은 맥락이

다. 리영희는 한반도 관련 국제뉴스의 한글 기사 작성을 배정받으면 North Korea를 '북괴'로 하던 당시의 불문율을 따르지 않고 '북한'으로 썼다. 선배 기자들이 왜 '북괴'로 쓰지 않느냐고 지적하면 리영희는 원문에 'puppet'(괴뢰)이라는 단어가 어디에 있냐며 대들었다고 한다. 결국 리영희가 '북한'으로 쓴 기사는 외신부장이 항상 고쳐서 출고를 했다. 당시 외신부장은 나중에 합동통신 사장과 외무부 장관 등을 지낸 이원경(李源京)과 경북고^{일제강점기의 경북} ^{중학교} 동기였던 윤대균(尹大均)이었다.

진보당 탄압사건과 보안법 개악 파동 등 이승만 정권의 극우적 행보가 기승을 부리던 시절에 평기자가 사상적으로 오해를 불러일으킬 소지가 있는 문제를 놓고 부장 등 상급자의 지침을 정면으로 거역한 셈이다. 리영희의 '나 홀로' 정명운동은 합동통신사 내부로 한정되지 않았다. 그는 당시 AP통신 서울지국장이었던 진철수(秦哲洙)를 찾아가 본문에도 없는 용어로 바뀌어 나가는데 왜 AP통신 본사에서 방치하고 있느냐고 항의를 했다.

리영희는 자신이 옳다고 믿는 사안이 발생하면 상대방이 누구이건 간에 정면으로 맞섰다. 4·19 직후 남한 정세의 격변을 취재하기 위해 서울에 온 AP통신 토오꾜오지국장 진 크래머(Gene Kramer, 1927~2011)^{1950년 AP통신에 입사해} ^{1997년에 은퇴}와의 충돌사건은 그런 그의 기백을 보여준다. 당시 국내 통신사 사주들은 신변보호와 대외과시라는 속셈에서 통신사를 차렸기 때문에 전재계약을 맺은 외국 통신사의 간부들에게 저자세로 일관했다. 대통신사의 토오꾜오지국장이 입국할 때면 사장이 공항에 직접 나가 영접할 정도였다.

이승만 정권을 규탄하는 시위가 전국적으로 확산되자 사태의 추이를 보도하기 위해 분주하게 돌아가던 합동통신 편집국에 크래머가 나타나 목청을 높이기 시작했다. 그는 편집국에서 돌아다니는 얘기를 듣고 시위 대학생들이 이기붕 저택의 담을 넘어 들어가다가 두명이 총에 맞아 숨졌다고 급보로 타전했다. 하지만 오보로 밝혀지는 망신을 당하자 외신부를 찾아와 분풀이를 한 것이다. 크래머의 기세등등한 행동에 간부를 포함한 외신부 기자들이 모두 숨을 죽이고 있는데 구석자리에 앉아 있던 리영희가 그에게 다가가 훈계를 했다. 리영희는 "당신이 기자냐"며 힐문하고, "기자라면 당연히 정보를 확인한 뒤 기사를 써야 하는데 그런 기본적 일도 하지 않고 여기서 무슨 짓거리를 하고 있나"고 따졌다. 불의의 일격을 당한 크래머는 제대로 대꾸도 하지 못하고 사라졌고, 그날 저녁 진철수 AP통신 서울지국장은 합동통신 외신부 기자 전원을 고급일식집으로 초대해 화해의 자리를 만들었다고 한다.

리영희가 대통신사의 토오꾜오지국장을 몰아붙이던 광

경을 옆에서 목격했던 이왈수는 그의 영어실력에 감탄했다고 회고했다. 영어를 잘한다는 소문을 익히 듣기는 했지만 그 정도인 줄은 상상도 하지 못했다는 것이다. 하지만 리영희가 크래머를 혼쭐낸 것이 단지 영어실력이 뛰어나서는 아니었다. 나중 행보를 보면 알 수 있듯이 그는 상대방이 설사 최고 권력자라 해도 조금도 위축되지 않고 취재를 하고 비판적 기사를 작성했다. 두가지 사례를 들여다보자.

첫째는 1961년 11월 쿠데타 주역인 박정희의 미국 방문 수행취재를 하며 쓴 기사다. '국가재건최고회의 의장'이라는 직함을 달고 일본에 이어 미국에 간 박정희는 존 케네디 미 대통령 등과 회담을 가졌다. 국내 언론은 회담 성과에 대해 공동성명과 수행원들의 설명을 그대로 옮겨서 미국이 한국의 '혁명정부' 지지를 재확인하고 한국군 현대화를 확약했다고 대대적으로 보도했다. 자유당 말기 익명으로 『워싱턴포스트』(*Washington Post*)에 국내 정세를 기고하던 리영희는 군사정권의 발표를 그대로 믿으려 하지 않았다. 그는 '진짜 이야기'를 취재하기 위해 워싱턴포스트 간부의 소개로 국무부의 중견 간부를 만나 미국이 한국의 5개년계획에 대한 전폭 지지를 표명한 적이 없으며 섣부른 중공업 추진보다는 실업문제 해결을 위한 수정을 요구했다는 기사를 송고했다. 이 기사는 11월 16일 『동아일보』 등 주요 일간지 1면에 3~4단으로 크게 전재됐고 특히

『경향신문』과 『한국일보』는 기사의 출처를 나타내는 크레디트에 '리영희 기자 기(記)'라고까지 명기했다.

박정희가 케네디 행정부의 전폭적 지지를 받은 것으로 포장하려던 군사정권에는 뼈아픈 기사였다. 쿠데타 주역의 하나인 김재춘(金在春)당시 육군방첩부대 대장 겸 군검경합동수사본부장으로, 후에 김종필, 김용순에 이어 3대 중앙정보부장을 지냄은 박정희가 맥아더를 예방했던 뉴욕 호텔의 엘리베이터에서 리영희와 마주치자 "서울에 가서 보자"고 협박했고, 실제로 리영희는 중도에 본사로부터 귀국명령을 받고 서울로 돌아가야 했다.

둘째는 조선일보 외신부장으로 재직하던 때 키시 노부스께(岸信介) 전 일본 총리를 단독 인터뷰한 기사다. 그가 한반도 유사시 자위대의 한반도 파병을 극비리에 연구한 일본 군부의 '미쯔야(三矢) 군사계획'을 처음으로 폭로했다고 자부하는 작품이다. 서울에서 개최된 아시아의원연맹(APU) 일본 대표단 단장 자격으로 방한한 키시 회견 기사는 1966년 9월 8일 『조선일보』 2면에 '한국을 보는 눈 — 한-일(韓-日)은 운명공동체'라는 밋밋한 제목으로 실렸다.

엄밀히 말해 이 기사는 '특종'이라고 할 수는 없다. 미쯔야계획은 자위대 통합막료회의의 영관급 장교들이 1963년 2월부터 4개월간 한반도 유사시를 겨냥해 벌인 도상훈련이다. 한국군 일부에서 반란이 일어나 주한미군이 출동해

진압에 나서자 혼란을 틈타 북한군이 남침해 '제2의 한국전쟁'이 벌어진다는 씨나리오를 토대로 극비 군사연습을 한 것이다. 자위대는 한반도로 이동하는 주일미군을 후방 지원하기 위해 한반도로 출동하고 마침내 미국과 소련 간에 핵전쟁이 벌어져 최종적으로는 미군 진영이 승리한다는 엄청난 내용을 담고 있다. 비밀에 부쳐졌던 미쯔야계획은 1965년 2월 10일 오까다 하루오(岡田春夫) 사회당 의원이 중의원 예산위에서 일부 내용을 폭로해 그 존재가 드러났다. 일본에서 엄청난 파문이 일어났음에도 불구하고 국내 언론에서 '토막기사'로도 다뤄지지 않자 리영희는 자민당 내 강경파였던 키시의 입을 통해 일반 독자에게 '폭로'한 셈이다. 일본에 수십명의 상주특파원이 있는 지금의 미디어 환경과 달리 당시만 해도 상주특파원은 드문 편이었고 기사 송고 수단이 열악했던 측면이 있기는 했다.

인터뷰 기사가 나간 후 리영희는 중앙정보부에 연행돼 조사를 받았으나 별다른 고생은 하지 않았다. 중앙정보부의 관심은 그들이 파악하지 못했던 내용을 리영희가 어떤 경로로 알게 됐는지에 있었기 때문이다.『대화』(2005) 332면

리영희가 당시 일본 총리였던 사또오 에이사꾸(佐藤栄作)의 친형이자 정계의 막후 실력자였던 키시와의 단독회견을 성사시킨 역량도 주목할 만하지만, 신문에 실린 인터뷰 내용을 보면 공세 수위가 인상적이다. '공식방문' 이외

의 방한 목적이 무엇이냐는 첫 질문에 이어 일본에서 들여오는 차관의 사용처와 재벌들의 뇌물 공여 의혹, 한반도에 대한 일본의 장기구상 등을 작심하듯 물었다. 미쯔야계획에 대해서는 일본의 재군비를 위한 개헌론자로서 유사시 일본군의 파병을 고려하느냐고 정곡을 찔렀다. 시선을 끄는 제목이 달리지도 않았지만, 행간을 읽는 독자라면 리영희가 얼마나 독한 마음으로 인터뷰에 나섰는지 알 수 있을 것이다.

이 인터뷰와 관련해 한가지 더 평가할 점은 그가 자료를 장기적으로 축적해놓고 활용했다는 것이다. '데이터베이스'라는 것이 존재하지 않던 시기에 그의 끈질긴 자료 추적과 정리는 후에 방대한 저술의 원동력이 된다.

편집자로서의 기자

리영희는 1964년 가을 합동통신에서 조선일보로 옮겨갔는데 이것이 또 하나의 전기가 된다. 통신사 기자는 '뉴스 도매상'에서 근무하는 관계로 일반인들에게 노출되는 기회가 별로 없으나 신문기자는 처지가 다르다. 외신부장의 역할을 비교하더라도 통신사는 외국 주요 통신사의 수많은 기사 가운데 일부를 선택해서 번역 정리 과정을 거쳐 출고를 하므로 사무적인 일처리에 빠지기 쉬우나, 신문사의 경우는 '편집자'로서의 자의식이 확고하면 자기 색채를 분명히 할 수가 있다. 리영희가 조선일보 외신부장 재직시 베트남전쟁에 대해 다른 신문과 확연히 차별되는 보도로 지식인사회에서 일약 '관심인물'로 떠오른 것도 그 때문이다.

리영희는 조선일보에 스카우트 형식으로 채용됐는데 이 과정에 개입한 인물이 김경환(金庚煥, 1928~86)이다. 김경환은 취재기자 경험이 없는 편집기자 출신으로 『조선일보』『대한일보』『한국일보』 등 3개 중앙일간지의 편집국장을 지냈다. 언론계에서 '편집의 귀재'로 꼽히던 그는 평소 리영희가 작성한 통신기사를 눈여겨보다가 함경도 동향 출신인 이왈수를 통해 능력과 인물됨을 탐문한 뒤 바로 끌어들였다. 당시 그는 조선일보의 편집부장이었고, 국장은 소설가 선우휘였다.

조선일보 정치부로 옮겨 외무부를 담당하던 리영희는 바로 필화사건에 휘말려 구속됐다. 언론인으로서 그가 겪은 숱한 시련의 시초가 된 사건이다. 문제가 된 것은 1964년 11월 21일 1면 머리기사로 보도된 '남북한 유엔 동시가입 추진' 움직임에 관한 것이다. 합동통신 외신부 시절부터 제3세계의 민족해방운동에 열정적으로 공감하던 그는 아시아·아프리카 외상회의에서 남북한 유엔 동시가입을 검토하고 있으며 아랍공화국(이집트) 등 수개국이 유엔총회 개최에 앞서 남북한의 유엔 동시가입 제안을 준비하고 있다고 썼다. 유감스럽게도 이 기사의 원문은 찾아보기가 쉽지 않다. 중앙정보부가 지방으로 배달되는 지방판을 모두 압수했고 서울판에서는 기사가 통째로 빠져버렸기 때문이다. 정보부는 신문 압수에 그치지 않고 11월 21일 새벽 선우휘 국장과 리 기자를 연행한 뒤 그날로 반공법 및 특정 범죄 처벌에 관한 임시특례법5·16 쿠데타 직후 공포된 특별법. 형법 국방경비법 위반 등의 특정범죄를 가중처벌토록 하고 정부를 비방할 목적으로 허위사실을 날조해 유포한 자는 징역 10년 이하의 징역에 처한다고 규정했다 위반 혐의로 구속했다. 정보부는 강경조치를 취한 배경으로 "일반 국민 특히 군 장병의 사기에 미치는 영향이 크기 때문"이라고 밝히고 해당 기사는 자의로 날조된 것이라고 주장했다.

선우휘는 구속적부심에서 '증거 인멸 및 도피의 우려가 없다'는 이유로 석방됐으나, 리영희는 기각돼 그해 12월 16일에야 불구속 기소로 풀려났다. 결심은 다음해 6월 14일 이뤄져 징역 10개월이 구형됐고, 7월 3일 나온 1심 선고는 징역 6개월에 집행유예 1년형이었다. 단독판사는 후에 대법관과 신한국당 대통령후보가 된 이회창이었다. 2심에서는 선고유예로 마무리됐다.

비동맹국가들의 남북한 문제 해결방안 모색 보도에 반공법 등 위반 혐의를 적용해 철퇴를 가한 공안기관들의 발상은 어처구니없다. 그보다 더 놀라운 것은 이 필화사건과 관련해 재판 계류 중임에도 불구하고 『조선일보』가 제3세계 민족운동에 대한 대형 기획 '아·아(亞·阿)의 물결'을 신문 1면에 연재한 것이다. '반둥회의에서 알제리까지'라는 부제가 달린 이 시리즈는 정교하게 준비된 것으로 보인다. 1965년 6월 6일 1회를 시작으로 모두 5회로 구성됐는데 각 회분마다 '그 성격' '그 비중' '그 고민' '한국의 좌표' '한국 초청문제 그동안의 경위'라는 문패가 달렸다. 지도, 사진, 보조 상자기사들이 적절히 배치돼 공들여 편집을 했다는 인상을 준다. 4회분에는 당시 비동맹운동의 대표주자 격이었던 수카르노(인도네시아), 나세르(이집트), 저우 언라이(중국), 벤 벨라(알제리), 샤스트리(인도), 은크루마(가나)의 사진도 크게 실었다.

이 시리즈의 2회분이 3면으로 들어갔다가 3회부터 다시 1면으로 나온 것은 아주 이례적이다. 신문계의 관행으로 보면 1면에 시작한 시리즈가 뒤로 빠졌다가 다시 앞으로 나오는 경우는 찾아보기 힘들다. 당시 남한에서 제3세계의 움직임은 주류사회의 관심사가 아니다. 한미관계, 한일관계나 미-소 간의 현안이 아닌 국제뉴스 시리즈가 신문의 1면을 장식하는 일은 거의 없었다고 해도 과언이 아니다. 이 정도의 비중으로 다뤄졌다면 신문사 편집국 지휘부의 의지가 반영됐다고 봐야 한다.

1965년 1월 조선일보 편집국장이 바뀌었다. 선우휘가 물러나고 리영희를 스카우트했던 김경환이 후임으로 임명됐다. 김경환은 부장단 인사를 하면서 필화사건으로 구속됐다 풀려난 리영희를 외신부장으로 발탁했다. 이례적으로 평기자에서 부장으로 바로 올린 것이다. 정치부장에는 남재희(南載熙)가 기용됐다. 당시 조선일보 내부 사정을 잘 아는 임재경(任在慶) 전 한겨레신문 부사장은 김경환이 남재희와 리영희를 쌍두마차로 해서 편집국을 끌고가려 한 포석으로 풀이했다. '아·아의 물결' 시리즈는 김경환 국장과 리영희 외신부장의 합작품으로 보인다. 실무작업은 리영희 주도로 진행됐겠지만, 편집국장이 전폭적으로 밀어주지 않으면 연재물이 신문의 1면에 계속 전진 배치될 수 없기 때문이다.

리영희가 쓴 것으로 보이는 편집자 주를 보면 시리즈는 1955년 4월 인도네시아 반둥에서 열린 1차 아시아·아프리카회의에 이어 10년 만에 알제리에서 개최되는 2차 아시아·아프리카회의를 앞두고 기획된 것이다. 편집자 주는 정부가 아·아회의를 '친공적'으로 보고 배격해오다 참석 의사를 밝혔으나, 초청의 가능성은 희박하다고 전제하면서도 다각도로 다룬다는 각오를 밝혔다. 한국이 참석도 하지 못하는 제3세계 회의를 크게 다룬다는 것 자체가 모순으로 보이기도 하지만, 리영희로서는 자신의 문제의식과 우려사항을 만천하에 드러내 보이고자 한 것이다. 연재분 말미에는 필자를 나타내는 '희(禧)'라는 한자가 표시돼 있는데 외신부장이던 리영희가 기사의 대부분을 직접 쓴 것이 거의 확실하다. 그는 반둥회의에 초청받지 못한 몇 나라를 거론하면서 남아프리카연방은 인종격리정책 때문에, 중화민국(대만)과 대한민국은 '그 극단적 반공주의'에 대한 신흥국가들의 혐오감 때문에 제외됐다고 명시했다. 그는 반둥회의 이후 10년간 아시아·아프리카의 신흥독립국이 급격히 늘어 유엔회원국의 과반수를 제압하게 됐다고 지적하고, 대만이 독점해온 중국 대표권의 변경 문제와 함께 한국의 대외적 지위도 영향을 받을 것으로 내다봤다. 그는 그런 전망을 하는 이유로 "대한민국의 통일정책과 합법성 주장의 유일한 근거가 되어온 유엔이 체질을 개선하는 단계에 놓였기 때문"으로 설명했다. 불구속 상태로 재판을 받고 있는 처지에서 자신의 지론을 신문 지면을 통해 대대적으로 펼친 것이다. 한가지 아쉬운 것은 2차 아·아회의 개막 10일을 앞두고 알제리에서 쿠데타가 발생해 벤 벨라 대통령이 실각하고 우아리 부메디엔(Houari Boumediène) 국방장관이 권력을 장악하는 바람에 회의가 성사되지 못한 것이다. 리영희의 실망이 얼마나 컸을지는 의문의 여지가 없을 것이다.

리영희가 외신부장으로서 스스로의 존재를 지식인들

에게 각인시킨 것은 베트남전쟁에 관한 접근방식이다. 그
는 공산주의 침략 위협에 대한 자유진영의 '반공 성전'이
라는 시각을 거부하고 인류의 양심이 시험받은 '제2의 스
페인 내전'으로 인식했다. 리영희 부장 밑에서 평기자였
던 신홍범(愼洪範) 전 한겨레 논설주간은 리영희가 스페인
내전 때 현역이었다면 자비를 들여서라도 종군 기자로 갔
을 것이라고 말했다. 다른 언론과 확연히 차별되는 대표적
인 보도로는 『조선일보』 1967년 5월 18일자에서 거의 한
면을 털어 '베트남전 전범재판'에 대한 찬반 논쟁을 소개
한 것을 들 수 있다. 스톡홀름에서 열렸던 전범재판에 적
극 참여했던 프랑스 철학자 장뽈 싸르트르와 반대 입장인
미국 철학자 시드니 훅(Sidney Hook)의 주장을 대비시킨
것이다. 흥미로운 것은 싸르트르의 부인 시몬 드 보부아르
(Simone de Beauvoir), 영국의 정치평론가 아이작 도이처
(Isaac Deutscher) 등 전범재판 판사단에 참여한 저명인사
10여명의 명단까지 실은 점이다. 이들을 스페인 내전 때
공화파 지원을 위해 참전했던 '양심적 지식인'과 동일시한
셈이다. 『조선일보』의 차별성 있는 보도가 화제를 모으자
소설가 이병주는 외신부장이 어떤 사람인지 궁금해서 만
나려고 찾아왔고, 이용희 서울대학교 외교학과 교수는 『조
선일보』 외신면 기사를 강의 텍스트로 사용했을 정도다.
그렇다고 리영희가 자신의 고민을 신문 지면에 다 반영한

것은 아니다. 그는 베트남전쟁 종전 20돌을 맞아 1995년 5월 4일 『한겨레21』에 쓴 기고에서 외신에 보도되는 파월 한국군의 잔학행위를 '공정하게' 알리려 했으나 외부압력에 부딪혀 번번이 좌절하고 말았다고 고백했다.

신문사 외신부장으로서 리영희 전성시대는 1968년 2월 선우휘가 다시 편집국장에 복귀하면서 종말을 고하게 된다. 『조선일보』 외신면이 독자색을 강화하는 동안 『중앙일보』에 한국군의 베트남전 참전에 관한 소설 「물결은 메콩강까지」를 연재했던 선우휘는 리영희를 계속 한직으로 밀어냈다. 물론 국방부 등 당국의 의도가 반영됐을 것이다. 계속되는 압박을 견디지 못하고 사표를 던진 리영희는 지식인으로서의 삶을 아예 포기하려 하다가 우여곡절 끝에 교수직을 얻어 더욱 풍성한 저술 활동의 꽃을 피웠다.

정도영과 리영희

우리 지성사에 큰 발자취를 남긴 리영희의 치열한 비판 정신과 국내외 정세를 보는 시각은 어떻게 형성됐을까? 회고록 등을 보면 적어도 해양대학교 졸업까지는 민족문제나 사회현안에 대해 진지하게 고민한 흔적이 별로 보이지 않는다. 일제강점기 여러 학교에서 적발됐던 독서회 모임에 관여한 적이 없고, 해방공간의 격변기에도 주체적 판단으로 사회운동에 뛰어들지 않았다. 그렇다면 동족상잔·학살·부패·부조리 등 한국전쟁기에 몸으로 겪었던 기막힌 체험들이 하나의 분기점이 됐음은 분명하다. 그는 7년간의 복무를 마치고 사회로 나올 때의 마음가짐에 대해 이렇게 표현했다.

이북에서 내려온 한 청년으로서 이 나라와 사회가 요구하는 모든 의무에 거의 무조건 순응하고 복종하던 개체의 내면에서는, 이제는 거의 모든 것을 회의하고, 질문하고, 허위와 가식으로 가려진 진실된 가치를 밝혀내어 진실 외에 그 무엇에 대해서도 충성을 거부하려는 종교 같은 신념이 자리를 잡아가고 있었다.『역정』241면

리영희가 통신사에 입사하기 전까지 지적 영향을 주고받을 만한 상대가 별로 없었던 점을 감안하면 당시 외신부 차장이었던 정도영과의 관계는 새롭게 조명될 필요가 있을 것이다. 그는 정도영과 "세상을 떠나는 날까지 서로 마음을 나눴고"『대화』389면 가족끼리도 가깝게 지냈지만, 정작 그의 삶에 관해서는 말을 아꼈다. 기존 세계질서의 변혁과 피압박 민족들의 투쟁에 관한 외신이 들어오면 정도영이 중요기사로 처리했다거나『대화』209면 리영희가 1차 필화사

건으로 갑자기 구속돼 서대문 구치소에 갇혔을 때 1차 인혁당 사건으로 먼저 수감됐던 정도영이 간수를 통해 책을 보내줬다는 정도다.『대화』328면

정도영의 대학 시절 행적은 중도좌파계열의 신문이었던『독립신보』(1948. 4. 22.)에 나온다. 서울대학교 사학과를 다니던 정도영은 다른 문리대생 2명과 1948년 4월 6일 명륜동 등록사무소에서 국회의원 선거법 위반으로 21일 기소됐다는 내용이다. 그는 5·10 단정선거 반대운동을 벌이다가 구속돼 징역 1년 6개월의 집행유예형을 받고 풀려난 뒤 학교를 중퇴하고 경북 구미시당시는 선산군의 오상중학교에서 교사로 근무했다. 이 학교는 김규환(金圭煥) 전 서울대학교 신문대학원장, 김윤환 전 신한국당 대표의 부친인 김동석이 1946년 설립한 사립학교다. 정도영이 학교 교사로 간 것은 좌익계 운동에 관여하던 경북고 후배인 김규환의 권유에 따른 것으로 추정된다. 두 사람은 치안기관에 쫓겨 일본 밀항을 기도했지만 김규환만 성공했다. 김규환은 토오꾜오대에서 석사·박사학위를 받고 귀국해 쌍용그룹의 창시자인 김성곤과의 인연으로 동양통신 편집국장 등을 했다. 김규환의 좌익운동 관여에 대해 강민창 전 치안본부장은 김규환의 사후 발행된 추모문집에서 부정했다. 박종철 고문치사사건으로 물러나기 전까지 주로 경찰 정보분야에서 일했던 그는 1973년 12월 개각을 앞두고 각

기관 공히 입각대상자 명단에 김규환이 최우선순위로 올라왔으나 발표명단에 없어 연유를 알아보니 본인이 대학에 남게 해달라고 간청했다는 것이다. 몇몇 서울대학교 교수들 사이에 김규환이 국대안 반대사건의 주동인물로 도피한 과거가 있는 진보적 인물이어서 탈락했다는 흥미본위 정보가 있어 관계기관에 조사를 의뢰한바 사실이 아니었다고 한다.

정도영은 해방공간과 한국전쟁기 친형제들이 수난을 당하기는 했지만, 미군부대 통역을 거쳐 대한통신사에 입사해 언론계에 발을 들여놓았다. 1964년 7월 1차 인혁당 사건에 연루돼 구속되기 전까지는 대부분 합동통신사에서 근무했다. 한일협정에 대한 격렬한 반대시위를 억누르고자 중앙정보부가 발표한 것으로 보이는 이 사건은 초기부터 고문조작 의혹이 그치지 않았다. 정도영은 1심에서는 무죄로 풀려났으나 2심에서는 징역 1년의 실형이 선고돼 법정구속됐다. 복역 후에는 합동통신에 복직해 주로 연감을 만드는 출판국에서 근무했고, 합동통신 사주였던 박두병이 대한상공회의소 의장에 선출되자 그를 보좌하는 역할을 했다. 다른 인혁당 사건 관련자에 비해서는 경제적 어려움을 크게 겪지 않은 셈이다.

요시찰 대상이었던 정도영은 대외활동은 자제했으나 전무배 민족일보복간추진위원회 위원장, 경제학자 박현

채, 김달수 전 민자통 조사부장, 박중기 추모연대 명예의
장, 김금수 한국노동사회연구소 명예이사장 등 혁신계 인
사들과의 교류는 지속했다. 리영희와 정도영이 평생 교분
을 유지했던 것도 같은 맥락에서 이뤄졌을 것으로 보인다.
정도영이 1년 복역을 마치고 출소했을 때 조선일보로 자
리를 옮긴 리영희가 인혁당 사건 관련 몇 사람과 함께 식
사 자리에 초대해 대접을 했다고 한다.

정도영은 1970년대 민주화운동에서 큰 역할을 했던 천관
우(千寬宇)와 비슷한 시기에 서울대학교 사학과를 다녔다.
1970년대 중반 리영희와 임재경은 서울 시내에서 술을 마
시다가 천관우의 불광동 자택을 찾아갔다. 동아일보 주필
로 있다가 해직당한 천관우의 집은 당시 재야인사들이 자
주 찾던 명소였다. 그 자리에서 리영희가 정도영을 언급
하자, 천관우는 "어디 내 앞에서 그런 사람 얘기를 꺼내느
냐"고 버럭 화를 내 술자리가 바로 파장이 됐다고 한다. 서
울대학교 재학시 두 사람이 반대진영에 속했던 것으로 보
인다. 인혁당 사건 공소장에는 정도영이 대학 시절 국대안
반대투쟁에 가담했다고 적시돼 있다. 리영희가 말년에 나
이 차이는 거의 나지 않지만 '마음으로는 웃어른'으로 모
셨다던『대화』466면 장일순도 국대안 반대운동을 벌이다가 제
적돼 결국 졸업을 하지 못했다.

1999년 1월 정도영이 타계했을 때 리영희는 장지까지

따라갔다. 하관 때 상주가 삽으로 흙을 떠서 관 위에 뿌리고 난 뒤 바로 리영희에게 삽을 넘겼다고 한다. 두 사람의 사이가 얼마나 가까웠는지를 보여주는 일화다. 정도영의 묘 앞에 새겨진 비문 — '바른 세상 일구느라 평생을 바친 사람 여기 잠들다' — 은 통혁당사건으로 무기수였던 오병철(吳炳哲)이 썼다.

리영희는 사회변혁을 지향하는 조직운동에 가담하지는 않았지만, 문제의식이나 정서 면에서 정도영과 상당부분을 공유했을 것으로 보인다. 정도영의 차남 정건화의 증언에 따르면, 생전에 정도영은 인혁당 사건 관련자들 사이에서 필명을 떨치기 시작한 리영희를 비공식모임에 끌어들이자는 얘기가 나오자 '평생 기자를 할 사람이니 그렇게 해서는 안 된다'며 반대했다고 한다. 보다 다각적인 검증이 필요하겠지만, 사실이라면 한국의 지성계를 위해서는 다행스런 일이 아니었을까? 리영희가 옛 혁신계 인사들과 공공연히 어울려 다니는 것이 공안기관에 포착됐더라면 그의 저술 활동은 조기에 막을 내렸을 가능성이 높다. 그런 점에서 리영희의 직계제자인 최영묵이 그의 변방성, '경계인' 기질에 주목한 것은 핵심을 찌른 것이다. 최영묵의 표현에 따르면 전형적 경계인 리영희는 의도적으로 혹은 운명적으로 주류 문화·권력과 무관하게 살았고 '지식인과 행동가의 경계에서' 사유하고 그 결과를 글로 썼다.

그의 타고난 경계인 기질과 후천적 의지가 결합해 대한민국을 뒤흔들었다는 것이다.

리영희가 후배 기자들에게 가장 많이 한 말은 "모든 것을 의심하라"였다고 한다. 사물을 관념적·기계적으로 보지 말라고 경계를 했다. 리영희의 '기자정신'에 선다면 그에게 따라다니는 '사상의 은사'라는 용어의 적절성을 이젠 따져봐야 하지 않을까.

함께 읽을거리

김정남 『이 사람을 보라 2: 인물로 보는 한국 민주화운동사』, 두레 2016.

문명자 『내가 본 박정희와 김대중: 워싱턴에서 벌어진 일들』, 월간말 1999.

서울대학교 신문대학원 동창회 엮음 『저널리즘과 아카데미즘의 교차로에서: 남정 김규환 박사의 학문과 실천』, 한길사 1999.

연강박두병전기간행위원회 『연강 박두병』, 합동통신사 출판국 1975.

최영묵 『비판과 정명: 리영희의 언론 사상』, 한울아카데미 2015.

고병권

노들장애학궁리소 연구원. 고려대학교 민족문화연구원 연구교수. 연구공간 수유+너머에서 오랫동안 공부했고 최근에는 국가, 특히 국가의 한계에 대해 연구하고 있다. 지은 책으로 『철학자와 하녀』 『다이너마이트 니체』 『언더그라운드 니체』 『살아가겠다』 『점거, 새로운 거번먼트』 『민주주의란 무엇인가』 등이 있다.

구갑우

북한대학원대학교 교수. 서울대학교 경제학과를 졸업하고 같은 대학 정치학과 대학원에서 정치학 박사학위를 받았다. 일본 토야마대학교 외래교수, 릿꾜오대학교 방문연구원을 지냈다. 지은 책으로 『비판적 평화연구와 한반도』 『국제관계학 비판』 『현대 북한학 강의』(공저) 등이 있다.

김동춘

성공회대학교 사회과학부 교수. 참여사회연구소 소장, 진실·화해를위한과거사정리위원회 상임위원 등을 지냈고, 2006년 제20회 단재상을 수상했다. 노동운동, 국가폭력, 사회운동 등 정치사회학의 여러 분야를 연구하고 있다. 지은 책으로 『분단과 한국 사회』 『근대의 그늘』 『미국의 엔진, 전쟁과 시장』 『이것은 기억과의 전쟁이다』 『대한민국은 왜?』 등이 있다.

김정남

전(前) 청와대 교육문화사회수석비서관. 서울대학교 정치학과를 졸업했고, 1964년 6·3 사태 당시 구속된 이래 30여년간 재야민주화운동을 이끌었다. 1987년 6·29 선언 이후『평화신문』창간을 주도했으며, 구속된 민주인사들의 변론을 위한 활동을 활발히 전개했다. 지은 책으로『진실, 광장에 서다』『이 사람을 보라』(1·2) 『4·19혁명』등이 있다.

김효순

포럼진실과정의 공동대표. 동양통신에서 기자생활을 시작했으며, 『한겨레』창간에 합류해 2012년까지 몸담았다. 한일관계, 동아시아의 평화와 화해, 시민운동 등을 주제로 글을 쓰고 있다. 지은 책으로『조국이 버린 사람들』『간도특설대』『역사가에게 묻다』『나는 일본군, 인민군, 국군이었다』『가까운 나라 모르는 나라』등이 있다.

박태균

서울대학교 국제대학원 교수. 하버드대학교 옌칭연구소 방문연구원 등을 지냈으며, 『역사비평』편집주간을 맡고 있다. 한미관계를 중심으로 한국 현대사의 다양한 쟁점을 연구해왔다. 지은 책으로『조봉암 연구』『한국전쟁』『우방과 제국, 한미관계의 두 신화』『원형과 변용』『박태균의 이슈 한국사』『베트남전쟁』등이 있다.

백승욱

중앙대학교 사회학과 교수. 서울대학교 사회학과를 졸업하고 같은 대학원에서 중국의 단위체제와 노동정책에 관한 논문으로 박사학위를 받았다. 현대 중국 사회의 변동, 세계체계 분석, 맑스주의적 접근에 관심을 갖고 연구하고 있다. 지은 책으로『세계화의 경계에 선 중국』『중국 문화대혁명과 정치의 아포리아』『생각하는 마르크스』『자본주의 역사 강의』등이 있다.

서중석

성균관대학교 사학과 명예교수. 동아일보 신동아부 기자를 거쳐 제주4·3사건진상 규명및희생자명예회복위원회 위원, 역사문제연구소 이사장 등을 지냈다. 지은 책으로『사진과 그림으로 보는 한국 현대사』『대한민국 선거이야기』『한국현대사 60년』『조봉암과 1950년대』『서중석의 현대사 이야기』(공저) 등이 있다.

최영묵

성공회대학교 신문방송학과 교수. 한양대학교 신문방송학과를 졸업하고 같은 대학원에서 박사학위를 받았다. 국회미디어발전위원회 위원, 대통령선거 선거방송심의위원회 위원 등을 지냈다. 지은 책으로『방송 공익성에 관한 연구』『시민미디어론』『한국방송정책론』『미디어 콘텐츠와 저작권』(편저) 『공영방송의 이해』(공저) 등이 있다.

홍윤기

동국대학교 철학과 교수. 서울대학교 철학과를 졸업하고 베를린자유대학교에서 「변증법 비판과 변증법 구도」라는 논문으로 철학박사학위를 받았다. 국무총리실 산하 경제인문사회연구회 인문정책연구위원 등을 지냈고, 현재 서울특별시 민주시민교육 자문위원회 위원장을 맡고 있다. 지은 책으로『하버마스의 사상』(공저) 『철학의 변혁을 향하여』(공저) 등이 있다.

리영희를 함께 읽다

초판 1쇄 발행/2017년 5월 1일
초판 3쇄 발행/2022년 2월 9일

지은이/고병권·구갑우·김동춘·김정남·김효순·박태균·백승욱·서중석·최영묵·홍윤기
펴낸이/강일우
책임편집/김유경·박서운
조판/박지현
펴낸곳/(주)창비
등록/1986년 8월 5일 제85호
주소/10881 경기도 파주시 회동길 184
전화/031-955-3333
팩시밀리/영업 031-955-3399 편집 031-955-3400
홈페이지/www.changbi.com
전자우편/human@changbi.com

ⓒ 리영희재단 2017
ISBN 978-89-364-8612-9 03300